漫话北京城

高 巍 等著

学苑出版社

图书在版编目（CIP）数据

漫话北京城/高巍等著.-北京：学苑出版社，2003.5
ISBN 978-7-5077-2084-6

Ⅰ.漫… Ⅱ.高… Ⅲ.北京市-地方史 Ⅳ.K291

中国版本图书馆CIP数据核字(2001)第26572号

出 版 人：孟　白
责任编辑：刘　丰
出版发行：学苑出版社
社　　址：北京市丰台区南方庄2号院1号楼
邮政编码：100079
网　　址：www.book001.com
电子信箱：xueyuanpress@163.com
销售电话：010-67601101（营销部）、67603091（总编室）
印 刷 厂：北京京华虎彩印刷有限公司
开本尺寸：720×980　1/16
印　　张：16.5
字　　数：280千字
版　　次：2007年1月北京第1版
印　　次：2015年12月北京第2次印刷
定　　价：42.00元

引 言

金朝贞元元年(1153年),海陵王完颜亮一把火将金朝原来的首都——上京内的宫殿尽行焚毁。然后率领满朝文武百官自会宁府千里迢迢迁都燕京(即今天的北京)。

在辽代,契丹族统治者实行的是一京为主、多京并存的都城制度,当时的北京(南京)仅为其五都之一。金朝虽然依旧东、西、南、北、中五京并存,但作为中都的燕京,实际上成为整个中国的政治中心。完颜亮不仅将上京的金太祖及宗王等贵族之族裔迁移中都,从而削弱了东北地区女真贵族的反对势力,甚至还将祖先原本安置的陵寝也一并迁到金中都来,借以断绝了反对迁都的女真贵族们的舆论根据。随之南来的,还有大批女真等少数民族百姓,他们开始在中原定居。同时,大批中原地区的民众迁往东北地区。这不仅有利于民族融合,更有利于促进东北地区的经济和文化发展。从此,北京在历史上第一次成为一个封建政权的首都。历史学家正是因为这一理由,才把贞元元年作为北京城正式建都的开始。

打那儿以后,经过元、明、清、民国,特别是1949年的中华人民共和国成立,北京已有了850年(到2003年)的建都史。

世界上最早的城市约产生于公元前3500年,迄今已有五千多年的历史。北京虽然建城、建都的时间都不是最早的,但是,它在经历了三千年建城史,八百年建都史之后依然巍然屹立,并且充满活力,这在全世界都是绝无仅有的。无疑,这体现了中国传统文化在不断吸收和借鉴外来经验的过程中,不断进行更新改造的能力。

近年来,北京的建设再一次进入了历史发展的重要时期。国门乍开,扑面而来的一切新事物令人充满了好奇和迷惑,似乎有些应接不暇。于是乎囫囵吞枣的照抄照搬、一味模仿,成为我们学习外来文化的主流。在城市建设方面,盲目追求高层建筑,追求大广场、大草坪、大马路,由此带来对文化遗产和自然遗产的破坏,现代化建设与文物保护的矛盾日益突出。

　　黄河九曲终归海。相信在全社会的共同努力下,在不断总结经验教训的基础上,必将摸索出一条适合北京建设与发展的新路。为此,仅仅局限于少数科学家、学者或政府官员的努力是不够的,还应当动员起社会各界的力量,集思广益,群策群力地去解决。其中,一个重要的原则,就是不仅要向别人学习,更要向自己学习,充分继承和弘扬北京历史发展过程中的那些经得起检验的经验和原则,实现优势互补,在二者的有机结合中,形成一条有特色的发展之路。

　　本书力求站在历史与时代的高度,在"人建造了城市,城市影响了人"的互动关系中,充分展示北京在建设与发展过程中所代表的民族传统文化,并且通过城市这一物化了的传统文化形式对北京人观念、习俗、城市性格的影响,来揭示北京城市文化的无穷魅力。无疑,这是一个较新的角度,带有相当的尝试性。这一点主要体现在以下几方面:

　　本书采用由远到近的历史纵深手法和由全面到具体的逐渐深入手法,有点有面,有历史有现实地介绍了北京的历史和建设情况。

　　第一篇首先介绍了关于"城"与"市",以及京师的一般概念及其基本特色。

　　第二、第三两篇实际讲的是北京城由小到大的历史演进过程。

　　从第四篇开始,关于北京的介绍具体化。其叙述方式是由远到近:先是城墙,然后是城门,进入城门后进一步采用俯视法,进入眼帘的是贯穿全城南北的中轴线,以及位于中心的皇宫、皇城,周围密布的坊巷、道路。

　　第五篇的后半部分,主要通过对四合院——城内建筑的主要形式,及其演绎形式——衙署、王府、民宅、坛庙的具体分析,使读者切实感到建筑作为一种文化,在日常生活的潜移默化中对人的影响。

　　第七、第八篇则是对皇宫、寺庙——四合院的极致形式进行了并非全面但却典型、生动的介绍。

　　第九篇在介绍城市的安全问题时,既有真实性的介绍——关于北京地区的长城,借以帮助读者从整体防御的角度,体会北京安全保卫的设施,同时也有关于"城隍"、"五镇"的介绍。这在当代人看来也许是荒谬的,然而在当时却有相当的历史真实性。

　　第十篇是关于北京现代化建设的介绍。在此之前的第六篇,则是关于城市建设的一些趣话。形式尽管活泼,内涵却是丰富、严肃的,且有一定的可读性。

　　也正因为本书在写作中的新角度、尝试性,致使其在很多方面不够成熟,甚至存在谬误。所以,读者、专家的指导、建议就显得格外重要和宝贵。

目　录

第一篇　城市浅说
一、何为"城"／1
二、城市的出现和形成／4
三、"京师"的释义／9
四、古代都城的建设特点／15

第二篇　京城曙光
一、说"燕"与"蓟"／18
二、为什么选择北京建都／22
三、建城蓝图与"八臂哪吒"／29
四、是刘伯温建的北京城吗／33

第三篇　营国之最
一、大汗之城／38
二、元大都的水利建设／46

三、参加元大都建设的大食国建筑家 / 49
四、主持修建两座都城的人 / 50
五、建城典范——明清两朝的京城 / 52

第四篇　走近京城
一、北京的城墙 / 61
　（一）城池：国家兴与亡的标志 / 61
　（二）城郭：形状与演变的描述 / 63
　（三）风水：城市墙与门的选址 / 64
　（四）特色：城墙史与形的内容 / 65
二、北京的城门 / 68
　（一）"奇妙的城门，北京绚丽多彩
　　　历史的无言记录" / 68
　（二）城门矗立，甲第连云 / 73
　（三）"出前门"，"走后门" / 87
　（四）九门八典一口钟 / 89
　（五）"五城"与"九城" / 91

第五篇　大城建置
一、中轴线 / 93
二、皇城 / 96
三、坊巷 / 99
四、市 / 102
五、交通 / 107
六、北京的市徽——四合院 / 113
七、衙署 / 116
八、王府 / 118
九、官邸 / 123

第六篇　京城趣谈
一、北京城为何是"凸"字形 / 125

二、北京城西南为何缺一角 / 127

三、北京城的西北部城墙为何是斜的 / 128

四、北京城的关厢 / 129

五、四门三桥五牌楼 / 129

六、城根儿 / 135

七、外城 / 136

八、城外城 / 140

第七篇　坛庙山陵
一、九坛八庙 / 142

二、关帝在京师 / 153

三、东城无塔 / 165

四、三山八刹四平台(附:金陵) / 167

第八篇　凤楼宫阙
一、紫禁城:个人简历 / 172

二、皇宫处处显易理 / 175

三、一座人像的后背 / 180

四、顶在太监头上的御用"厕所" / 182

五、皇宫撷萃 / 186

　(一)"金城环带"金水河 / 187

　(二)故宫内的古木 / 189

　(三)水晶宫 / 191

第九篇　城市安全
一、北京的城隍爷与城隍庙 / 192

二、栅栏 / 197

三、京城"五镇" / 199

四、信炮、五虎杆与石别拉/207

五、"乌龙"水会/210

六、守卫京师的"北门锁钥"
　　——北京地区的长城/214

　(一)封建统治者为什么要在
　　　北京地区修筑长城/214

　(二)北京地区的长城是怎样修筑起来的/214

　(三)北京地区长城的防御作用/215

　(四)北京地区长城的总体情况/217

　(五)北京地区长城的两大防御体系/218

　(六)康熙如是说/231

七、来自人类自身的威胁/233

第十篇　从"城"到"市"

一、天生丽质难自弃/234

二、最后的城墙/240

三、北京城的最大魅力就体现在文化上/246

后　　记/250

参考书目/253

第一篇　城市浅说

一、何为"城"

历史上的城，是由村落——村镇——城发展过来的。古希腊、罗马时期的城，人口大约在10万以上，上层人物住在城市中心，下层阶级分布在远离中心的城墙内外。各分散的居民区之间，用矮墙和壕沟分开，形成分散的、隔离的社会生活。工业革命推动了城市的发展。劳动分工更加专业化，促进了城市工业化。劳动分工和专业化的提高，导致了通信和交通的进步。城市结构也随之发生大的变化，大都会地区开始形成。

中国人所理解的城，一般指四周围以城墙，扼守交通要冲，具有防守意义的军事据点。《管子·度地》中说："内之为城，城外为之郭。"《墨子·七患》中则指出："或者，所以自守也。"中国古代城市，是由井田制演变而来。《周礼·小司徒》安排了这样一幅井田制规划的蓝图：大块方整的田地，四周有矮墙(即开沟启土堆成的小垣)围绕着，与小垣平行，又有纵横交错的阡陌，把田地划为若干大小相等的小方块田地。这样的井田，正是一座城邑的写照。后来人们关于城市规划的思想，正是把都城看成一块大井田，并用井田阡陌式的经纬涂制，把都城划分成若干面积的方块，并以井田单位"夫"作为用地单位，组合成整个都城的用地规划。

城在中国起源很早。《吕氏春秋》和《淮南子》都记载了"夏鲧作城"的传说。而《吴越春秋》的表述尤其具体。"鲧筑城以卫君，造郭以居人，此城郭之始也"。这表明，古籍上关于夏鲧作城的记载，是以殷商史迹为基础的。因为在此之前，社会的聚落只有土堡村寨，只是到了1928

年，中央研究院在河南发现了殷墟以后，其实物证明，殷墟是商朝后期的建都所在，当时已有了高度发达的政治、经济和文化活动的中心。城作为文明的象征，早在夏商时代已逐步形成；而都城作为一国政治、经济、文化以及军事活动的中心，在商末已灿然具备。

通过历史资料我们看到，历史上的城一般都呈方形或长方形，少数呈圆形，其余不规则的城则很少见。而且无论是都城，还是府、县城，都基本一致。不仅如此，历代城的方向性还基本一致，即正北正南。尽管南方一些城市因地势关系而形态并不方正，但也可以看出，这些城池的营建在不得已中尽力求方正。每个城池一般都具有城墙和城壕，环绕城池，起着防御的作用。可以说，在漫长的古代社会，几乎所有的中国城市都是由那一重重的墙和一道道的门来构成的。人们无法设想没有城墙和城门的城市，就像无法设想没有屋顶和门窗的房子一样。任何一座真正的城市都必须有城墙和城门，而且这些城墙和城门越是高大越是多，则这座城市的地位和规格也就越高，人们也就越承认它是城。

一般的城墙只有一重，城墙的宽度可供人行走，主要是用于士兵守城。但也有些大城市有两道城墙，比如明末袁崇焕重创努尔哈赤的宁远城，就有内城和外城之分。

在周朝，《周礼·考工记》中就对城的建设提出了具体要求："匠人营国，方九里，旁三门，国中九经九纬，经涂九轨，左祖右社，前朝后市，市朝一夫。"这段论述表达了这样几层含义：

1.王城作正方形，四周建有城墙，每边长9里，各开3个城门。

2.城中有条直街，9条横街(经即南北干道，纬即东西干道)，也可解释为3条横街，每街各有3条并列的车马大道(轨即车辙，二轨之间宽，周制为八尺，九轨共七丈二尺)。

3.全城的中央是帝王的宫城，左边是太庙，也就是帝王祭祀祖先的地方；右边是社稷坛，也就是帝王祭祀土地和五谷之神的地方。宫城的前面是朝廷，也就是帝王临朝听政的地方；后面是市场，也就是全城的商业中心。(市与朝各方一百步)

"匠人营国"的上述规划，在结构上具有这样几个特点：

1."左祖右社，前朝后市"是形成王城规划结构的主要制度。这不仅确立了以宫为主体的中心区，而且更奠定了全盘规划结构的基础，充分体现了王权尊严的规划主题。按照"择国之中而立宫"的要求，将宫布置在全城的中心。环绕这个中心，对称安排左祖右社、前朝后市。以宫的南北中轴线作为全城规划的主轴线，通过主轴线的控制,把象征国家礼制的祖、社统一起来,构成一个以宫城为核心的地区——宫廷区,成为全城规划结构的主体。城的其他各个组成部分,则按照各自功能和规划要求,分别布置在主题的周围,聚集而为一个有机整体。在这里,最集中地体现了中国传统的文化思想:尊卑有序,等级森严。

2.王城内区的划分清楚,布局严谨。在全城的中心设置宫廷区,在它的北面为商业中心,王室、卿、大夫府等所

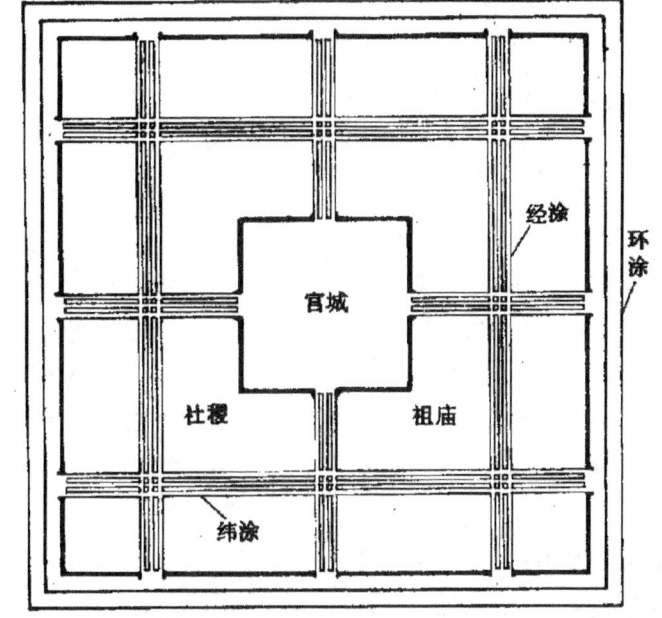

周王城形制,成为中国古代城市的规范样式。其对隋唐以后的都城布局影响很大,元大都和明清北京城,均是严格遵循这一规制而建

在的国宅区则靠近王的政治城堡王宫,一般居民闾里则分处于城之四隅。此时的城,已经具有了一国政治、军事和经济中心的性质和作用。而具有这样性质的城,便和一般的城有区别了,称为都。都就是"头",所以到了大一统的封建国家成立时,便有了选择、营建都城的重任,都城在全国的地理位置和形势,以及其建制规模,都关系着一代王朝的盛衰。

3.王城交通网建设,以三条大道为主干,配以与之平行的南北和东西的次干道,加上环城道路,这个道路网是环绕城的中心区对称布置的。中经中纬大道构成了王城的纵横轴线。二者相交处,即为城市的中心——宫廷区。主干道不仅沟通着城内的各个部分,而且与城外的道路相连,形成一个以王城道路网为中心,遍布千里的庞大交通体系。都城既是政治中心,又可能是经济中心。为了易于统治各地,又便于物资运输,交通道路当然显得尤为重要。有鉴于此,远在周初,就已经开始费力经营,《诗·小雅·大东》篇所说的"用道如砥,其直如矢"就是具体的描述。秦始皇所筑的驰道和直道,更为古今所赞誉。这是一项要政,历代都没有稍事放松,因此而构成以

王城为中心，向四方辐射的交通网。

20世纪50年代，在郑州发现的商城遗址，就是盘庚迁殷前的商代早期都邑。这座古商城具有相当规模。与之相比，安阳的殷墟则是后期商都，规模更加庞大，宫廷建筑布局水平更高，具有很明确的中轴对称安排。这表明，商人的井田规划比周人的井田规划更加完善。就连以后的燕下都、赵邯郸、齐临淄等战国名城，无不表明与西周王城规划的历史渊源和影响。

城在中国历史上是一种文化的象征。都城虽同样为城，但又区别于一般的城。不仅古代国家的职能在都城中得到了集中的体现，而且它还积淀与融通了文化史的成果。以周王朝形成的营国制度为例，它在观念上严格依据礼制，利用方位尊卑布置不同性质的功能分区，把城邑的总体布局纳入礼制的轨道，形成以礼治规划秩序为特色的城邑规划体系。它突出了以"君"为本的主题，以井田制的方格网络系统进行规划，可以安排城邑的形制、道路的布局、闾里的规模，乃至城邑的结构，等等。尤其是参照井田制土地规划所建立的城邑用地规划制度，更加成为中国古代城市规划体系的基础。中国历代都城，除因自然因素的限制，在城市格局上略有变化外，几乎都承袭了营国制度所规定的要求和方法。有趣的是，欧洲中世纪的大城，也多以代表权力的宗教建筑——教堂为中心，略同于中国的左祖右社，其商业和军事性质完全与中国王城相一致，由此也可以看出人类社会文明发展的共同轨迹。

需要指出的是，虽然中国古代的城市规划离不开周公所建的洛邑的典型形式，但这些城与城之间仍然存在很大差别。在上古时代的城，主要是王朝国都，诸侯封地、大夫采邑的中心区城。由于这些城的地位不同，所以，《左传》专门对各自城的面积做出了明确的规定。

二、城市的出现和形成

当一座座由城墙和城门围起来的"城"不断出现的同时，城与乡开始出现分离。尽管如此，二者之间却不可能根本断绝往来。道理很简单，城尽管是一国的政治、军事和文化的中心，但这里并不能生产粮食和其他农副产品，城里人要吃饭穿衣，而且要吃好饭，穿好衣；城外乡间的人们生产了农副产品，自己吃不了，要出售，以换回自己所需要的城里的好东西。这种城里和乡下人，或相同的城里人，相同的乡下人之间的交换场所就是"市"。

"市"一般设在城的边缘，开始时只是临时的场所。因为交易并不是每天都有，或逢年过节，或初一十五。届时，周围十里八乡的农民带着交换的商品赶来，凑集在一起，与城里人进行交换。这就叫"赶集"，是"市"的最初形式。

以后，交换发展成贸易，次数也增多，于是，临时性的"集"就变成了常规性的"市"。其特征表现在：

1.有了固定的场所。虽然仍在城的边缘，如城南或城北，但已有了低矮的墙垣围住，里面都是商贾工匠，不仅交易，而且居住。所以，"城"与"市"合为一体，成为区别于"乡"的区域。

2.在"城"与"市"的关系方面，二者不可同日而论。简单说，"城"住的是王公贵族、高官名士，属于高贵住宅区；"市"为贩夫走卒充斥之地，双方地位悬殊。况且，前者居于市中心，而后者只能勉强在城的边缘安身。

3."城"里的建筑不是宫廷就是深宅，不可能向平凡人敞开；而"市"里的建筑多为店铺，客观上就注定要开门迎客。甚至搭起凉棚，或在道边摆上散座，以至整条街与建筑连为一体，都成了做买卖的地方。所以，前者封闭，后者开放。

总之，尽管人们习惯于把"城"和"市"连在一块，称为"城市"，可二者之间却存在着根深蒂固的区别。这在等级森严的封建社会，表现得尤为突出。我们说，自古以来都把营建城市作为一件大事，其重视的程度，首先表现在"城"与"市"的布局和规划上。这种筹措之完善，几乎细到城池的广狭、街道的宽窄、市区的位置、道路的分布等，无不各有法则，未能相同。

城市的建设既然这么重要，那么，首先要解决的一个问题就是：选什么地方建城市？

按照古代中国城市的选址传统，注重都邑的脉络形势，是选址的重要标准。何为"脉络形势"？宋代地理大师蔡元定曾经指出："水则人身之血，火则人身之气，土则人身之肉，石则人身之骨。合水火土石而为地，犹合血气骨肉而为人。近取诸身，远取诸物，无二理也。"这里强调的，就是"相地如相人"的说法。蔡元定进一步论述到："大抵地理家察脉，与医家察脉无异。善医者察脉之阴阳而用药；善地理者察脉之浮沉而立穴，其理一也。"

可见，脉络形势是与人体的气血骨肉一样的一种自然存在。而根据地形、地势特征选择城市的位置，就成为古代风水流派中"形法派"的基本观点。

所谓脉络，主要是指山的走向。唐代堪舆术更将山脉称为龙脉。而"形势"也不过讲的是地形、地势及环境条件。于是古人说："欲知都会之形势，必先考大舆之脉络。"朱子云："两山之中必有一水，两水之中必有一山，水分左右，脉由中行，郡邑市镇之水旁拱侧出似反跳，省会京都之水，横本直去如曲尺，……山水依附，犹骨与血，山属阴，水属阳……故都会形势，必半阴半阳，大者统体一太极，则基小者和必各具一太极也。"

北京城自金元明清作为各代都会的选址标准不用说，就是最初在这里作为城市的选址过程中，也都体现了上述原则。古老的蓟城处在永定河渡口的偏北位置，这里是太行山东麓的要道，通向山海关和坝上草原的必经之地，与风水所倡导的宏观地理形势也有某种暗合之处。它后有靠山，前有流水，宽广的大平原形成首都级大城市的宽敞格局。宋代理学大师朱熹，是最早从理论上论证北京可以作为一个全国性大都会的思想的。他指出："冀都是天地中间好个风水。山脉从云中发来，云中止。高脊处，自脊以西之水，则西流入于龙门、西河。自脊以东之水，则东流入于海。前面一条黄河环绕。右畔是华山，耸立为虎。自华山东来为嵩山，是为前案。遂过去为泰山，耸于左是为龙。淮南诸山是第二重案，江南诸山及五岭又为第三、四重案。"

从北京城选址这个典型实例中，还可看出古代城市选址的交通方面的考虑，即处于一定区域的中心，为陆路交通的要道。同时，又受河流环抱，能得舟楫之便利。不仅北京，古代许多城市都有这个优势。像浙江金华山的兰溪县，也是一个水陆要冲之地。方志中说："嵩山瞰其前，为之眉目，两溪直其后，为之颊辅。水陆冲要，南出闽广，北距吴会，后枕崇冈，前挹九峰。"这种据水陆要冲的风水之地，在古代军事上具有重要作用。

当然，军事上的作用还不仅需要水陆交通的便利，而且在形势上，最好也能形成天然屏障。风水的典型空间模式，要求后有镇山、左右有砂山护卫，前面有碧水环绕，总之要有防御功能。既然最初的城市，其作用之一就是军事堡垒，所以《周易》中强调的"设险以守其国"的思想就显得特别重要。为此，古代城市除建有城墙之外，还要尽可能选址在固险之处，并以此作为第一道军事防线，而城墙只能算第二道防线。建在天然平地上的城市怎么办呢？那就要选择环抱的水来做天然防线，或在两水分隔处连以城墙。

善医者察脉之阴阳而用药；善风水者，选地须以雌雄交合之地最理想。阴阳交媾必然带来生生不息的生机，雌雄交合也正是这样的含义。长期以来，人们追求风水宝地，实际上就是追求一个有勃勃生机的生息之地。

除城市的选址以外，城市的格局规划也是一件大事。古人在这方面，同样有一番大道理。其核心，就是"天地合一"的宇宙象征理论。"天人合一"是中国传统文化的核心之一，同时，它也是中国古代城市规划的重要理论依据。按照这一理论，人类与所依附的地和头顶的天之间存在着密切的联系，因此，三者之间任何一方面的变化，都会对其他方面产生影响。人们甚至相信，地上的人类与天上的星星是一一对应的，地上死了一个人，天上就会掉下一颗星星。同样，天上如果掉下一颗星星，那么，地上就会死一个人。

紫微宫是天上北极星周围的一个星座，人们认为它是宇宙的中心。所以，城市的布局也要仿效天象，在城市中心建有紫宸殿或紫禁城，成为天子居住之所。相传，汉代长安城就是模仿北斗七星修建的。据说天界中有八风，排列在八个方面，于是，战国时候的伍子胥就仿效八风修建了苏州城。城开八道陆门、八道水门，"阳气道万物，阊黄泉也"。所以，该城就以面向西方的阊门为主要的门，称阊阖城。台湾台北市的规划，同样与天人合一思想有关。该城的轴线定位，就是直接以天空中心北极星为标志，东西城墙透视线的消失点指的是东北方向的一座主山峰，以消除东北方向的灾祸。

中国古代城市正是遵循上述原理，进行选址、规划、建设的。尽管如此，新建之城市因地位不同，而在称谓、规模、建置上也明显区分出来。一般说来，大夫的封地称为"邑"，诸侯的封地称为"都"，天子之城称为"京"，表示其绝高的地位。所谓"京"，也就是人工筑起的高丘。难怪国民政府于1928年定都南京之际，立即把北京改为北平，表现出"京"的独一无二地位。与此相反，"都"却可以多至数个。"都"就是大城市。"一年成聚，二年成邑，三年成都(也就是大城市。"成都"称谓即源于此)"。

上述关于"邑"、"都"和"京"的传统的城市分类方法，从本质上讲，还属于定性分类。现在，比较科学的方法是将定性方法与定量方法结合起来，据此确定城市的不同类型。

对城市的分类，依不同的标准可以分为：

1.按城市的规模分类(主要是指人口规模)，可分为特大城市(非农业人口在一百万以上)、大城市(非农业人口为五十至一百万)、中等城市(非农业人口在二十至五十万)、小城市(非农业人口在十万以上)。

2.按城市的性质分类，也就是按城市在国家或地区中所发挥的政治、经济或文化作用分类，可分为如下几类：

工业城市。即以工业生产为主，工业在城市经济、用地上占较大的比重。按工业构成不同，又可分为综合型工业城市和单一型工业城市。像哈尔滨，由钢铁、化工、机械制造、轻纺等各种工业组成，所以属于综合型工业城市。而瓷都景德镇、大庆石油城和煤都淮南等，则属于单一型工业城市。

交通港口城市。可分为海港城市，如大连、宁波、湛江等。铁路枢纽城市，如郑州、徐州等，内河港埠城市，如重庆、武汉、芜湖等。

省和地区的中心城市。常为省会、地区行署所在地，并且具有政治、经济、文化、教育等多种功能。

科学文化城市。这类城市集中了科学文化某一方面的特色。如大学城、科学城、电影城等。如日本的筑波城、美国的好莱坞等。这类城市在中国目前还没有。

风景旅游城市。这类城市一般拥有优越的地理位置和宜人的气候条件。

军事城市。这类城市一般位于边境和要塞，对一个国家地区具有重要作用。如原来的旅顺市。

3.按城市的作用范围分类，可分为：

国际性城市，即影响扩及国际。如作为世界金融贸易中心的香港，国际性港口城市上海等。

全国性城市，在某一方面或多个方面影响全国的城市。如广州、深圳。

地区性城市，即一省的政治、经济、文化中心，或某一方面的中心，地区一级范围内的发展中心(如烟台、青岛、温州、丹东等)。

上述城市往往在功能或类别上不是单一的。有的海港城市有可能也是省会城市、全国性城市，如广州等。另外，城市的划分标准远不止这些，比如，从城市产生的历史长短，可分为古老城市和新兴城市；从城市所处的地理位置可分为沿海城市、内陆城市、边陲城市；从城市所处的气候环境，可分为温带城市、热带城市等。随着城市的不断发展和城市科学的不断完善，对城市的分类也将日益科学并逐步趋向丰富。

1998年，广州的《新闻刊》举办了评选"最具魅力的城市"和"前途远大的城市"活动。其中，中国最有魅力的城市大体上分为八类：即古都、名邑、圣地、边关、滨城、重镇、商埠和特区。这些城市中，最引人注目的是西安、洛阳、开封、南京、杭州和北京。而这正是著名的六大古都。它们作为千年帝国的政治文化中心，往往是我们民族所建城市的精华所在。这里有太多的遗址可供凭吊，也有太多的线索可供遐想。就连那些民风民俗，也会有一种古老而悠长的韵味。这一独特的文化优势，正是弘扬民族传统文化、扩大中外文化交流、开展旅游观光的开发重点，前途远大。

当然，"前途远大"的城市也有其地理方面的独特优势。在入选城市中，绵阳、张家港、北海、三亚、九江、万县、惠州、绥芬河，或靠江或靠海或靠边境，交通便利，与外界交往机会繁多。这至少标明了一个时代特色：即城市必须在与外界的交往中才能发展。无疑，这是对中国古代围墙成城传统的挑战。

三、"京师"释义

人们把皇帝住的城市称做"京"，叫京师、京都，甚至那里的戏曲也叫京剧。在甲骨文里，"京"就是"高"的意思。京成了中国传统政治的浓缩。

明朝初年，朱元璋攻下北平(北京)之后，曾向大臣们征求意见，看是否可以在此建都。朱元璋是个很看重风水的人。此时，他的心中早已暗暗地倾向于建都南京。因为南京城的形势在历史上一直颇受推荐。诸葛亮就曾赞扬道："钟山龙盘，石头虎踞，此帝王之宅。"北周的庾信在《哀江南赋》中也说："昔之虎踞龙盘，加以黄旗紫气。"黄旗、紫气，都是喻示帝王之象。而北京城，虽然这里形成原始聚落时主要考虑了地理位置的因素，但当时却没有过多地考虑风水的作用，是个在自然优选的基础上生成的枢纽城市。至于元世祖忽必烈定都北京，恐怕一大半出于大臣们的人为夸耀。蒙古贵族巴图南为了劝忽必烈南下，极力赞誉北京的地势："幽燕之地，龙蟠虎踞，形势雄伟，南控江淮，北连朔漠。且天子必居中以受四方朝觐。"另一位士人陶宗仪也说：北京的宏观形势是"右拥太行，左注沧海，抚中原，正南面，枕居庸，奠朔方。"可见，这都是文人为了封建统治的需要，对北京城风水人为的夸大。

此时的明朝大臣们，已暗暗明白了朱元璋的内心倾向，于是，无不投其所好，贬低北京的风水形势。翰林修撰鲍频及臣僚们就说：胡主起自大漠，立国在燕，及是百年，地气已尽。南京兴王之地，不必改图。

此话肯定正中朱元璋下怀。于是，他不再提建都北平之事，而是全力投入建都南京的筹备当中。他命令刘基相地，精心营建。"作新宫于钟山之阳，在旧城东白下门之外二里许，故增筑新城，东北尽钟山之趾，延亘周回凡五十余里。规划雄壮，尽据山川胜焉。"

明朝学者杨文敏,对北京、南京是否适合建都的问题,发表了比较中肯的见解:"天下山川形势,雄伟壮丽,可为京都者,莫逾金陵。至今地势宽厚,关塞险固,总扼中原之夷旷者,又莫过燕蓟。虽云长安有崤函之固,洛邑为天下之中,要之帝王都会,为亿万年太平悠久之基,莫金陵、燕蓟若也。"(顾炎武:《日下旧闻考》引明代《杨文敏集》文)明末学者孙泽进一步论证说:"幽燕自昔称雄,左环沧海,右拥太行,南襟河济,北枕居庸。……真定以北至于北平,关口不下百十,而居庸、紫荆、山海、喜峰、古北、黄花镇险扼尤著。会通漕运便利,天津又通海运,诚万古帝王之都。"(《天府广记》卷一《形胜》)

北京地理位置适中,又有险可守,这也是建都的重要条件。

另外,北京还是明成祖龙兴之地,他已对这里的一草一木产生了较深厚的感情,进行了多年的经营。他即便是即位以后,也长期住在北京,而很少住在作为京师的南京。这就出现了历史上常说的所谓"天子守边"的状况。

明代京师移建北京,还出于抵御蒙古的军事需要。因为此时的蒙古势力对明王朝的威胁一直没有解除。为此,必须加强北边防务。这表明,控制和管理东北和西北的大片疆土,建都北京比建都南京更为有利,符合中华民族长期融合发展的政治需要。

于是,明成祖在靖难之役取得皇位后,臣僚们知道他有意留在他的封地——北京建都时,就又奏疏迎合称:"伏惟北京,圣上龙兴之地,北枕居庸,西峙太行,东连山海,俯视中原,沃野千里,山川形势,足以控制四夷,制天下,成帝王万世之都也。"到了万历年间,编修《顺天府志》时也肯定了北京作为首都的"形势":"兹环沧海以为地,拥太行以为险,枕居庸而居中以制外,襟河济而举重以驭轻,东可贡道来万国之朝宗,西北诸关壮九边之雉堞,万年强御,百世治安。"

以后的历史发展多次证明了明成祖迁都北京的正确性。如明朝正统年间发生了"土木之变",英宗亲征被俘,但北京仍岿然屹立,终使南侵的也先北归。嘉靖年间发生了"庚戌之变",俺答直通北京城下,但终未能将北京攻陷,只得退回。显然,这都与明成祖把北京营建成的固若金汤之势分不开。正因为如此,不仅由明到清,而且直到今天,北京一直是中国的首都,明成祖的这一历史功绩不可磨灭。

按照后人的研究,作为一国或一朝的京师,至少在自然环境和军事、经济,以及社会基础几方面,应该具有优势。

首先是自然环境。京师的设置因素中,自然环境占据首位。因为,如果忽略了自然环境，那么，关于京都的所有设想，就都丧失了存在的基础。这里说的自然环境，包括地势、山川、土壤、气候、物产等方面。如何看待自然环境？这在历史上曾存在过不同的标准。早期，人们觉得京师所在之地应在河的上游，以利于统治全国。因为关中地势显得高亢，按照东低西高的地势来看，关中自然形成居高临下的形势。北京也符合这一要求："地处雄要，北依山险，南压区夏，若坐堂隍，俯视庭宇。"（《金史·梁襄传》）

与关中和北京比起来，中原各地都城显然缺少这一优势。中原各地地势皆较低，多为平原，也就谈不上居高临下。难怪宋太祖并不满足于在开封建都，而是打算迁都洛阳，再由洛阳迁长安，借此一个台阶一个台阶地上升，以示他们居高临下的态势。至于在江南建都，由于位于长江下中游，更谈不上居高临下了。相反，这倒会形成被临的地方了。

山川是古人选址京师时也很重视的一个问题。洛阳的南北有山，中间有河，伊、洛之阳还有个广阔的原野，可以从容周旋。有鉴于此，周武王灭商之后，才选择洛阳作为雄邑，也就是周朝的东都。应该说，相当多的都城都是与山有密切关系的。道理很显然，山可以作为防守的凭借。在这方面，长安可称为典范。它的南侧是南山，也就是后来的秦岭，西侧有陇山，北面有岐山、九峻、嵯峨山，东侧虽无山，但黄河更可算是天然的沟壑障碍。长安周围自西到东，相互呼应，成为屏障。所以，长安又有"四塞之固"的赞誉。

北京没有长安城"四塞之固"的天然屏障，只在西北有太行山和军都山，东北有燕山，蜿蜒曲折，连成一线。而在东面，则是毫无遮掩的一片大平原。在这种情况下，北京城只能建在高山屏障的附近了。

提出京师靠近江河，其作用主要有三：一是便于交通，二是便于灌溉农田，三是便于军事防御。

北宋的京师开封与南宋的京师杭州，在交通方面可算是得益于江河最多的。开封附近多河，而且都是人工开凿的运河，如汴河、蔡河、五丈河等，开封正是这几条河流的交汇处。而杭州呢，滨钱塘江北岸，隔过去还有江南运河和浙东运河，成为水上交通的枢纽。洛阳府附近伊、洛、瀍、涧四水，也是能行舟楫之地。长安，素有"长安八水"之称。这八水皆能灌溉，其中的渭水更能通行航运。在南京城，水在军事上的作用尤为突出。南京作为都城，自古就是凭借长江天险，以防御来自北方民族的进攻。当然，这也是交通运输的便利条件。南京城旁的秦淮河不仅有漕运之利，更使南京城的风光逾加绚丽。

北京附近也有永定河、潮白河和温榆河，以及高粱河。北京于元时新凿的运河由直沽向北，由通州西折，而达于大都城下。

其次，看经济方面。经济是基础。经济因素是不能稍有或缺的因素。一些王朝建立伊始，也许不用过多地考虑文化建设等问题，然而却必须立刻解决军需民用的粮食问题。

京师为人口聚居之地，生活物质的供给十分重要。最好的办法自然是在京师附近就地解决。就像今天，许多大城市郊区有粮食生产基地、副食品生产基地一样。尤其是在交通运输能力较差的古代，于京师较远的地区输送生活物资到京师，当是一件较难之事。

因此，就必须选择附近地区相当开阔之处建城，尽管这与军事上的险要要求相悖。因为只有地势平坦广阔，才适于生产和谋取生活物资。这也正是周朝经营洛阳的重要原因。甚至直到唐朝，之所以选择洛阳为陪都，也与粮食的供给紧密相关。

手工业的发展也是都城经济必须考虑的一个重要问题。只有这样，才可能供给京师以除农业产品之外的生活必需品，如生产工具等。当然，一个都市在经济诸因素中面面俱到也是不现实的。拿手工业来说，冶铁业就需要矿石。这在平原为主的地区就不易解决。因此，必要的外供仍然很重要，尤其是在粮食方面。从遥远的地区运输粮食，供应京师的需要，而且还要长期不间断，这的确不是件容易事。为此，一些王朝往往采取迁就富庶的粮食产地的方法。而那些本来就建在长江下游的都城，在这方面有得天独厚的条件。但这一优势也会带来相反的结果。历史上的南宋建都杭州后，就部分因为当地的富庶而削弱了气势，再难以渡过长江去复仇了。

翻开历代京师所在城市的分布图可见，一些有名的都城大多位于燕山之南和陇坻之东，也就是黄河流域和长江流域，以及稍南稍北的地区。这恐怕与这一地区的气候温差不大有关。温和的气候可以带来丰厚的物产。像关中，被称为"九州膏腴之地"，不仅有玉石、金、银、铜、铁、豫章、檀柘等异类之物，又有稻、梨、栗、桑、麻、竹箭之饶。东汉时期的邺都，不仅富产梨、栗、酎酒和笋、枣、果、稻，还有锦绣、绵行、缣总等，可算是纺织业的中心。北京于战国时为燕国的蓟。主要物产有鱼、盐、枣、栗。唐代的幽州，其产的栗更成为贡品。这些丰富的物产，当然是京城形成当中的重要经济因素。

再次看军事方面。军事防守是形成都城的一个必要因素。京城当然应该处于具有一定险要的地方，作为防守的凭借。不仅如此，它还应当具有指挥全局的条件。像洛阳，因为位于"天下之中"，通达四方的路程相近，当然有利于全面指挥。另外，像开封，位于水路交通的枢纽，由于交通便利，自然也有利于军令的传达和军队的调度。战国以后，陕西宝鸡和潼关地区被称为"关中，"就是因为这里设有的函谷关、临晋关和崤关。以后，又在崤函和陇蜀山修建陇关和茇关。正是因为这样层层设防，都城才可以更加巩固。

为了有备无患，还需要设置一层防线，以利护卫。北京作为明代的都城，这一点就更加明显。当明成祖决定迁都北京之际，大宁、开平、兴和、东胜诸卫所尚未后撤，所以，鞑靼一旦入侵，它们都可以作为阻挡的力量，而不使北京城一下就成为无防之地。因为大宁卫和开平卫都远在今内蒙古，而兴和所在今河北省的张北县，离开京城尚有相当距离。几个卫所东西并列，拱卫京师，形势优越。倘若这几个卫所失掉，北京就可能暴露于北方的侵扰者面前，局面自然会很严峻。明成祖五次北征，都是为了这一问题，以至最后在出征途中死于榆木川。

明朝北京城的多层防御设施体现在北京北面的燕山和军都山修筑的长城上。长城自西边的山海关而来，从渤海另分出一支，斜向西南，从八达岭上经过，向西南而去。就在这条长城侧旁另分一支，经今山西代县、宁武、神池之北，与由开平卫西来的长城相会于老营堡所，从而构成北京西侧山区的多层防线，防御鞑靼和瓦剌的侵扰。

因其所在地区不同，这些长城有极边和次边之分。紧靠北边的长城叫极边，极边之内的为次边。当时的鞑靼企图由西侧威胁北京，不仅自大同入今河北易县外的紫荆关，而且还要从延绥镇之东神木、府谷等处，渡黄河而东扰。但由于有了山西北部经宁武、神池诸县斜向西北的长城，和大同以西偏头关所、平虏卫之间的长城相衔接，才使北京略释后顾之忧。因为有了这样多种凭借，再加上京师地理位置适中，交通便利，就具备了指挥军事行动的条件。

最后来看社会基础。在建设京师过程中所要考虑的社会基础，主要指城市周围的地方势力和民族关系。地方势力区别于敌对势力，具有极强的两重性。利用得好，新生政权就可以得到更多的助力。反之，必为其所虑。与此同时，民族关系对于京师的建置也有相当关系。特别是北方少数民族，在南进后所建立的新王朝，更需要与本地农耕地区的民族搞好关系，这是实现其统一全国而在农耕地区建都时必须考虑的重要问题。这些北方少数民族本属游牧民族，又不能远离故土，所以就只能选择离他们故土不远的农耕区建都。辽、金、元、清以北京为都城,其共同点就在于此。在这里建都,必要时可以及时得到北方民族的支援;一时失利,还可以回到原本的游牧地区。元朝的进退就是最好的证明。他们后来重归漠北,依然过着游牧生涯。

由于参考了上述自然和社会诸多因素,因此而建立起来的都城自然不一般,这也正是它又叫"京"的原因。而京师的强大还不仅表现于此。更重要的是,都城还被看做是一种强大的、集中的,有绝对权力的实体。在这里,皇权的影响无处不在。正所谓"帝王居此展皇仪而控四方"。各朝京师由于皇权至上,才使得其他城市与之相比时,显得黯然失色。因此,京师的建置、宫殿的雄伟壮丽,并非单纯为了养逸娱情,而是要强干弱枝,凸现皇权的绝对权威。

北京城的建立和发展本身,就是皇权威力的体现。八百年来,北京城数次改变位置和轮廓,每次都出于统治者富有神力的指使。金朝首居西南部的莲花池畔建立金中都。金主完颜亮挥鞭至此,一眼看中这块地方,调集120万名兵工,仅用一年时间,就建起了一座周长18.5公里的新城。一百多年后,蒙古人一把火烧掉了中都。忽必烈又看上了在郊外的离宫,下令以此为中心,建设新城。十多年过去了,一座以琼华岛为中心的元大都建成了。明朝皇帝在元代皇宫的旧址上堆起了景山,作为压住前朝的"镇山",指望它镇住元朝,自己的朝廷永固。到了清朝,更在镇山上又压了五座亭子,以大清皇帝的威力镇住明朝的风水。

位于丰台区万泉寺村西的金中都城墙遗址

四、古代都城的建设特点

世界上的第一座城市何时诞生，诞生何处，这是个至今尚未解开的谜。据估计，城市最早是在公元前3500年出现的。现在已知的最早的城市位于南亚次大陆的印度河流域。这里的两个最早的城市是哈拉帕和莫亨卓达罗，它们现在属于巴基斯坦。

1983年，考古工作者在中国河南洛阳附近的偃师，发现了一座商代古城，总面积约190万平方米，被定名为"偃师商城"。偃师商城是目前已知的、最古老的商代城市。鉴于此城的浩大和比较好的夯筑技术，以及它建筑的成熟，可见它并不是最初的城市。如果按照"鲧作城"、"禹都阳城"的说法，中国的古城应开始于夏代初年或更早。相传大禹建都的"阳城"就在嵩山脚下的登封县境。经过多年的调查，在一片被叫做王城岗的高地上，真的找到了一座夯土筑就的古城基址，并发掘出建筑遗迹、窑穴、灰坑，以及石器、骨器、铜器残片等遗物。这座古城距今已有四千余年的历史，相当于夏代初年。

王城岗在先秦即为阳城，但目前尚无理由能肯定地说，它就是大禹建都的阳城。尽管如此，它属于夏代的古老文化遗存这一点是毫无疑义的。

更为今人瞩目的是，河南省淮阳县平粮台古城是座龙山文化古城，总面积有5万平方米，城墙残高3米多。发掘中，在古城南城门两侧还清理出两间用土垣垒砌的门卫房遗址。在城门的地下，还发现有铺设的陶制排水通道。由此可以推想，在中国，作为文明时代重要标志之一的城市的出现，绝不只有四千多年历史。

在中国，建设城市的指导原则延续了很长时间，并未发生根本变化。所以，中国古代都城虽然各代间有一些变化和发展，但总的特征仍旧一致。与此相反，欧洲城市的发展，从古希腊到中世纪，在总的建设思想和布局方面，发生了较大甚至是完全相反的变化。

古代都城都有城与郭的设置，所谓"筑城以卫君，造郭以守民"之意。虽然郭的称谓常变，或称方城、罗城，或称内城、外城，或称阙城、国城，但它用于看管人民的作用未变。中国的城市大多以京师为榜样，建有三层：城市最高统治者所居之处，位于城市中心，外围是官吏武臣，最外围是老百姓。大多数的希腊城市也有城墙环绕，这与中国城市相同。城市正中或附近地区是一个广场，这个广场一般都是一块天然的高地，如古希腊的卫城。广场上有宗教建筑和王宫。市中心附近，政治和宗教首脑的居住地散布在宽阔的林阴道两侧。这些富人住宅背后，直到城墙地带是其他等级的住处。他们的住宅很小，挤在弯曲狭窄的小巷里。而城墙之外居住的是下等人。这种结构与中国的城市多么相似。

关于筑城的方法，中国的商朝已采用了版筑夯土城墙，但夯土容易受雨水冲刷，唐以后便改为砖包夯土墙。到了明代，砖的产量增加，这种办法才得以普及。

关于城门，中国古代城市一般都在城门处设有两道以上的城楼，外边一座叫箭楼，里面一座才叫城楼。在城楼与箭楼之间有一块空地，叫瓮城。瓮城在城门防守过程中有着重要的作用。一旦敌人冲破箭楼城门冲进来，尚有城门楼上安排的守城官兵，同时，城楼紧闭难以进入。先期进入的敌军就处在四面居高临下的进攻之中，腹背受敌，而箭楼城门能冲进来的敌军人数又很有限，所以很难前进。

为了体现封建统治者的威严，除城市中轴线外，一般都在皇宫的东面建有祖庙，在其西面为社稷坛，前面是朝廷的宫室，后面是市场与居民区。与之相反，西方的城市中心更突出宗教的作用。似乎它同政府一样，都是国家的统治者。西方城市的中心也为商业留有一席之地，只不过市场的存在不是定期的，而是几周一次的集市，而非稳定的商业中心。

城市中住满了各色人等的居民，如何管理他们，在这方面，历代都有一套监管制度。从春秋开始就实行了针对城内居民的坊里制度。坊是由街道分割成的一块块的封闭结构的居民区，其名定于隋，其制乃沿袭先秦至秦汉时的里。按照这一制度，城内的居住区划成许多坊里，坊里内有街巷，四周用高墙围起，有人看管。

在坊里当中的某些特定区域，还设有市楼和市署，由市令管理，和坊里一样，按时启闭，午时击鼓几百下而集，日落前，击鼓几百下而散。市民娱乐的场所，仅限于佛教寺院和道教宫观，以及郊区的风景区。甚至皇家的公主们也要到庙里去看戏。这以后，春游、秋游的人逐渐增多，包括城外的一些私家花园也成为春游的胜地。

在城市建设方面，欧洲中世纪城市是封建统治的中心，政治上是独立于封建主之外的自由地区，以工商活动为主，城市的主人是有独立地位的居民。古代中国的城市，尤其是京师，在皇权的直接控制之下，是封建统治的政治中心，工商业只是一种从属品，服务于统治者的消费需要。独立的工商业者当然为统治者所不容。中世纪欧洲的城市通常围绕一座或几座教堂而发展，街道曲折，或作放射状延伸。城市的外形极不规则，更谈不上方正，商店、作坊遍布城市的角角落落。这与中国城市在严格的人际观念指导下，人为地大规模修建的，以封建政权为核心的建城风格，形成鲜明的对比和反差。所以有人说，东方之城是人为之城，西方则是自然发展起来的城市。

在对东西双方"京师"进行比较时，还能发现一个有趣的现象，即世界上的许多国家，首都一经确定，就不再变动，或变动幅度不大。如古埃及的首都一直在开罗一带，古罗马帝国和现代意大利的首都都在罗马，巴黎从公元5世纪开始，一直是法国的首都，日本古代和现代，也只在京都和东京之间，英国中世纪七国战争之后，首都就一直在伦敦。唯有中国，从古至今，都城的位置几经迁移，重大变化就有六次，小的变化无其数，以至形成"六大古都"。当然，这种迁移并不一定就是坏事。首先，这是与当时的政治、经济、文化、地理等诸多因素相适应的。其次，首都的多次迁移，也有利于地方民族文化的大融合。

15世纪意大利《建筑十书》中的理想城市设计之一，由斯长莫齐设计：城市中心为宫殿和市民广场，两侧为商业广场，南北两个正方形为交易所和燃料广场。中心广场南侧有运河穿过

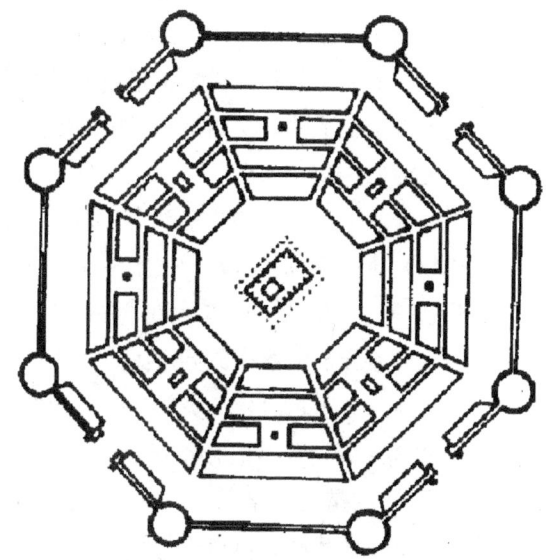

古罗马建筑师设计的理想城市，强调占用高爽的地段，要有丰富的农产资源和水源、便捷的道路、河流。其具体方案呈八角形，圆形者为塔楼，周围是城墙，其间距不超过弓箭的射程。城市道路网为放射环形系统，为了避风，道路不直对城门，中心为广场，广场中心是庙宇

第二篇 京城曙光

一、说"燕"与"蓟"

　　二百多万年以前,北京平原在三山环抱中,海水巨浪翻滚,山水相连,从而形成"山朝水拱、虎踞龙盘"之势。由此北京城留下了"苦海幽州"的称谓。2002年夏,清华大学生物系两位教授和自然博物馆的王文利副研究员,通过对北京柳荫公园内的一块灰褐色石头的考证发现,此石为震旦纪的蓝藻化石。它是由蓝藻分泌黏液与重碳酸盐发生化学反应而吸附在石头上造成的。从而证明了十亿年前北京曾是一片汪洋大海,显示了当时的海底奇观。

　　海水退出之后的北京平原,松软的沙土地上沼泽河流遍布,新的野生植物和水中食物,极好的饮水条件,繁衍了北京地区的原始人群,北京的先祖——北京猿人就诞生在这里。随着人口的增加,逐渐分化出许多部落,分别定居在多个原始居民点。

　　相传,上古时代的炎黄二帝征战厮杀,结果黄帝自立为天子,并在涿鹿建都。到了黄帝的孙子颛顼,又于幽陵重建都城(幽陵就在今天的北京地区),这是有文字以来,北京和都城最早相联系的记载。从此,"幽"作为北京的代称,世世代代沿袭下来,直到今天。

　　北京真正的建城史始于商代。周武王消灭了殷商势力之后,分别封黄帝之后召公奭于燕,封尧帝之后于蓟。召公奭受封之后,仍留在周朝的都城(在今陕西省西安市西)辅弼王室,而让自己的长子就封于兹。20世纪60年代初,燕国的都城被发现。它位于北京市房山区琉璃河乡的董家林村,

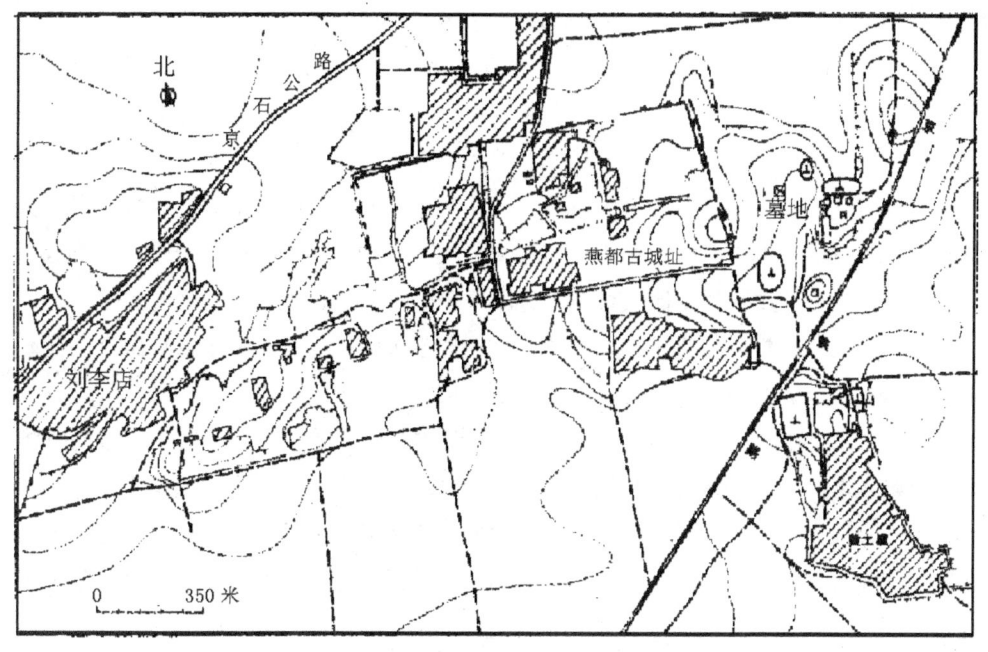

琉璃河西周燕都城址及墓地

城呈长方形，城墙分为主城墙、内附墙和护城坡三部分，用土夯筑而成。城外有环沟，颇具规模。在古城遗址，发现了当地居民的房屋及陶瓷、石器等。在墓葬区，发掘出大量兵器和铜、陶、漆、玉等礼器。这是已知的北京史上最早的城邑。

燕国的都城遗址问题已经解决。那么，蓟国的都城在哪里呢？限于考古材料和历史上的记述不详，其确切地址一直都有争议。侯仁之先生推测说，蓟城中心在今宣武区广安门外一带。北京地区自周以至唐末五代，其地名皆为蓟。蓟城因蓟丘而得名。蓟丘在西便门外的白云观之西。20世纪50年代尚有"丘"址。因附近遍长蓟草，故称之为蓟丘。广安门外大道南700米处原有三座夯土高台，在这里发现的瓦当遗物及宣武门至和平门、广安门外发现的陶井圈都说明，北至宣武门、和平门，南至南横街一线，西至广安门外护城河西部，东至虎坊桥，就是东周至汉的蓟城。

蓟国的都城为何如此难以确定呢？这主要是因为燕国属于周朝的家室功臣的大国。所以，周武王封国的时间，在周朝初年。在1995年为纪念北京建城3040年而举办的学术研讨会上，大多数学者经讨论后认为，周武王灭纣年代是公元前1046年，而"灭纣封燕"的时间为公元前1046年(详见第143期《北京文物报》)。当时，社稷已建，封燕国，颇有些论功行赏的意思。而封蓟国就不是这样。蓟国并不是随武王打天下的诸侯国，而是被武王收服的弱小聚落邦国。甚至它连自己宗于何氏都说不清。一说是帝尧之后，又一说是黄帝之后，难怪"武王克殷反商，未及下车，而封黄帝之后于蓟"（《礼记·乐记篇》）。对这个说不清来历的聚落，封国也是极其草率的。

由于蓟国太小，想来其都城自然不会很大，宫室市坊必定都很狭隘简陋，估计也难有几件青铜礼器。加上燕国强大以后，又在这里建立了自己的都城。这样，虽然蓟城经历代延续而发展下来，但由于几千年中人类不断的活动和改造，所以，能够保留下来的古代遗迹、遗物反而比较稀少，远不像燕国都城遗址发现的那么丰富。

依照上面的分析可以看出，燕国的都城在北京地区，而且有考古发现做证；而蓟国的都城似乎也在北京地区，虽证据不全面，但持此观点的人也不少。既然如此，为什么不把二者都作为北京城的前身呢？至少董家林似乎更有理由作为北京城的发源地。但事实上，人们都认为蓟国的都城——蓟城才是北京城的前身，这是为什么呢？

第一，殷商以前，燕族主要活动于今河北省涞水县、易县一带，属于殷商的北方属国。可见，它并不是以广大的北京平原地区为其活动地，充其量算是北京的附近地区。

第二，北京房山琉璃河乡的董家林村燕国都城遗址，充其量只能算是燕国最初的封地中心地带，作为燕都的时间并不长。相反，在燕国存在的年代里，其都城都是在蓟城，而不在董家林。而且，随着燕国都城迁至蓟城，董家林原都城很快就衰落了。

第三，蓟不仅曾是蓟国的都城，而且在以后的许多年中仍然存在。《韩非子·有度》记载："燕襄王(公元前657—前618年)以河为境，以蓟为国。"就是说，东周燕襄王时，燕国的南疆以黄河为界，它的国都是蓟城。从此以后，就有了燕都蓟城的说法。后来北京又被称为燕京，也是来源于此。

实际上，燕国自东周开始增大势力以后，逐渐兼并北面的蓟国，并且将国都搬到蓟城，这实在应算是一个高明

位于琉璃河董家林村燕国古城的城角遗址

之举。很显然，董家林古城位于太行山东侧，古代南北大道上，北去蓟城不过百里，是从中原北上蓟城所必经之地。它的腹地面积也大于蓟城，农业经济比蓟城一带发达，而且靠近中原，最容易接受中原先进文化的影响。但是，董家林古城在交通和战略上的位置都远不如蓟城。因为后者所处位置，既是南北大道的北方终点，又是大道分歧后进入北京山后地区的交通线的起点，成为当时燕山南北交通的枢纽。交通方面的便利，必然成为燕国在兼并蓟国之后，迁都蓟城的主要原因。

春秋时期燕国势力较弱，进入战国期间才逐渐成为七雄之一。燕昭王受命于危难，遂立振兴之志。他筑黄金台以延揽天下英才，经过28年奋斗，燕国富强起来，燕都蓟城成为战国名城之一，有"富冠天下"之誉。燕昭王死后，燕国逐渐衰落，并于燕王喜二十九年(公元前226年)，被秦国大将王翦率兵占领了蓟城。四年后，逃到辽东的燕王喜为秦军所俘，燕国覆亡。蓟城作为燕国都邑的历史结束了。

综合上述分析可以得出结论，今天的北京城的前身，正是西周初年周武王分封的蓟国的国都——蓟城。只是到了东周时期，蓟国被燕国兼并以后，蓟城转而为燕国的都城，但城址未变。所以说，北京建城的历史，应该从周武王分封蓟国的时候算起。据北京师范大学历史系的赵光贤教授1993年研究出的最新结果，蓟国初封的时间，就是武王克商灭殷的时间，即周武王七十一年(公元前1045年)。这一结论已经被学术界

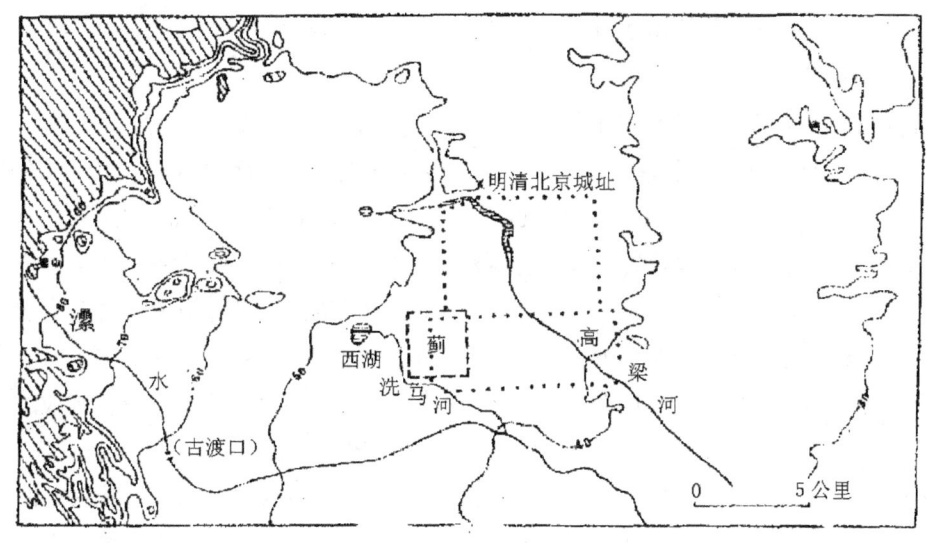

《水经注》所记蓟城与西湖位置示意图

的大多数人所接受。建成于公元前1045年的北京城，虽然不是世界上建城最早的，但自建城到今天，历时三千多年而不衰，而且在新的时代里还焕发出活力，是一座具有远大发展前景的古老城市，则要算世界上非常少有的了。

二、为什么选择北京建都

早在20世纪40年代，美国芝加哥大学的泰勒教授在谈到北京城的早期发现和选址问题时曾说："想要说明北京城在其原始城址上发展起来的环境因素是困难的。因为北京城只是辽阔的冲积平原上众多城市中的一个，它的城址并不具备任何明显的地理特征。"按照这段话的意思，北京是一个缺乏特色的城市，更不具备建都的条件。那么，又如何解释这样一个事实：即北京作为都城，不仅早在西周时期就已经形成，而且延续了几千年？对这个问题，泰勒教授似乎底气不足，他居然到神灵那里去找理由："由于巫术上和政治上的原因，导致了这个城市的诞生。"如果真是这样，中国历史上的统治者们似乎都是头脑简单，只信巫术，几近无知的白痴了。他的这种论调，与其说是出于他的浅薄，更不如说是一种偏见。

1949年10月1日，中央人民政府主席毛泽东在天安门城楼上宣布了中华人民共和国的成立，北京成了新中国的首都。然而，当初在讨论新中国首都的选址时，北京并不是唯一选择。

自古以来，都城地址的选择大有讲究，并成为古都文化的重要内容。其基本的原则，正如《吕氏春秋》所指出的："古之王者，择天下之中而立国。""凡立国都，非于大山之下，必于广川之上，高毋近旱，而水用足，下无近水，而沟防省。"（《管子·立政篇》）。此外，现代社会首都的选址，对于地理中心、交通要冲、接近富庶地区等因素的考虑，与古代类似，只是无须"虎踞龙盘"的帝王气象和紫气冲天的宝地风水；凭借高山大河等险峻地形以防卫的因素也不再似古时突出。但是，要求城市有较好的市政设施和较大的发展余地。对于1949年建立的新政权，还要求有较现成的可资利用的办公条件，如大会场、机关用房、使馆用房，等等。基于这些考虑，武汉、郑州、南京、北京都曾被列入了新首都的候选名单。南京曾经是国民党政权的旧首都，尽管有较完善的办公条件，但作为新政权的心脏似乎不宜。更重要的是，作为王朝，南京历经十朝，竟没有一个长命的。据说毛泽东在力主建都北京时，曾明确表示不能在南京建都，看来这是有道理的。这也许同他熟读《明史》有关。而早在毛泽东说这番话之前20年，国民党迁都南京之际，历史学家吴宓在他7月28日的日记中，就以诗的形式明确指出："燕王列代帝王都，却寇威夷讵霸图。岂意功成革命日，偏安江左计何愚？"因此，排在第三位的武汉就显然优势较为明显了。

首先，它符合"择天下之中而立国"的地位条件。在它的南面有湖南、江西；北面有河南、陕西；东面有安徽；西面有四川，甚至离山西、河北、山东、江苏、浙江、福建、广东、贵州也不远，被称为"九省通衢"。在地形方面，武汉龟(山)盘蛇(山)息，得"玄武之象"，"烟雨莽苍苍，龟蛇锁大江"，这种雄浑气象，的确为天下所少有。武汉还具备文化上的特殊优势，在影响最大的中原、荆楚、吴越、巴蜀四大文化当中，武汉处于它们的交汇处。一方面，它是荆楚、吴越、巴蜀文化带的中间地带；另一方面，它又是连接南方文化的门户和为北方文化南下而送行的长亭。武汉文化具有一种综合的性质。武汉还是近代民主革命的发祥地。1926年，中央政府曾由广州迁都武汉，抗战期间成为战时首都，尽管时间都很短。

与之相反，无论在地理方面还是文化方面，北京都很难说是中国的中心。它偏在所谓"十八行省"的东北一隅，远离富庶的南方，对于需要严守的东海、南海、西北、西南又鞭长莫及。无论从政治统治、经济贸易和文化交流哪方面，定都北京都不怎么方便。

尽管如此，历史最终做出的选择是，中国的政治中心在南方生存了38年之后，又重新回到了北京。在这个问题上，前面提到的那位泰勒教授终于说对了一次。他判断出"看来在北京城城址的选择上，显然包含有许多'人'的因素"。这些"人"的因素，不外乎民族的历史、文化和心理的稳定性和连续性。不仅在领袖心中，而且在大多数老百姓看来，北京比起其他城市来更像首都，北京满足了中国人文化心理中稳定、连续、凝聚和向心的强烈要求。于是，一个强大的中央政府在北京成立了。而武汉失去了成为国都的机会。难怪人们叹惜说：武汉是得天独厚，同时又运气不佳。而郑州最终也未能当选。当然，随着国家建设和社会的发展，北京城的人口迅速增加，50年间增长超过10倍，生态环境严重恶化，水资源紧缺越来越威胁着北京人的生活。于是，迁都的议论声不时响起。当然，这一切是定都北京时所料想不到的。

应该说，北京作为都城历数千年而不衰，这绝不是偶然的巧合，而是有着政治、历史、军事、经济、文化等多方面的条件。

众所周知，中国首都的频繁迁徙移动，是世界各国所少见的，这是构成中国文化的独特现象。按照英国历史学家阿诺德·丁·汤因比的"挑战论"学说，人与环境的关系不仅是顺着环境的自然趋势而发展，而且可以逆流而上，一帆风顺于文明有百弊而无一利。反之，逆境却能推动文明发展。北京成为都城的历史，正是华夏先民的选择与克服逆境的结果。

北京西北部的太行山、军都山和燕山，为南部平原地区上文明程度和生产技术良好、农业发展较快的居民，与拥有丰富动植物资源的山区居民的来往交流造成天然的障碍。为此，人们进行了长期的实践和探索，终于找

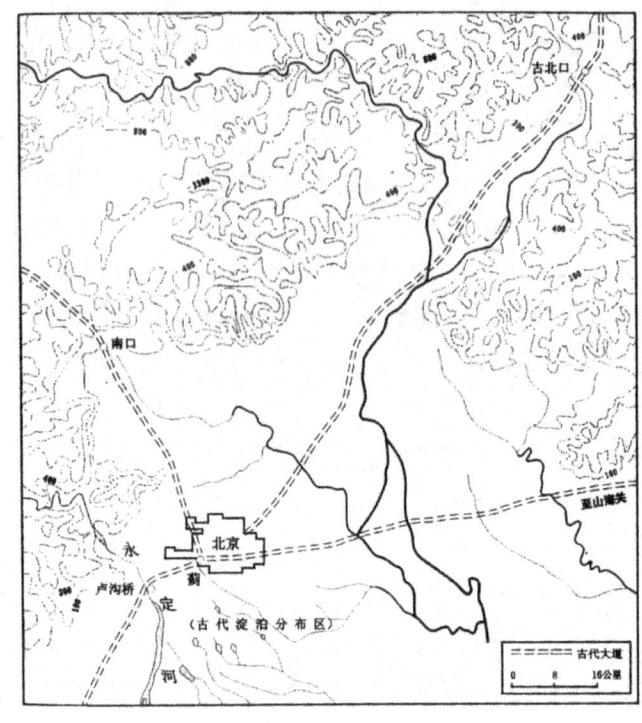

北京小平原古代大道示意图

出了山间的几条有效通道，即北部的南口和古北口，东北部的山海关口，太行山脉的娘子关等天然门户。

永定河是北京城主要的供水来源。它的上游分为两大支流，北支发源于内蒙古的兴和县，南支发源于山西省的宁武县。几千年来，永定河留下了数十条故道，流经北京地区的有三条。七千多年前，永定河水穿越北京地区，从石景山经紫竹院、德胜门一带向南流，河宽七八公里。今天的北海水域即为故道的一部分。河水经正阳门、龙潭湖地区往北，在呼家楼一带又分成多股，往东南流去。以后，由于地面隆起，河水才移出今天的河道位置。当年，面对平原上到处流淌的河湖小溪，人们还不能架大桥，为了便利交通，就要选择天然的狭窄处作为渡口。今天的卢沟桥河段即为当年古永定河上的一个狭窄的民间渡口。后来，有人在这里建了一座木桥，由于过往便利，通过渡口的人迅速多了起来。再后来，这里建成了一个小镇。这个小镇非同小可，它给早期的北京都城奠定了技术、物质和自然条件的基础。

为什么这么说呢？因为卢沟桥所代表的古代渡口，如同北京湾的一个港口，各条航路都要从这里起程。同时，它也是各条航路的归宿。作为交通荟萃之地，这里作为一个城市诞生和成长的地方，是最适宜不过的了。这就如同英国伦敦依傍于泰晤士河，法国巴黎依傍于莱茵河一样。

但是，永定河并不像它的名字那样"永定"，相反，却像华北地区的其他河流一样，经常在洪水期间暴涨，泛滥成灾，从而威胁着附近地区的居民生活。因此，距离渡口最近，而又最不容易遭受洪水威胁的地方，便成为城市地址的最佳选择。随着社会经济的发展，这里便十分自然，且又较为迅速地发展起了一座最早的城市——这就是最初的北京城。

至于辽、金、元、清诸朝的定都北京，则主要是出于这里更接近王朝或政权建立者的根据地的原因。

契丹得到燕云十六州后，其势力已然扩展到燕山以南的大片地区。为了加强统治，将幽州升为析津府，进而改称南京，作为辽代的陪都。在金朝，其统治的疆域南及秦岭、淮河，于是，在辽代的南京故地上建立了中都。所谓中都，是因为就当时金国的整个国土来说，中都正处于中心位置。当时于上京会宁府外，还有东、西、南、北四京，中都居于四京之中。金人认为，燕都地处雄要，北依山险，南压中原，若坐堂隍，俯视庭宇，地理环境十分重要。建立中都的意义在于：第一，作为国土的中心点，自然便于统治秦岭、淮河以北所得到的土地；第二，也是更重要的一点，就是接近它的根据地，发生紧急情况时，便于游牧民族的支援。这是因为，作为全国的统治者，女真人建国之先，还是随水草而居的游牧民族，农业生产只具雏形。其新征服的部落也大多以游牧为主。这些新征服的部落要统治，广大的农业民族也要统治，做到这一点的确不容易。在这方面，女真人吸取了契丹人（辽代）的若干经验，突出南北分治，各因其习俗而有些差异。然而，历史并没有按照女真人的如意打算行进。就在金朝统治者虎视眈眈盯紧农业民族，严防他们造反的当儿，它的后院起火了。与其结怨的另一个游牧民族——蒙古族开始造反，并且很快就打败了金朝。后者被迫迁都到更南边的开封。女真人为什么没有像当初设想的那样，在万不得已的情况下，脱离农耕地区，退回到原来的游牧地区？这可能是因为蒙古族正是自北而来，堵塞了他们北归回路的缘故。实际上，不仅留在中都的最高统治者南走开封，就是居于中原的女真人，也很少重返其游牧地区。毕竟中原地区生产技术水平较高，已经开始了早期的贸易和生产交流活动。而且，农耕地区的水利条件良好，农产品较为丰富。因此而尝到了甜头的女真人，当然"乐不思蜀"，不愿再回到生活条件艰苦，生产水平低下的游牧地区去了。这恐怕是他们居于农耕地区的主要原因。

蒙古族人不光打败了女真人，建立了元朝，而且其跑马占地的本领尤其为大。作为游牧民族统治农耕地区的元朝统治者，他们直接效法了金朝的方法。所不同的是，元大都并不是在金中都的旧迹上建立起来的。建都后，元朝又使运河改线，沟通了京杭运输航线，使长江流域的物资财富和先进的文化输达北京。他们还汲取了唐代中叶以后，藩镇林立，形成割据局面，进而切断汴渠漕运，威胁唐王朝的历史教训，倾注全力，加强了运河沿线的安全保卫，保证了首都应当具备的物质和文化基础，也是使北京成为后来几朝首都的重要原因。当然，元朝最后还是失败了，在明兵将临城下之际，他们撤离了大都，返回到原来的游牧地区，并且在那里和明朝相抗衡，前后竟达200多年。

清朝初建之际，定盛京(如今的沈阳)为都城。在一些上层贵族人士心中，转战关内外获取农耕居民的生产和生活资料的目的已经达到，开始过上了舒适的日子。在此情况下，以多尔衮为首的远见卓识者，坚持迁都北京，以图进取。他们的祖先努尔哈赤率领族人征战中原，是为了扩大已感不够的领土。如今，他们更要统一控制全国，"以建万年不拔之业"。1644年8月，明王朝灭亡不出半年，清朝开始了大迁都。10月10日，正式建都北京。这一壮举，不仅表现了清廷强压中原、雄霸九州的眼光，同时也是给自己不得以时出关，留下了一条退路。不仅如此，清朝统治者还全力笼络元朝人的后裔，以使其起到满洲旧人的作用，成为自己可靠的后方和同盟军。清朝在京竖立的许多石碑牌匾上，大多同一内容分别用满、蒙、汉、藏四种文字书写，其用意也正在于此。在满人的心目中，蒙古人远比汉人更可靠，因满、蒙的血缘关系比汉人近，生活环境与习惯也相近。但由于清朝统治者最后的腐朽不振，原来所期望的支持力量同样难得实现。

北京从一个古代都邑，逐渐发展成现代中国的首都，这正是它在辽、金、元、明、清，及近现代史上所处的历史、地理、文化、政治位置决定的。

明朝初年，学者李时勉写了一篇著名的《北京赋》，从中可以看出古人建都北京的一些思考。无疑，这是对几千年北京建城思想的总结。

逮我圣上（指明成祖），继明重光，握乾御极，一遵旧章，仁声洋溢乎遐迩，恩泽汪濊于八荒。既致治于太平，遵重黼以省方。仰先志之未遂，度弘规以作京，羌经营之伊始，遍夷夏其欢腾。日惟北都（北京），在冀之城，右挟太行，左据碣石，背叠险兮重关，面平原兮广泽。……方位既正，高下既平。群力毕举，百工并兴，建不拔之丕址，拓万雉之金城。引天泉於西阜，环汤池而镜清。九衢百廛之通达，连甍甍邃宇之纵横。顾壮丽其若此，非燕逸而娱情，盖所以强干弱枝，居重以御轻，展皇仪而朝诸侯，遵先轨而播风声者也。若乃四郊砥平，壬道正直，视万国之环拱，适居中而建极。……若夫其官室之制，则损益乎黄帝合官之宜，式遵乎太祖贻谋之良。居高以临下，背阴而面阳。奉天凌霄以磊砢，谨身镇极而峥嵘，华盖穹崇以造天，俨特处乎中央。上傲象夫天体之圆，下效法乎坤德之方，两观对峙以岳立，五门高矗乎昊苍。飞阁屺以莫乎四表，琼楼巍立于两旁。庙、社并列，左右相当。东崇文华，重国家之大本；西翊武英，严离居而存诚。彤庭玉砌，璧槛华廊，飞檐下啄，丛楹高骧。壁闿阓其荡荡，俨帝居于将将。玉户梁华星之炯晃，璇题纳明月而辉煌。宝珠焜耀于天阙，金龙夭矫于虹梁。藻井焕发，绮窗玲珑。建瓴联络，复道回冲。轶霄汉以上出，俯日月而荡胸。五色炫映，金碧晶荧，浮辉扬耀，霞彩云红。其后，则奉先之殿，仁寿之官，乾清坤宁，眇丽穹窿，掖庭椒房，闱闼闳通。其前，则效建圜丘，合祭天地，山川坛壝，恭肃明祀。

至于五军庶府之司，六卿百僚之位，严署宇之齐设，比馆舍而并置列。大明之东西，割文武而制异。至于京尹赤县之治所，王侯贵戚之邸第，辟雍成均，育贤之地，守羽林而掌仗飞者，至九十有四卫，莫不并列而棋布，各雄壮而伟丽。……是以朝无缺政，德教渐暨，薄海内外，均陶至冶。幸其有所，聿来趋事，成此大功，忘其劬勚。人和既极，体微滋至。……于以见天眷之益隆，而圣德之纯备者也。

这篇《北京赋》，围绕着都城的政治、文化、军事等方面而展开论述，全面分析了建都北京的重要意义和主客观条件，一再表明，建都北京是因为本地的"地势雄伟，山川巩固，四方万国，道里适均"。迁都本身也寄予着"天地清宁，衍宗社万年之福；山河绥靖，隆古今全盛之基"的梦想。虽然北京的自然条件也有很多不利之处，例如，北部边关离长城太近，"一墙之外，逼近大虏"，而且粮食供应不足，水资源困乏，气候趋于干旱，等等，但是，与其所拥有的优势相比，这些自然条件的不足毕竟是次要的。

有人说："地理提供一块底布，人在上面绘制自己的图画。"明代的北京，经过辽金元的营建而获得长足发展。它利用君主专制神话，使自己凌驾于所有的城市之上。这自然有利于一统之君，突出了皇帝作为王朝的象征的重要意义，同时加剧了专制集中的趋势。城内多种多样的团体和组织，如家庭、地区社团、文人书院、官员、宦官、寺庙、流民、帮伙等等，无不在皇权的一统下，盘根错节地按一定序列存在。整体社会是权力的根本所在。君权至上现象正是通过都城而在王朝所有的人和组织的相互联系当中加以体现，而各种社会力量和个人，无不成为皇权的附属。北京城的这些特殊功能，使其形成了特有的文化。

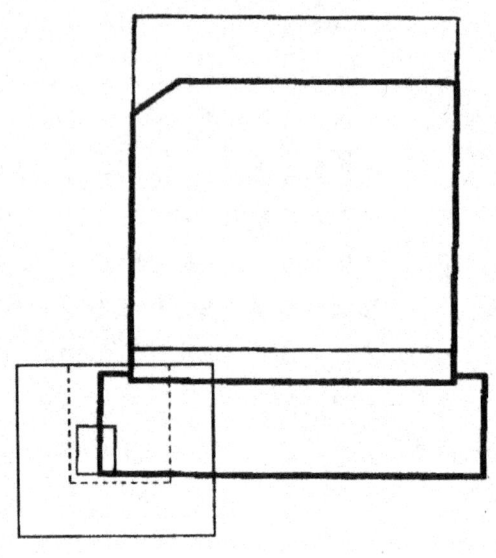

辽南京金中都元大都明清北京城关系示意图

———— 明清北京城
———— 元大都城
———— 金中都城
------ 辽南京城

与李时勉同为明朝人的刘侗、于奕正，在其所著的《帝京景物略》中，对北京的重要地位也做了精辟的阐述。他们认为，定都洛阳不如定都长安，而长安却不如北京。明成祖定都北京，具有十分重大的意义："前万世未破斯荒，后万世无穷斯利，摇勒九边，橐篚入海，岂偶哉。"在这块"神人萃，物爽丰，……潭云塔影，龙螺洞光……照游盛今古"的京城，作者描述了它的多方面的重要和可爱之处。

对于北京的感情，不仅古人有，今人也有。"我爱北京"，这是许多人都会说，而且曾被许多人说过的话。北京不仅是六朝古都，北京更是中国人的根，是中国和中国文化的象征。爱北京，也就是爱中国，爱中国文化。

当代中国文化人类学家易中天，在其所著《读城记》中，通过对北京与一些相关城市的比较，鲜明地概括出了北京的特点和可爱之处。他说："北京也许是最能代表中国文化的城市了。西安太老，洛阳、开封、曲阜、江陵太小，南京和杭州总让人联想到偏安江南、纸醉金迷，况且屡遭兵火，也元气大伤。只有北京，曾经是元明清时代帝国京都和民国时期文化首府的北京，才集中了中国文化的精华，最能代表中国。"

三、建城蓝图与"八臂哪吒"

民俗专家常人春先生曾指着一张正阳门的旧照片介绍说：你瞅这正阳门多像一只龙头！瓮城墙就是它的外轮廓，瓮城内的两口井是它的双眼，关帝庙、观音庙内的各一根旗杆则是龙须。以后，笔者又见有的文章提到，中南、北三海就是一条龙。

关于北京城与龙的传说很多。与之相比，说北京城是"八臂哪吒城"的传说，似乎更生动，且流传更广。话说永乐年间，皇帝命令他的两个军师刘伯温和姚广孝设计北京城的图样。他俩来到城中心，从南到北划了一条线，从东往西又划一条线，形成一个十字。十字的中心东西各五里，南北各七里为城边。然后各自开始设计。二人都想夺头一份功，于是都画得格外投入，却一直觉得不满意。离约定的时间就剩一天了，刘伯温走出家门散步。忽然看见有一个红孩子在他面前走着。他走得快，这孩子也走得快；他走得慢，这孩子也走得慢，他觉得奇怪，就追了上去。与此同时，姚广孝也遭遇了同样的经历。两个军师追着追着，碰到一块。刘伯温说，现在咱们可以分头画了。于是二人背靠背地画起来。这时，二人眼前同时出现了那个红孩子的模样，两人一想，这不就是八臂哪吒吗？二人同时一阵高兴，可是谁也没言语，依旧画自己的。刘伯温这边，沿着头、胳膊、腿的顺序往下画，形成了一个完整的哪吒。姚广孝呢，也是这么依次着画下来。只是因为画到最后时刮来一阵风，纸飘了起来，画的线也跟着斜了一下。结果，二人的图画的完全一样，只是姚广孝的图在西北角上往里斜了一块。

关于这张八臂哪吒图，刘伯温向皇帝介绍说："这正中间的一座门，叫正阳门，是哪吒的脑袋；瓮城东西开门，就是哪吒的耳朵；正阳门里的两眼井，那就是哪吒的眼睛；正阳门东边的崇文门、东便门、东面的朝阳门、东直门，是哪吒的右边四臂，正阳门西边的宣武门、西便门、西面的阜成门、西直门，是哪吒的左边四臂；北面的安定门、德胜门，是哪吒的两只脚。哪吒的五脏就是皇城。

皇上见二人画的图样完全一样，一时定不下给谁头功。刘伯温看出这一点，就指着姚广孝的图说：这张哪吒的图形是斜的。姚广孝解释说，哪吒的图形就是斜的，我这是照实画。皇上觉得二人画的都有道理，就发话说，东城照刘伯温画的修，西城照姚广孝画的修。修成以后，姚广孝斜的那一笔，正好是德胜门往西到西直门这一块。

至今，北京城的西北面还是斜的呢。

按照《周礼·考工记》所定的周朝制度，都城的平面要为正方形，四面各设三座城门，总共十二座。"十二"被视为"天之大数"。这成为历代尊崇的古制。到了明代，都城的平面改为长方形，这是对古制的发展。而且城门数也改成了十一个。为什么古制所定，而且是"天之大数"的十二座城门，到了明代被改成了十一座呢？据说当初听了风水先生的建议，说是正对中轴线开一个北门不吉利，好运气都泄跑了。于是，北面就改成了两座门，以中轴线为中心，左右各一。左边的是德胜门，右边的是安定门。

城里的主要街道或东西向，或南北向，直通这些城门，形成经纬交叉状。这样一来，城中干线道路与城市的出入口衔接为一体，城门不仅同城墙互为依存，而且成为道路的关卡。

相比之下，把北京城正前方的正阳门说成哪吒的头，北边的安定门、德胜门为他的两条腿，其余八门为其八臂，这个传说不就成了牵强附会的戏言了吗？事实没这么简单：北京城作为皇帝居住的地方，一向被视为天下的中心，这固然出于皇权崇拜的需要。同是为这一目的，许多本属正常的举措，也往往因为附会上各种神话传说，赋予其传奇的色彩。历代还不乏文人的诗词歌赋，把一件事吹乎的神忽其神。寒山寺与《枫桥夜泊》诗的关系，就说明了这一点。寺因诗传，诗为寺增辉，千百年的文化积沉，使这些文物古迹充满了历史的沉重和丰厚的内涵。中国文人极富这种"造势"的本领。把北京城与八臂哪吒联系起来，也正是出于这一原因。

哪吒是谁？他不仅是托塔天王李靖的儿子，更是玉皇驾下的大罗仙，只是投胎为李靖之子而已。天王恐其生患而欲杀之，哪吒割肉剔骨，还了父精母血，然后现本身，运大神力，移星转斗，永镇天门，被玉帝封为三十六员第一总领使天帅之领袖。可见哪吒的来路不一般，本领更不一般，成了真神。鉴于他的庇佑降魔的保护作用，视其为北京城的一位保护神也不为过。而将其"拉大旗做虎皮"，自然使北京的建城更具备了传奇色彩。这一传说，也成为解说中国传统建城理论的生动事例。

北城的德胜门和安定门与军事守卫有关，把它比喻为哪吒的双脚，说明了对军事的保障作用和基础作用的重视。东、西两边的各四肢手臂，朝阳门为进粮车的门，东直门为运进木材的门，西直门进水车，阜城门进煤车，宣武门斩囚犯，崇文门进税收——这八个门虽然功能各异，但有一点是共同的，就是都是"进"东西(或人)的城门。而抓取东西进来，正是人的手臂的功能。用哪吒八臂来形容，不仅显得生动，而且因哪吒为神，而使这一行为充满了神奇的力量。

再从"皇城是哪吒的五脏"来看，皇城位于北京城的中心，在位置上看，正与心脏相同，在地位上，皇城也几乎起着人体心脏的重要作用。中国古代天文学家，根据对太空天体的长期观察，认为天上三大恒星的紫微星位居中央，位置永恒不变。古代的人们认为天皇是住在天宫里的，天宫当然应该在中央。所以，紫微星以它居于中央的位置，成了古人心目中天宫应在的场所。于是，人们以紫微星作为皇帝的代称，皇帝住的地方为紫禁城。他们身居紫禁城，施政全国，四方归顺，八面来朝，才能江山永固。太和、中和、保和，俗称三大殿，是紫禁城前朝部分的主体。三大殿建在一座平面是"土"字形的三层基台之上。土居中央，符合五行的原理。天台的中心为中和殿，它正是风水上讲的龙脉上明堂的位置。太和殿俗称金銮殿，是全紫禁城乃至全国最高、最大的宫殿，它的总面积有2377平方米，是最高统治权力的象征。它们位于哪吒的心脏部位，这是因为古人认为，心是人体的指挥中心，而不是大脑。皇帝发号施令的地方又是"神"的心脏，其能量自然不一般了。

但在"正阳门为哪吒的头"的比喻上却出现了纰漏。说瓮城东西开的门是哪吒的耳朵，这很形象，也颇准确，所不同的是年代。因为当初刘伯温和姚广孝设计北京城时，还没有瓮城上开的这两座东西门，这门实际是民国以后才打开的。由此可见，这个传说虽然产生年代很早，但以后又经过了不断丰富的过程。

在这里，哪吒的八臂还与古代神话中所说的"八柱"相联系。象征"八柱"的哪吒八臂，成为支地撑天的八根天柱，这正是哪吒作为天神，庇佑京城的作用之体现。受这一观念的浸染，传统文化中派生出一大批以"八"为名的现象。这当中，突出地表现出皇帝垄断"八"和"九"这样一些"数之大者"，只有人类社会中"人上之人"才配享用吧。比如，治理国家必须有"八政"，天子之印有"八宝"，古传说中的才德之士有"八元之恺"，八种统率下民之法为"八统"，等等。

"八"这个数字与北京城有着密不可分的联系。这除了表现在"城市的兴建格局是按照神话传说中的八臂哪吒的身形"之外，与八字有关的还很多。如八条胡同、八道弯、八王坟、八里庄等。"燕京八景"是北京城著名的景点；老北京人爱逛"八庙会"(隆福寺、白塔寺、护国寺、东岳庙、蟠桃宫、雍和宫、大钟寺、白云观)、买布要去"八大祥"(瑞蚨祥、同和祥、谦和祥、聚祥益、东升祥、和升祥、国和祥、义和祥)；饭庄业有名的是山东菜系的"八大楼"(东兴楼、鸿兴楼、鸿庆楼、鸿宾楼、东宾楼、华北楼、泰丰楼、新丰楼)；在明代的《苑署杂记》中，记载了当时所谓

"都门八绝"——李近楼的琵琶绝、苏乐壶的投壶绝、王国用的吹箫绝、蒋鸣歧的三弦绝、郭从敬的踢球绝、阎桔园的围棋绝、张京的象棋绝、刘雄的八角鼓绝。在前门一带的"八大胡同",则是妓院娼寮集中的地方。在饮食方面,糕点有荤八件、素八件、回民八件,腌菜类有八宝菜,而八宝莲子粥则更是受人欢食的粥品。可以说,"八"已渗透到北京人生活的各个方面。当然,影响最大的,还应算是"八臂哪吒城"了。

本文写完之后的一次偶然机会,笔者从一位历史学家处,又了解到关于称北京为哪吒城的另一版本。元代建北京城时,还不兴用砖砌城墙,而是采用夯土的办法。为了牢固,城墙中加进了横、竖的木头。在墙外,则用芦苇编成排子附于土墙之上。这样一来,城墙仿佛穿上一件"荷叶裙"。另外,由于大都城共开有十一门,即东南西各三门,北面两门,犹如"三头六臂两足",所以,人们称之为"哪吒城"。这一说法表明,北京城被称为哪吒城始于元代,出于人们对整座城之形态的生动想象。

当代学者张清常先生在他的《北京街巷名称史话》一书中,进一步阐示了上述见解。他指出:在各种各样的民间传说当中,哪吒城已见于元末明初人署名长谷真逸的《农田逸话》一书。元大都南墙有文明门、丽正门、顺承门,东墙有光熙门、崇仁门、齐化门,西墙有肃清门、和义门、平则门,北墙有安贞门、健德门,共十一座门;东西墙长,城为长方形。传说认为南三门为三头,东西共六门为六臂,北二门为足登风火二轮。实际上,这只能算是对于改建城门布局的附会。

当然,这种附会并非出于前人的故弄玄虚,恰恰相反,正是表现了他们对城门重要性的深刻理解。他们认为,这八座城门(楼)各有时辰,各有堂奥,各有阴阳,各有色气,不可替代。这八座极具内涵的城门,正是通过哪吒这一神话人物,而逾益凸现出它的魔幻神力。

至于元代的刘秉忠设计北京城时,为何将城门作奇偶相配的安排,更多的,还是出于建筑艺术方面的构思。实际上,大都城内北部比较空阔,用不着开三座城门。

明朝洪武年间,之所以在北京城的南墙设三座城门,东、西和北墙各两座,合计九座,一方面体现了《礼记·胲》季春之月天子"毋出九门"之说,以及古代礼制的有关规定;另一方面,也与京城西北角的地理条件有关。因此,这不仅与元大都的城门设置相同,而且也适应了客观环境的要求。

清朝康熙十三年(1674年)将清初特设的由汉人主事的九门步军巡捕,改为由满人亲信大臣兼任的提督九门巡捕五营步军统领,简称步军统治,俗称九门提督,职掌京城最高治安机构。这个官可比十一座城门哪吒城的哪吒要厉害多啦。

四、是刘伯温建的北京城吗

不论书本上说的多么在理，老百姓心中还就觉得北京城是刘伯温建的。仿佛为了给这一说法找根据，以刘伯温建北京城为内容的传说，其版本就不下六七个。这当中，由民俗专家金受申先生收集、整理的版本，算是比较全面的。

依照这一传说，燕王刚在南京登上皇帝的宝座，就请来刘伯温商量重建京城的事。刘伯温提议说，让大将军徐达往北射上一箭，箭落在哪儿，就在哪儿建京城。

徐达这一箭射的可真不近，一直飞到了北京南边二十多里远的南苑。当地的八家小财主被落下的箭吓慌了，唯恐在这儿一建京城，他们的房产、地亩全被占用了。于是，他们灵机一动，转手一箭往北射去。这支箭被射到了如今的后门桥附近。

刘伯温带人追到南苑，发现箭没了，知道是这里的八家财主搞的鬼，于是提出，不让在这儿建城也可以，但修建京城用的钱要由你们出。财主们不情愿地答应了。

刘伯温开始在落箭的地方施工了。最先修的是西直门城楼，城楼还没修完，八家财主已经倾家荡产了。能掐会算的刘伯温算出来一个叫沈万三的人有钱，就派人去找。沈万三终于被找到了，不想却是个要饭的，浑身又脏又破，脖子上吊个破瓦盆。刘伯温并未被沈万三的破败象所迷惑，依然坚持向他要钱，不给就开揍。一来二去，沈万三吃不住了，就一跺脚，说是脚底下就是元宝。刘伯温也没犹豫，立马派人开挖。果然发现了埋在地下大缸里的银子。银子虽多，可很快就用完了，城却还没修起来。于是，刘伯温就找沈万三要，沈万三还说没有，结果接着挨揍，沈万三依然当地一跺，又挖出了银子。就这样一而再，再而三，北京城终于建了起来，可是城里被挖出了许多大坑，后来把水引进坑里，就成了今天的什刹海、北海、中南海。

以往关于刘伯温建北京城的故事到此也就结束了。但金受申先生搜集、整理的传说仍然还有一大段。说是刘伯温追箭来京途中，曾遇上水里冒出的一只大龟。刘伯温知道这是龙王变的，就问他有什么事。龙王说，你要在北京建城，就是占了我的地盘。你得给我的九个儿孙在京城里安排个差事。刘伯温答应了，并让龙王等京城修好后再来找他。

果然，在北京刚刚修成之际，龙王就带着九个儿孙来找刘伯温了。刘伯温也未食言，当即就给他们安排了工作：有的分派到华表上，有的分派到柱子上，有的分派到房檐上，有的分派到影壁上。安排完后，刘伯温一声喝令，九条小龙腾空而起，飞到分派的地方。龙王一看，自己的儿孙都变成死物件了，就气得要命。但知道自己不是刘伯温的对手，就转身离去了。

次日一早，刘伯温就听说城里的井里、河里都没水了。他决定，派一个叫高亮的山东大汉去追龙王，并嘱咐他，出西直门去追那个推小推车的，用枪扎破车上左边的水包，然后往回跑，别回头，我为你开城门迎接。

龙王因生气而决定把北京城的水搬走，把全城人渴死。正当他推着小车往前逃时，高亮及时赶到，并使劲朝一个水包扎去。不想他扎的是右边的水包，里面全是苦水，而甜水在左边。后来北京城里苦水井多，据说就是因为高亮扎错了水包的原因。那么左边的那个水包呢，后来变成了玉泉山，那儿的水甜丝丝的。

龙王见水包被扎，大喝一声，水就从破了的水包中流出，朝着高亮冲去，并发出隆隆打雷似的响声。高亮拼命地往回跑，很快就看见了西直门。他以为事情很快办完了，回头看看也许不要紧，谁知，由此他的脚步变慢，身后的三丈高的水浪铺天盖地冲来，一下子把他淹没了。

刘伯温看在眼里，知道高亮已无法存活，又怕北京城受淹，就命人关闭了城门。大水进不了城，有一部分顺着河道往南流，成了今天的京密引水渠，另一部分从地下流进了京城里的井和河里。

龙王岂能甘心？他也跟着地下水流进了北京城。他在北新桥找出一个海眼，就带着水往上涌，要淹北京城。为此，刘伯温又找出了沈万三。沈万三怕再挨打，就试着拿自己的讨饭碗朝下扣去。龙王被压在了碗底。刘伯温答应说，离这海眼不远有座桥，它什么时候旧了，什么时候叫你出来，然而，刘伯温给这桥起名叫北新桥，意思是永远旧不了，龙王也就难有出头之日了。

《刘伯温建北京城》是关于北京来源的重要传说。这个传说早有记录，但这里又有了新的发展。它实际由《刘伯温建北京城》、《高亮赶水》和《北新桥下的龙王》三部分组成，是对原有的《刘伯温建北京城》传说的发展和完善。表面上看，《高亮赶水》和《北新桥下的龙王》与刘伯温建北京城的传说无关。而实际上，它通过传说的形式，转述了北京城水源的发展和存在情况。而且这还形象地反映了"苦海幽州"的北京城历史演变的过程。正是在这个意义上，人们称神话传说为"人类早期历史的口头传承"。应该说，在本质上是与刘伯温建北京城紧密相联的。因为，作为一个城市，仅仅形成一座围墙和里面的建筑是远远不够的。从某种意义上说，水源作为生命之源，对一座城市的存在和发展更加重要。这个传说正是将建城与水源两部分有机地组合起来，所以才显得更加完备。而《北新桥下的龙王》又成为这个传说的自然结尾。加上它，不仅把北京城的由来讲得更加动人，同时，又丰富了关于北京城由来方面的内容。

　　传说，是以神话的形式，在更广阔的意义上对历史事实的反映。关于高亮赶水，看起来是一个平常的故事，实际上包含了复杂的内容。首先，它涉及到北京历史地理上的高亮河。高亮河古已有之，早已在北京人心中留下极深刻的印象。传说便借助这个著名的高亮河，创造了这个生动的赶水故事。它所塑造的山东大汉高亮自然是虚构的，但把他说成是山东大汉，而不是别地的大汉，也有现实生活的影子。明清时，特别是清朝，北京人吃水困难，多有专门卖水的人，而他们几乎全是山东人。正如当年的竹枝词所唱："草帽新鲜袖口宽，布衫上又著磨肩，山东人若无生意，除非京师井水干。"因此，传说便又有了依据。不仅把高亮说成山东人，而且解释成，因为高亮赶水有功，所以京师卖水权才全给了山东人。这就构成了传说的基本骨架。

　　另外，这个传说还涉及到了北京的甜水、苦水的问题。这个问题在过去的北京不仅长期存在，而且直接关系到城市人民的生活。当时城里甜水井少得可怜，若经发现，必成宝物。至今留下地名的王府井附近的大小甜水井就是证明。这个事实被传说所利用，说成是高亮在赶水中出于慌乱，错扎了苦水包，所以北京尽是苦水。而甜水则被龙王倒在了玉泉山，所以玉泉山的水最好，就连用玉泉山的水种植的水稻和荸荠都格外好吃。由此可以看出传说构成的多方面的来源。

　　传说还讲到了什刹海、北海和中南海的来历，讲出了龙王兴风作浪及刘伯温与他的斗争。这里，实际上是讲的历史上治水的事实。北京原是一片苦海幽州，金元时水势依然很盛。当时的三海一片，汪洋波荡，什刹海和积水潭也比现在大好几倍，这个历史地理状况，对于形成"苦海幽州"之说，以及所以要降龙治水，乃是一个极其重要的因素。传说把这个情景和改变这个情况作为修建北京城的前提条件，突出了明王朝的创业精神，表现出一种政治倾向性，并有利地表现了刘伯温的作为。燕王朱棣到北京(当时叫北平)是洪武三年(1370年)，但直至1403年，才改建年号为永乐，将北平改为顺天府。但是，由于朱棣扫北灭元有功于民，而且他又曾受到朝廷的不公正待遇，受到委屈，所以更能引起北京人的同情。因此，便把北京城的创建，放在了朱棣，尤其是刘伯温的身上。实际上，现在北京地区的规模，大体是在明朝永乐十五到十八年营建北京时所定。而刘伯温，则早在那个时期的四十多年前的洪武八年就去世了。不过，民间的传说也多少反映了一些历史的真实。朱元璋的农民起义军打下南京后，作为他的谋臣，刘伯温受命，通过勘察风水，在钟山之阳开始建造新的皇宫。朱元璋死后，允炆继位，燕王朱棣发动政变，打下南京后，改年号为永乐，改北平为北京。最后，他把政治中心由南京移到了北京，实现了军事中心与政治中心的统一，这自然有利于巩固他的统治。而朱棣营建北京的时候，记载上说，是以南京作为蓝本的。既然如此，刘伯温的设计思想，当然会影响到北京城的建设和规划。所以说，民间传说也是有所依据的。这当中，还有一层意思，就是借用刘伯温这位神秘机智的人物，来增加北京城建设的神秘感，以使其在充满传奇中体现出皇帝脚下之城的威严。

顺便说一句，南京自国都迁移北京之后，成为了陪都，当时叫留都。与此同时，在安徽朱元璋的故乡，以临濠府(即凤阳府，今为凤阳县)为中都，形成了三京的局面。到了嘉靖初年，明世宗更以承天府(即安陆府)所理的钟祥县(今为湖北省钟祥县)为总都，置留守司。明代至此，具备了四京，这在历史上是少见的。

这个传说除朱棣外，还有刘伯温、徐达、沈万三等人。所不同的是，传说并不是按历史的本来面目构成情节的，而是一切为我所用，按故事需要而任意挪派，既有一定的事实基础，同时又充满了随意性。刘伯温年轻时曾到元大都来赶过考，后来再没来过北京。他精通天文兵法，辅佐朱元璋收中原，定天下，而把他安排在朱棣一边，可以说是一种大胆的假设。至于把元末的江南巨富沈万三也拉到明成祖朱棣的时代，显然也是一种传说的手法。抓住一贫如洗的沈万三，并能逼打出大量的银元，固然富有传奇色彩，但人们赋予它的意义，却是极不平常的。

朱棣修建北京城，所需人力、财力肯定不会少。但可惜这方面的详细记载不多。不过，向有钱有势的权臣国戚们的摊派必不会少。不光是修城，凡遇重要事件，皇帝认为必要的话，几乎都可以采取这种办法。明朝末年，崇祯刚愎自负，加上连年战争，国库空虚，于是，他不断向包括亲王在内的各级权势人物拉捐，这在姚雪垠的长篇小说《李自成》中有多次的详细记载。明朝中后期，出现全面的社会危机，财政匮乏，吏治腐败，边防危机。没办法，嘉靖皇帝再次拿出了派捐的老办法。他甚至派捐派到他的外祖父李伟的头上。至于传说中把江南巨富沈万三抓来作为拉钱的对象，偶然性中也存在着必然。沈万三成为众多摊派对象的代表和象征。把沈万三说成要饭的，可以说，形象地揭露了有钱人家的共同本质。他们虽然挥金如土，生活奢侈，但表面上仍然要装出一富穷相，生怕因财生祸，引出麻烦。同时，这也是他们对广大劳动人民悭啬已极的体现。

逼打沈万三，迫使其交出银元的细节，简直是对农民起义军(或者说是农民起义军后代)的本质性刻画。他们对长期压迫剥削自己的土豪劣绅痛恨已极，一旦翻过身来当然不会轻饶他们，尤其是像沈万三这样表面装穷的富人。同时，这一细节也表现出他们直率、简单的性格特点。传说把这些前后不同时期、不同地域的人物，巧妙地编织在一起，并不是单一事实的简单表述。所以，对这类传说的理解也必须从多方面、多角度，在相互联系中进行考察和理解。

在明代，北方多患，强敌不断入侵，且永乐之后的皇帝多无雄才大略，之所以在较长的时间内未造成大的危机，除了贤臣名将的辅佐和北京军民的效力之外，城市建设的坚牢和科学，也是不可忽视的重要方面。这一点，自然应该归功于北京建城之初的设计者和建设者。在这方面，真正辅佐过朱棣的姚广孝，其功尤不可没。他原是僧人，法名道衍。朱元璋选高僧侍诸王，他才来到燕王身边。帝"(朱棣)用兵天下，道衍力为多，论功以为第一"。传说中，他是与刘伯温并驾齐驱的神智人物，在修建北京城的过程中起了重要作用。传说他用自己的腰带和宝剑锁住了作恶多端的龙王，因此，他的名字与明代在北京的奠基联系起来。如前所述，"八臂哪吒"北京城的设计思想，据说就同出于他和刘伯温的设计当中。永乐二年，姚广孝拜资善大夫太子少师，复其姓，赐名广孝。洪熙元年又加封荣国公，京师崇国寺还留有他的画像。

第三篇 营国之最

一、大汗之城

  13世纪初，来自北方的蒙古军队开始冲击金中都。大安十三年(1211年)十二月，他们首次包围中都城，第二年又继续攻城。金主为了守城，下令大兴乌陵把所有桥梁拆毁，所用材料运入四城，交通只能靠往来的船只。靠近城池的房屋也统被烧毁，护城河中沉满了未来得及运进城的石料。蒙古军队调来了大炮攻城，放火烧城。金主被迫派人出来讲和，当然不会有任何结果。十一日的下午，蒙古军队发动了更加猛烈的进攻，大炮把承天门都摧毁了。金朝的军队最后连招架之功也没了，中都城很快被占领。然而，蒙古军队并未在此停留，而是在留下遍地狼烟尸体之后迅速撤走了。

  金贞祐三年(1215年)，蒙古军再次攻打中都城。此时的金主已经逃走，只留下个守城丞相支撑着，这当然不是势如破竹而来的蒙古军队的对手。蒙古军队正月攻下通州，四月占领大宁宫(今北海)，五月，守城军队已无能力抵抗，守城丞相也自尽了，蒙古军队占领了金中都。他们当时还没有在这里建都的打算，加上兵荒马乱，战事不断，致使中都城不但得不到保护，相反，连连遭到毁灭性的破坏。从此，中都城便很少有人居住，逐渐荒芜闲置，一个经营了60年的中都城，竟成了"瓦砾填塞，荆棘成林，狐出鬼没，盗匪无羁"的废墟。此后20多年，金中都一直处于这种状态，而且越来越甚。

  中统元年(1260年)，此时成吉思汗已经去世30多年了，他的孙子忽必烈继承了汗位。早在他登基之前，"甲辰，帝思大有为于天下，延藩府旧臣及四方文学之士问以治道"。霸突鲁言道："幽燕之地龙蟠虎踞，形势雄伟，南控江淮，北连朔漠，且天子必居中以受四方朝觐，大王果欲经营天下，驻跸之所非燕不可。"此言正中忽必烈下怀。于是，同年三月，他在开平城继帝位，随即南下，定都燕京。但此时的燕京，已远非中都城的繁华可比，他的下属迺贤诗中记述了当时所见情景："石断龙鳞秋雨后，苔封鳌背夕阳中。行人立马空惆怅，禾黍离离满故宫。"此时，利用旧金中都城来改建成元朝的首都已不可能。这不仅是因为金中都破坏严重，面目全非；更主要的，是因为在此建都，最要紧的水源问题得不到解决，"小流涓微，土泉疏恶"。而且因此处靠近永定河，每当夏季，洪水泛滥无际。还有，为了解决都城40万人的吃饭问题，必须从南方调集大量粮食。莲花池水系水源不足，无法接通大运河。而北面与高粱河水系和大宁宫附近的宽阔水面接通，既为漕运船只找到了港口，同时也为大宁宫湖域找到了充足的水源，还保证了城市用水。

于是，忽必烈决定从零开始，真正按照《周礼·考工记》上说的，重新规划设计大都城。"元大都的兴建，在北京城市发展史上，是一个极其重要的转折点，它放弃了莲花池水系上历代相沿的旧址，而在它的东北部选择新址，重新建城。由此可见，元大都的兴建，标志着北京城址的转移，这在北京城市发展史上是一件大事"（侯仁之、邓辉著《北京城的起源与变迁》第81页）。

新城的城址以金代离宫——大宁宫附近的一片湖泊(即今日的北海)为中心，从而将城址由莲花池移到了高粱河水系。这里不仅景色优美，环境宜人，而且地处永定河洪积扇脊部，地势较高，可免水患之虞。这一新城址的选择，当然与忽必烈的汉族谋臣刘秉忠有关。这位不仅熟读儒家经典，且旁通道、释，具有天文、地理、术数、律历等广博的实用知识，深谙中国历代封建王朝的统治经验，且熟知辽、金等少数民族政权统治的汉族地主阶级政治家、建筑设计家，将忽必烈的统治思想与风水、方术等实用知识相结合，不仅提出了"请定都于燕"的建议，且具体领导实施了这一计划。

大都城于至元四年(1267年)破土动工，至元十三年(1276年)完成，总面积达50多平方公里。在新都城营建的过程中，忽必烈又决定以"元"为国号，并把新都命名为大都。蒙古人称其为"汗八里"，也就是"大汗之城"的意思。

大都城设计的中心思想，就是体现皇权至上。因此，整个大都城内的布局经过了非常周密的规划，规则整齐，井井有条。它在进行全面施工之前，先进行了地形测量，然后根据古代的设计理想，结合地理特点，拟定了全城的具体规划，然后开始施

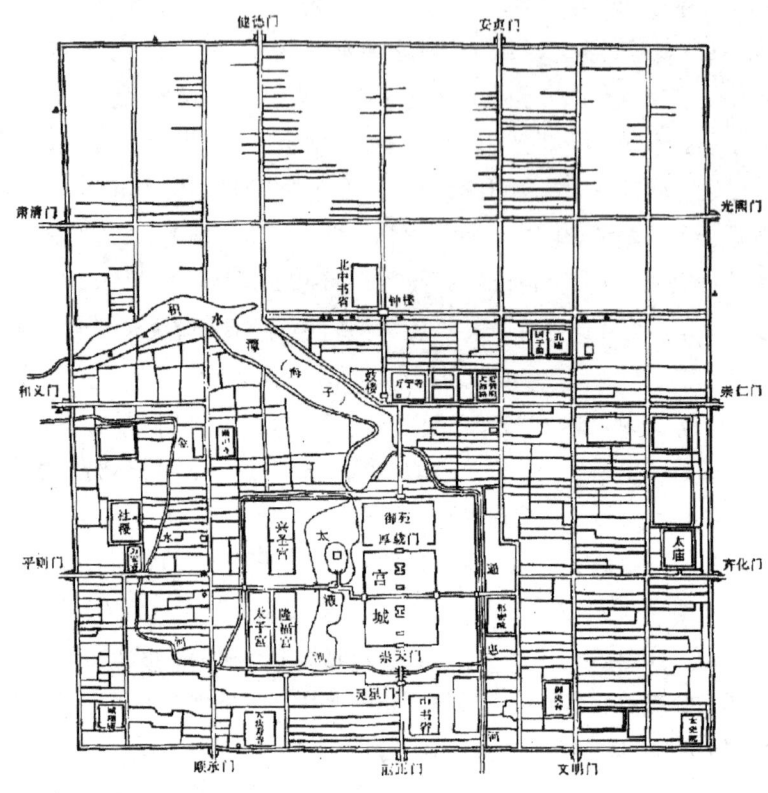

元大都复原平面图

工。依据整体设计，先安排了排水系统，铺设了下水道，挖有七条主要的排水沟。后来勘探表明，南北向干道两旁有用条石砌成的明渠，在排水渠流经城墙的地方，还建有石砌的排水石涵洞。还在全城的中心建起了中心阁，作为实测的明确标志。

在位于今鼓楼以北"西十五步"，太液池上游另一处叫积水潭的大湖东北岸上，有一座作为全城中心点的标志性建筑。以此为中心，规划出了全城的中轴线。在这个中心点上树立着一个石刻的测量标志，题为"中心之台"。在台东十五步(约合23米)的地方，建筑着中心阁。由中心阁一直向南，经过后门桥(当初叫万宁桥)，穿过皇城的厚载门、崇天门、皇宫，以及灵星门，直到丽正门，以此为半径，确定大都南北两面墙的位置。同时，在中心阁到丽正门——中轴线南半截，安排有皇城中最主要的宫殿，十分鲜明地突出了宫城的位置。证明"普天之下，惟我独尊"，皇权至高无上，封建王朝统治中心至高无上的重要性，具有十分浓厚的象征色彩。同时，还以中心阁至积水潭的最西端为半径,来确定大都城东西两面城墙的位置。

这座井然有序的大都城呈长方形(近似正方形),与我国中原地区自古以来宫殿建筑一样,元朝的皇宫也是面向正南方,隐含着明显的"面南而王"的思想意识。不过,这也与黄河流域的地理环境密切相关。从总体上看,它基本上符合《周礼·考工记》上说的,前朝后市、左祖右社的设计要求。大都城南北略长,南墙在今北京东西长安街的南侧,北墙在今德胜门和安定门以北约五里处,东墙与西墙分别与今东直门和西直门所在的南北向的垂直线相重合。

大都城有城郭三重,分为外城、皇城和宫城。

外城(又叫大城)北面只有两个门,东为安贞门,西为健德门;其余三面各有三座城门。东面的三座城门,自北而南依次为光熙门、崇仁门(相当于今东直门)、齐化门(相当于今朝阳门);西面的三座城门自北向南,依次为肃清门、和义门(相当于今西直门)、平则门(相当于今阜成门);南面三门,正中为丽正门,东为文明门,西为顺承门。每座城门外都建有瓮城。城的四角还建有巨大的角楼。城外有既宽又深的护城河。城墙由夯土筑成,底宽达24米。每个城门以内,都有一条笔直的干道。两座城门之间,大都加辟一条干道。这座干道纵横交错,连同顺城街在内,全城共有南北干道和东西干道各九条。其中,甚至还有一条是越过宫城中央,由丽正门到"中心之台",沿着全城的中轴线开辟出来的。在"中心之台"西部,有一条全城唯一的斜街,在积水潭的东北岸,是因河水走向而决定的。

都城的街道纵横竖直,其宽度统一为大街24步,小街12步。此外还有384火巷和29衖通。这些街道主要为南北向,与东西干道一起构成了五十个坊,坊各有门,门上署有坊名,就是行政管理上地段的名称。由于在建成之初就把坊地赐给了各部落首领,所以在街坊中,贵族的府邸花园占了较大的面积。小街和胡同沿着南北大街的东西两侧平行排列,而且也离得很近。分布在小街和胡同中的南北两侧民宅,坐北朝南,以利于夏季通风,冬日取暖。因为,这种背北面南的居住格局,对于地处北温带又盛行季风的燕京地区来说,的确是适应环境的最佳选择。北面封闭,以御冬季风寒,南面开窗设门,既便于冬季阳光斜射室内,又有利于夏季空气流通。就这样,全城规划得整整齐齐。

如今的紫禁城故宫两侧,西边为社稷坛,东边为太庙。当年的元大都也曾建有这样两座建筑。所不同的是,它不是紧挨宫墙,而是一个在现今的西四牌楼以西,一个在东四牌楼东。前者是为帝王祭祀土地和五谷神的,后者是为帝王祭祀祖先的。二者

摄于民国初年的元代北城健德门遗址，两边的土城为墙体，中间的豁口就是城门的所在

都比明清时期的社稷坛和太庙要大。西边的社稷坛与东边的太庙左右对称排列，在布局上更加强了宫城的作用。另外，在中心阁的正面和西北面，建起了鼓楼和钟楼两座大型建筑物，作为全城的报时中心。社稷坛、太庙和钟楼鼓楼，这三组建筑是大城以内、皇城以外的具有特殊意义的人造工程。

按照古代都城的理想设计，皇宫的北边应为商业集中区。元大都也是这样。在元代，积水潭是当时新开凿的南北大运河的终点，来往船只众多，水运便利，自然成为商业荟萃，商贾云集之地。不仅如此，还形成了以大内、太液池、海子（今什刹海）、钟楼、鼓楼为中心的宫殿官署、宅第民居和商肆集中的大都政治、经济、文化中心区域。元大都的真正中心，就是钟鼓楼。与以往都市布局不同，元代大都除有以积水潭为中心的全城商业最繁华之地以外，还在今西四牌楼附近和东四牌楼西南两处，分别建有羊角市和枢密院角市。前者为羊、马、牛、骆驼、驴、骡等的集中交易地；后者为综合性的地区商业中心。三者并列，成为大都主要的买卖交易场所。

上述所介绍的，是元大都外城的基本情况。在外城以内，皇宫而外的，就是皇城，它算元大都城的第二重。它位于全城南部的中央，中间是海子，东西是宫城，宫城的东、西则为御苑（皇帝游玩之地）。皇城环绕在三组宫殿（宫城、兴圣宫、隆福宫）的四面，由一道城墙组成，当时叫萧墙，也叫红门阑马墙。

皇城以琼华岛团城为中心。琼华岛东岸的一组宫殿叫大内，规模最大，建在今紫禁城址略偏北；琼华岛西太液池西岸，偏南修了隆福宫，偏北修了兴圣（盛）宫，是皇子、太后、后妃和其他皇室人员居住的地方。三组宫殿形成了鼎立的局面。

忽必烈虽然营建了豪华的皇宫，可他居住的地方却是琼华岛上的广寒殿。广寒殿位于琼华岛上的万岁山之巅。顾名思义，说明这个仙境已与月宫相联，可称为遗世登仙之处了。该殿"东西一百二十尺，深六十二尺，高五十尺。重阿藻井，文石甃地，四面琐窗板密，其里编缀金红云，而蟠龙矫蹇于丹楹之上。左右后三面，则用香木凿金为祥云数千万片，拥结于顶，仍盘金龙殿，有间金玉花，玲珑屏台，床四，金红连椅，前置螺钿酒卓。高架金酒海，窗外为露台，绕以白石花阑。旁有铁竿数丈，上置金葫芦三，引铁链以系之，乃金章宗所立，以镇其下龙潭。凭阑四望空阔，前瞻瀛洲仙桥，与三宫六殿，金碧流晖；后顾西山云气，与城阙翠华高下，而海波迤回，天宇低沉，欲不谓之清虚之府不可也"（《元故宫实录》）。

琼华岛周围是太液池，"广可五六里，驾飞桥于海中"，这座桥初为木质，就是现在北海大桥的前身。它的东边是一个小岛，叫圆坻，也叫瀛洲，岛上建有仪天殿，这就是团城的前身。后来因填湖为陆，团城就不再是小岛了。在这座大木桥的西边，是一条大道，经过隆福、兴圣二宫之间，直达皇城西门。在木桥的东边，迎面是大内的西门——西华门。在现在的北门以外，景山后街至今地安门后门桥，这一大片地方是养珍禽异兽之处，叫"灵囿"，也就是皇家动物园。灵囿西侧有座石桥，过去就是琼华岛万岁山。特别的是，石桥上还有一道石渠，通过它，可将金水河的水引至岛上，再到山顶，形成喷泉。喷泉的口为一石龙头，最后汇入太液池。山顶除了广寒殿外，还有仁智殿、荷叶殿、方壶亭、瀛洲亭等。

皇城的正门外是大都宫廷广场。按传说，这一广场应在宫城正门外，现在移到了皇城正门外，无疑，更加突出了宫城的地位和形象。

大都城最里面的一重是宫城。"虽天上之清都，海上之蓬瀛，尤不足以喻其境也"。这是后人对它的生动描述。这是一座其富丽堂皇的程度连辽代的南京城、金中都城的皇宫都无法相比的大内宫殿。据考证，其位置与日后的明清紫禁城在南北界限上稍有不同。它的南门(崇天门)约在今故宫太和殿的位置，北门在今景山的少年宫前，东西垣约在故宫的西边宫墙附近。左面为星拱门，右面为云从门，宫城周围9里30步，东西480步，南北615步，城墙高35尺。崇天门之上建有阙楼，两翼的回廊连接两观，旁边为造型优美的十字角楼。

宫城内的主要建筑分为两组，两组建筑表面均呈"工"字形。南面的一组，以大明殿为主体，殿址正好选建在宫城的中心线——全城的中轴线上，殿基高达10尺。"工"字形的前部是举行登极、会朝，以及正旦、寿节活动的地方。此殿共有11间，东西200尺，深120尺，高90尺。殿前的石陛分为三级，周围都是汉白玉栏杆，栏杆上雕有龙凤图案，殿的四角用5、6尺见方的方形大柱支撑。殿后有柱廊，共7间，深240

尺，广44尺，高50尺。直通"工"字形的后半部。这里有寝殿，寝殿共5间，东西夹6间，后连香阁3间，东西140尺，深50尺，高70尺(《辍耕录》)。寝殿东西，又有两殿左右对称，同为"工"字形的后半部。大明殿外围为长方形围墙。与一般围墙不同，这座四方围墙内绕以周庑，共120间房，四角还有角楼，成为城中之城，这个四方形的院子共开了七个门，南面三个，正中为大明门，算是南区宫殿的正门。东西各一门，北面两个门，两个门中间有一殿，正好在寝宫的后面。所有这些建筑，顶上都覆了琉璃瓦，为红黄蓝绿及其他诸色，上涂以

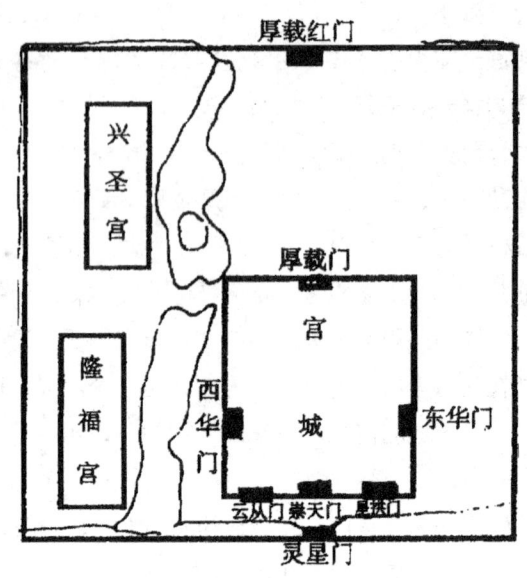

元代皇城宫城示意图

釉，光彩灿烂，犹如水晶。上面是各种各样的饰物。所用木料上都画满了精美的图案，看上去金碧辉煌。

　　大明殿的北面是北组宫殿区，以延春阁为主体，平面构成与大明殿相同。只是周围的房间数增到172间，这是因为该院落南北加长的缘故。北组宫殿区北面没有设门。寝宫以后，还有多层殿阁，是安置嫔嫱的地方，其间多以栏庑连之，装饰之美，实难尽述。

　　大明殿、延春阁两组建筑的室内装饰极尽豪华之能事，门阙楼台殿宇美丽深邃，阑槛琐窗屏障金碧流辉，丹楹彤壁藻绘。由于元朝统治者来自西部，所以金貂银鼠等动物的皮毛很多。于是，宫内多以这些东西作为装饰，比如作为帐子或垫褥等等。

　　大明殿内，四面皆缘金红琐窗，间贴金铺，中间金红屏台，台上置金龙床，两旁有二毛皮伏虎，栩栩如生。这个宫殿之大，"足容六千人聚食而有余"。

　　延春阁内，楹梁四壁立，至为高旷，通用绢素帽之，画以龙凤，中设金屏障，障后即寝宫，深止十尺。地上多为细蕈编成的席子，上加红黄厚毡，重复茸单。凡属木结构而外露者，都用各种织物装饰起来。无疑，这种装饰风格，具有鲜明的蒙古族毡帐的特色。

不仅如此，就连建筑外部的某些装饰手法、建筑技法等，也都采用了域外民族的先进经验。所以说，宫城，包括大都城，不仅是我国各族劳动人民共同创造的，同时也包含了亚洲人民的智慧。在建设大都时，有许多外国人，如中亚、尼泊尔等地的工匠参加，使大都的建筑，不但保存了许多宋代的做法，而且在砖石结构、材料、技术等方面有许多新的创造。像著名的妙应寺白塔，就是这一时期中外建筑艺术相结合的一个实例。

元大都城，在规划设计、建筑艺术、科学布局、工程技术，以及城市规模等诸多方面，都达到了当时世界的最高水平。它既有力地显示了设计上的鲜明主题，同时又具有优美的自然风姿。它是中国以至世界都市规划史上的卓越成就。意大利的马可·波罗于至元十二年(1275年)来到大都城，他对这座当时世界上无与伦比的伟大城市表现出由衷的称赞："其美善之极，未可宣言。"他把元代皇宫的豪华壮丽，描写如同人间天上，汗八里都城的雄伟和富庶，被形容得举世无双，成为西方航海家和商人向往的地方。此书先后被翻译成一百多种文字出版，可见流传之广，影响之深。

大都城从至元四年(1267年)开始兴建，到全部完成，共用了18年。其中，宫城部分的工程就花了4年时间。征调的民工，来自中都、真定、顺天、河间、平滦等地，甚至远到中亚等地。动用民工数，据记载的为2.8万，可实际上远远超过这个数。当时，大都设有名目繁多的专门工场，如大、小木局、车局、铜局、采石局等等。元至正二十八年(1368年)正月，明太祖朱元璋在南京称帝。很快，他就派大将徐达率领骑兵和步兵沿运河北上，从通州抵达元大都的齐化门(今朝阳门)。元顺帝连夜从健德门逃走，出居庸关北走元上都开平。当年(洪武六年)八月初二日，徐达率将士登城而入，占领了大都，元朝从此灭亡了。随后，这座著名的世界级大都市，建成后不足百年，便在朱明王朝统治之下，被改建、扩建，面目全非了。

明初任工部郎中的萧洵，是奉命参与拆毁元故宫的一个小官。感慨于一代宫阙即将被毁，他决心用笔记录下它的美丽壮观，及自己的感受。由此形成了著名的《故宫遗录》一书，成为后人了解元大都宫城的宝贵资料。

元故宫究竟是何时被毁的呢？事实上，它并不是毁于明朝军队进攻时的战火。因为当时元顺帝等早已逃走，元故宫成为空城，没必要攻打，唾手可得。有人说，是明朝军队进城以后拆毁的，这也不符合事实。因为直到燕王被封之后，隆福宫还曾做过燕王府呢。就连琼华岛上的广寒殿，也是在万历七年(1579年)自然倒塌的。朱元璋建朝之初，还曾考虑在北京建都，理由之一，是这里"宫室完备，可省民力"。这时只

北京元代土城遗址

是荒芜了。据考察，只是到了永乐四年后，决定修建紫禁城时，元大都大内宫殿才被彻底拆除。这也印证了萧恂所记之不虚。

如今，多年过去了，元大都早已成为了历史。然而，当年的一些遗址和地名，却依旧延用着。比如，位于城北安贞桥到安慧桥之间的安定路，就是一条名副其实的古老街道。自元代至元四年到二十九年(1267—1292年)建成元大都，这里曾经是一条纵贯安贞门南北的宽敞大街。它与如今的安定门地处一条南北直线上，无论是地理位置，还是地势走向，都保留有元大都东北城街的遗迹。另外，在今中日友好医院北侧，存留有据说是元大都城角楼的土垆。至于北四环附近的元大都土城遗址，更是元朝城墙存留的生动体现。保护好这些文物古迹，就是保护古都风貌的重要组成部分，也是形成北京特色城市的重要条件。

二、元大都的水利建设

13世纪中叶后期，忽必烈带领他的蒙古军队，曾数次进攻金中都，并于未占领全城之前，首先拥有了位于金中都东北的大宁宫(即后来的北海公园琼华岛)。从此，直到元大都皇宫建成，这中间的数年中，忽必烈就以这琼华岛上的广寒殿作为自己居住和办公之处。他不仅令人为自己打造了雕刻精美的卧床"五山珍御榻"，而且还把整块玉石雕刻成的大酒瓮"渎山大玉海"也放在广寒殿中。至元元年(1264年)到至元三年(1266年)间，忽必烈三次修缮琼华岛，可见他对此的衷爱。以后，他更以琼华岛所在的一片湖泊为设计中心，建起了历史上赫赫有名的一座规模宏大的新城。

当然，元大都城皇宫建于此，并不仅仅是因为忽必烈的喜爱，作为北京城址转移的一个标志，这里的水源成为一个重要的条件。

元大都建成以后，首先面临的一个重要问题，是如何解决城市人口的口粮问题。毕竟，这里所产的粮食，是完全不能满足需要的。为此，元朝每年要向外省征收1200万石粮食。其中，70%以上要通过水路运进大都。

在北京城的建城史上，从最初的蓟城，直到金中都，基本都是以莲花池水系作为城市的主要水源。尽管城市的范围不断扩大，但城址都无根本变化。与城市的不断扩大相反，金中都西部的西湖水量却日渐减少，越来越难以满足城市用水的需要。

为此，必须寻找新的水源。鉴于金朝在解决漕粮运输上的教训，中统三年(1262年)，水利专家郭守敬提出了改造中都城的旧闸河，导引玉泉山水以通漕运的计划。当时导引玉泉山水济漕，其路线是，通过瓮山泊(即昆明湖前身)和高粱河，下接闸河，其故道正从大宁宫经过。大宁宫附近的湖泊为高粱河水所灌注，属于高粱河水系。

早在金朝初年，玉泉山水的一部分，已被人工导引到高粱河上游，扩大了高粱河水源，然后再分别引入坝河与闸河，以接济漕运。到了元代，大宁宫附近的湖泊已被圈入大都城内，这就有利于解决城市生活用水和满足漕运供水。

但是，元大都建成以后，高粱河上游的主要水源——玉泉山诸泉就成为皇室专用水，经专水渠引到皇宫。为此，郭守敬必须改变"引玉泉山水以通漕运"的安排，另外寻找水源。

经过对元大都城西北沿山地区的实地踏勘和地形测量，郭守敬看中大都城西北60里外的神山(今凤凰山)下的一眼泉水——白浮泉。此泉出水甚旺，且附近的地势高于大都，正好有利于开渠导引到大都城中。对于途中低于大都的沙河、清河河谷，则采用绕道的办法，先将此泉水引致西山脚下，从上游绕过沙河、清河河谷，再循着西山山麓转向东南，沿着平缓的坡降，汇集沿途多条小河、山泉，将水引致瓮山泊。到此，就可以沿故河道，从和义门(今西直门)北水关入大都城，汇入积水潭中。这中间所要做的，只是浚治一下瓮山泊旧渠道而已。

入积水潭之水，从万宁桥(今后门桥)流出，沿皇城东墙外南下，在丽正门东水关处转向文明门外，与旧闸河连接。

新闸河的建成，基本解决了漕运之需，使得南来的粮船，可一直驶到大都内的积水潭，以至形成"舳舻蔽水"的局面。忽必烈站在积水潭边，面对河运畅通的美景，

位于西直门外的高粱桥，清末民初是很有名的地方

欣然为其命名为："通惠河"。此河北起白浮泉，东至通州高丽庄入白河(今北运河)，总长超过160里。至元二十九年(1292年)动工，只用了一年多时间就全部完成，无论是在新水源的开辟，还是工程技术方面，都成为空前的创举。20世纪80年代，重修什刹海时，后人在积水潭旁的通汇祠中，为这位杰出的水利设计专家塑立了半身像，修建了郭守敬纪念馆，以表彰他对北京城的水源所做出的贡献。

但是，由于通惠河上游，自白浮泉到瓮山泊，其水道与西山走势平行，导致每年夏季时水道被山洪所毁，从而使通惠河水源受到影响，进而影响到漕运。

1955年，侯仁之先生在《北京都市发展过程中的水源问题》一文中提出，今后北京的引水，要将周边山麓的水流尽可能归拢，同时结合水土保持，在西山山麓修筑拦洪水坝，并考虑继续从北部引水。此后，密云水库、怀柔水库、京密引水渠相继竣工，从潮白河引水供给北京城成为现实。而京密引水渠自昌平以下，大致就是元代郭守敬白浮泉、瓮山泊引水渠的旧线。可见，京密引水渠的出现，与元代修建大都城的意义相同。所不同的是，北京城市所依赖的主要水源，实际上已由西部的高粱河水系，变为东部的潮白河水系，依靠的水源发生了根本转移。按照几千年来北京古代城址与水源的这种紧密关系，纵然在短期内不会迁都的话，那么北京城的发展重心，也应向东部的朝阳、通州二区转移，这是水资源变化的必然要求。

实际上，早在清朝初年，摄政王多尔衮就注意到了这一点。他根据"京城水苦，人多疾病"的现实，"欲于京东神木厂创建新城移居"。最后，因计划耗资过大，难于承担作罢。神木厂在广渠门外二里许，与九龙山接壤，此地正是今天的朝阳区。只是当时这一计划未能实现，所以才"于边外建一小城，以便往来避暑"。这就是后来的承德避暑山庄。

三、参加元大都建设的大食国建筑家

北京城最早作为都城的元大都，是由汉族的著名政治家、学者刘秉忠主持规划兴建的。这当中，具体负责施工兴建的，还有一位大食国(今阿拉伯)人也黑迭儿丁。他当时的具体职务，是负责掌管迭而局(负责掌管房屋修造事务及工匠的机构)。

这位阿拉伯人是随世祖忽必烈来中国燕京定居的。他的家庭很富有，既有良好的修养，又有相当的学识。宪宗九年(1259年)，世祖伐宋北上回京的路上，正好从也黑迭儿丁家门前经过。他以金丝织成的地毡铺地，隆重迎接元世祖。忽必烈因此大悦。从此，也黑迭儿丁变卖了财产，率领全家投靠了忽必烈。

中统四年(1263年)三月，也黑迭儿丁请求修复琼华岛，第二年正式动工兴建，至元三年(1266年)琼华岛上的广寒殿竣工。同年八月，他又提出修复太液池西部，今北京图书馆以南、以北的隆福、兴圣等宫殿，十二月，宫殿建成。也黑迭儿丁和张柔、段天佑同行工部尚书事，修筑宫城。也黑迭儿丁受此大任，不辞劳苦，精心设计，实地勘测，诸如魏阙端门、宫中道理、廷殿、祠堂、房舍，以及供皇帝和嫔妃游赏的园林池塘等，他都详细地绘制出来，亲临施工现场指挥，尽量节省资材。宫殿建成后，世祖很满意，对也黑迭儿丁的奖赏居受奖者之首。接着，他又在刘秉忠的安排下，参加修建元大都的城垣。

元朝定都燕京后，世祖授予也黑迭儿丁嘉议大夫，任他为荣迭而局诸色人匠总管府达鲁花赤("达鲁花赤"是蒙古语，监临官、总辖官的意思)，兼领监宫殿，为正三品，相当于当今的国家建设部部长，掌管百工技艺。也黑迭儿丁在参与都城和皇宫的设计时，采用了一些汉族的建筑方式，既节省了费用，又加快了工期。据记载，也黑迭儿丁所经营建造的宫殿、衙署、府第、苑囿，以及崇楼阿阁、漫庑飞檐都很在法度。实际上，大都的宫殿建筑糅合了不少域外的建筑风格和技巧，例如建筑上的盝顶殿、棕毛殿、维吾尔殿等。色彩绚丽的绿、蓝、青以及白色玻璃材料，在元宫中也大量使用。由此造就了元大都壮丽宏伟的城市风貌，而且体现了元世祖欲伟震八方的威严。可以说，也黑迭儿丁为元大都的落成，耗尽了精力和心血，同时也受到了当时，尤其是后人的称赞。曾在他领导下施工的工匠们，出于对他的尊敬，在他死后，给他雕刻了一个"髭髯咸肖"的石像，立于墓前。仁宗时，也黑迭儿丁被封为效忠宣力功匠、太傅、开府仪同三司上柱国、赵国公，谥忠敏。

近现代著名史学家陈垣评价也黑迭儿丁时说："元时燕京都城及宫殿，为大食国人也黑迭儿丁所建。也黑迭儿丁之子马合马沙，父子都在元工部任职。以大食国人而为中国如许工程，实可惊也。"(陈垣著：《元西域人华北考》)"在建筑方面，也黑迭儿丁为世祖造大都城及宫殿、城邑，巨丽宏深，令人惊赞其泱泱风度。"(陈垣著：《元史研究》)《中国回教史》(傅统著)上也称赞也黑迭儿丁之造燕京都城及宫殿，"实为中国美术史上不可磨灭之功绩"。

四、主持修建两座都城的人

元代实行两都制，首都为大都(今北京)，陪都为上都(开平府，今内蒙古正蓝旗石别苏木)。

13世纪初，由成吉思汗(铁木真)领导的蒙古军队，在中国的北方大草原上兴起。1251年，成吉思汗死后，皇位经窝阔台、贵由传到成吉思汗的孙子蒙哥。蒙哥继位后，忽必烈以皇弟总领"漠南汉地军国庶事"，开始在桓(今内蒙古六和)、抚(今内蒙古多伦)地区的金莲川(今河北沽源与内蒙古多伦之间)建立自己的行帐。

忽必烈不出征时，夏季都驻帐于金莲川；冬天则临时寻找避寒的地方居住，或在旧桓州，或在离燕京不远的奉圣州之北。蒙古族军队与金朝军队交战以后，桓州、抚州、昌州都被破坏，只有昌州还居住着百余户人家。金莲川幕府的大多数人习惯于城居，难以适应草原上的生活方式。为此，忽必烈于宪宗四年(1254年)八月，将抚州稍做整修，作为幕府人员的暂时住所，随后，即着手在驻帐处营建城舍，做长期打算。

受命主持开平城修建的，就是刘秉忠。刘秉忠祖籍瑞州(今辽宁绥中县北)，世仕辽为官族。1220年，蒙古太师国王木华黎占领邢州。其父仕于蒙古族，历任都元帅都统、内丘等县提领等官职。刘秉忠8岁入学，17岁入邢州节度使府为会史。但因蒙古族统治秩序较乱，他处于地方吏员低位，其志不及伸，就弃职隐于武安山中。1242年海云祥师借参谒忽必烈之机，将刘秉忠介绍给忽必烈，深得器重，留为书记。

作为一位雄心勃勃的蒙古藩王，忽必烈不仅注目于蒙古汗位，更有志于统一中国。他注重学习中原王朝的统治经验，刘秉忠成为他急需的人才。刘秉忠辅佐忽必烈

30余年，运用自己熟读儒家经典，旁通道、释，具有天文、地理、律历、术数等方面知识的专长，及对辽、金等少数民族政权统治汉地的制度、方式的了解，在忽必烈金莲川幕府中发挥了重要作用。他拜太保带领中书省事，位列三公，为汉人中地位最高之人。他既受命，便以天下为己任，事无巨细，凡有关国家大体者，知无不言，成为参与制订各种制度、政策的核心人物。

领授修建新城的命令之后，刘秉忠为此选中了桓州之东、滦水北岸的龙冈为建城地点。龙冈北依南屏山，南临金莲川，东、西都是广阔草原，地势比较平坦，宜于建城。而且，这里地处漠南，北至沙漠470里，东南到古北口400里，南至大都630里，北控沙漠，南屏燕蓟，山川雄围，回环千里，实为既可控制蒙古各部，又便于统治汉地的一个早期的理想的建都地点。

在此基础上，刘秉忠还对宫殿、宫城、皇城、大城等进行了总体设计规划。开平城的建造用了三年时间，第一年始营宫室，第二年复修宫城。具体施工，由谢仲温、贾居贞、董文炳负责。

开平城在历史上共存在了170多年，它在元朝和蒙古族的发展史上，起过非常重要的作用。1260年，开平城刚刚建成，忽必烈就在这里继位称汗，并以此为根据地，战胜了与之争夺汗位的阿里不哥。三年后，开平成为上都。次年八月，刘秉忠郑重向忽必烈提出迁都建议："改燕京为中都，大兴府仍旧。"因此，形成了两座都城。但两都必有一个为首都，何者为宜呢？刘秉忠的理由是："上都国祚短，民风淳；中都国祚长，民风淫。"遂定都燕之计。1272年改中都为大都，大都成为统一的多民族国家的首都。

元朝两都制的形成，一方面继承了中原王朝的传统，另一方面这也是当时形势发展的需要。蒙古汗国、元朝的都城南移，加强了对中原广大地区，直到东南的统治。而且也完全适合蒙古游牧民族驻冬、驻夏的习惯。刘秉忠能够建议，并促成忽必烈定都大都，表现出他对形势的洞察和政治上的卓识。

迁都以后，开平城为陪都。历代元帝都于每年春、秋之间来此驻夏，这里仍是名副其实的元都之一，也是元统治者与蒙古草原相联系的纽带。明初，上都(开平)改为开平卫，宣德五年(1430年)废弃，以后逐渐湮没。

刘秉忠再次成为大都的新城设计者。元朝定都燕京之初，以金中都旧城为址。为此，曾连续数年进行修缮。1266年，忽必烈决定废弃旧城，另建新城。地址就在中都之东北，原金朝琼华岛离宫附近。为此，刘秉忠在他的两个学生——郭守敬和赵秉温的协助下，勘察地形，选择城址，确定方位，总体规划布局，经营制作。具体施工，则由工部官员负责。

郭守敬是刘秉忠在邢州紫荆山研读时的学生，很早就随侍左右。大都新城诞生伊始，刘秉忠曾引居庸关水入城。虽然后来发生变化，但他确定的新水源方向在北部山麓的基本思想未变。昌平白浮泉后被郭守敬引入大都，成为城市的基本水源，就证明了这一点。

另外，皇宫方向、南北向的直线为全城设计的中轴线，以及左祖庙右社稷坛，宫城后为市等主张，当初都是由刘秉忠确定的，不仅京城规划一直依此进行，就连其他城市在规划时，也几乎照搬于此。"刘秉忠率按地位经纬以王气为主，故能匡辅帝业，恢图丕基，迺不易之成规，衍无疆之运祚。"（熊自得：《析津志》辑本第一册）

中国古代有城便往往有郭。作为城外的保护设施，郭往往比城要大，"三里之城，七里之郭"，这郭不仅庞大，而且还须十分坚固，建设起来人力、物力、财力消耗很大。刘秉忠设计元大都新城，完全摆脱了旧日的限制，城就是城，不叫外郭城。城内有皇城，皇城内有宫城，各有各的城墙，不共用。

综上所述，元朝的首都大都和陪都上都，都是在忽必烈统治时期，由刘秉忠负责择地、设计、规划、营建的，他是这两座都城的总设计师。以一人而设计修建了两座都城，且其中一座还被建成当时世界上最宏伟的都城之一，这在中国的古代，是一件绝无仅有的可记可赞之事。这当然充分显示了刘秉忠本人的聪明才智，同时也说明了元世祖忽必烈的善用人才和对中国传统文化的吸收利用。

五、建城典范——明清两朝的京城

战争给城市带来了灾难。但战后的重建，不仅恢复了城市的旧貌，推动了城市的发展，而且还由于新的统治者的新主张，为城市增添了前所未有的东西。明代建都北京，在老北京人的传说中，这是一件极具传奇色彩的事件。徐达以射箭的形式选择了北京，刘伯温按哪吒的外形设计北京城——这些极富想象力的传说，为明代北京城的诞生，更蒙上了一层神秘的面纱。

事实上，明代北京城的建设，既不是来源于仙人的指点，也不是靠术士谋臣的计策，实在是符合了事实发展之必然，在特定的历史条件下，自然而然地发展起来的。

明朝时期的北京城比元大都的面积扩大，并且整体向南移。即：元大都的北城墙在今天的北三环路北约一里一线，明清时期的北城墙则在今天的北二环路一线。之所以做如此变动，其主要目的是出于战略防守。1368年，明军占领了元大都。鉴于大都城北部，靠近城墙的大部分地区，既无居民居住。亦无军队防守，属于空旷荒地，明军占领北京之后，决定将北京的北城墙向南缩进去五里，即由今天的三环路北一线移至二环路一线。这样，把城北五华里较荒凉的地方划出城外，从而更有利于集中兵力，提高防御能力。1371年，大将军徐达又修复了元大都的城垣，改名北平府。

由于当时战争尚未结束，修复城垣的工作自然非常仓促。20世纪50年代，从雍和宫和后英房拆城时发现，由于当时修城仓促，以至于住家的许多财产和日用品还没来得及拿走，就被埋在了城下。在当时情况下，既不可能进行详细的勘测和设计，也难以在城址的选择上进行深入的研究。为此，只能选择障碍最小，而且易于施工的地段筑新城。

新的北城墙把海子分割成南北两部分，城外的湖水，一部分过墙下涵洞流入城中三海；另外一部分则沿疏浚的古河道东流，由此形成了一条北护城河。由于北城墙是在分割了海子之后建成的，而海子本身并非是规则的直线形，因此，北城墙并非是一条理想的东西直线。卫星照片表明，在积水潭西部(太平湖，今已填平)南侧，有两条是明显的东西走向和东北西南走向的城墙基线相交。所以，现在看到的北京城，其西北部的城墙是西南向东北走向的斜线。

洪武三年(1370年)四月，朱棣被封为燕王，洪武十三年来到北京，住在元大都宫城，位于太液池西侧的兴圣宫内。建文四年(1402年)，朱棣在南京称帝，四年后，他下诏开始营建北京城。应该说，明代建设北京城的工程，是从此时才正式开始的。

尽管如此，一开始的营建并非大兴土木，而是只进行一些小修小改。这是因为，连年的战争造成了过重的经济负担，一时尚无能力过多投入。

首先兴建的是北京的官殿，奉天殿等很快竣工。朱棣称帝后再回北京，就是在这里接受的朝贺。永乐十三年(1415年)，修北京城垣。永乐十四年八月，修北京西宫。同年十一月，在规划既定、漕运已通、砖石木料齐备、夫役到京的情况下，朱棣再次下诏，听取群臣关于北京城建设的意见，听到的当然是一片称赞叫好声。于是，永乐帝"从所奏"。永乐十五年二月，更大规模的北京城营建工程开始了。

受命组织北京城营建工程的，是一位叫陈珪的大臣，他的爵位是泰宁侯。协助他工作的副手有两位，一位是安远侯柳升，另一位是成山侯王通。陈珪曾随大将军徐达攻进北京城。以后，又随朱棣征讨北方。因有战功，才级级上升到都督佥事，并封侯。《明史》上说他"董建北京城，经划有条理，甚见奖重"。与此同时，工部尚书吴中负责具体设计。

四月，北京西宫建成了。永乐十七年(1419年)十一月，"拓北京南城"，将原大都城南城墙向南移出二里多(即由今长安街一线移到前三门一线)。永乐十八年(1420年)十一月，北京城的建设工作全部完成。于是，永乐帝诏告天下，准备迁都，次年正月初一，永乐帝在北京宫城内的奉天殿，接受文武百官的朝贺。至此，北京正式成为明王朝的首都，改称京师(但在习惯上仍称北京)，南京降为陪都。

北京城虽然是在元大都的基础上建成，继承了元大都的一些特色，但又在此基础上有所丰富和发展，有了新的创造和进步。

原有的以中轴线为中心，左右对称的布局原则，以及城门的分布和某些城垣的建筑技术等被继承下来。由于受封建迷信影响，永乐帝下令，全部拆除了元代皇城以内的宫城，在此基础上重建新的皇宫。新的宫城依然被设计在元宫城同一条南北中轴线上，但东西中轴线向南移了四五百米，皇城南门随之南移。其结果，必然缩小了皇城南门至大城南门间的距离，致使广场狭窄，极不匀称。为此，不得不在永乐十七年(1419年)把大城南墙向南推移了一里，在今崇文门、宣武门东西一线上重筑南城墙，而东西城墙位置不变，只是在南边增出一里多，以便接上新的南城墙。在这方面，明代就没有完全受元大都原有条件的限制，而是进行了大刀阔斧的改进。由此，也必然要重修一些重要建筑，从而产生新的景观。

这一次修京城，在施工技术和建筑质量上，比前一代有较大提高。比如，砌墙时不仅加入大量的石灰和泥，而且使用石灰浆勾缝。到了清代，甚至要用糯米汤拌灰，用白面和桐油调灰，以增加粘结度，增强抗震度。对木结构建筑，还组织了定型化的规范施工，这正是清代公布的规范化正式文件《城垣做法册式》和《清乾隆工筑则例》的基础。对施工质量要求之严格，不仅要通过专门的验收，而且必须保证坚固耐久，三年内出现质量问题，不仅要追查施工管理者，而且要拿工匠问罪，并责令照原分工地段重修。

改建北京城池宫室的材料来自全国各地。比如，琉璃瓦来自湖南，花岗石来自安徽，宫室中铺地的金砖在苏州烧制，大城砖则主要由山东临清及附近县供应，其数量竟达三四千万块，木料都是从云、贵、川、广等地的深山老林中砍伐的。这样巨大数量的建材，在交通工具简陋的情况下，仅运到京城这一项，其花费就相当惊人。这些建材运来后，一是要拨派众多的兵士看守，二是要安排地方存放，有的还不能被雨淋——这项工作的组织安排也十分繁琐。从现今存在的地名当中，仍然可以看出当初的用场。例如，王府井附近的台基厂，当初就是堆放柴薪和芦苇的地方。此外，还有方砖厂、亮瓦厂、铁厂等等。

明代重建的北京城，最初分为三重：最外一层叫大城，建有大量的民居、商铺，以及王府、官邸和朝廷的各种机构；中间一层叫皇城，其中布置有太庙(位于宫城东侧)、社稷坛(位于宫城西侧)、御苑(即北海、中海及后来挖成的南海)，以及为皇室服务的各内府监、局、厂、房等机构；最里一层，也就是都城的核心部分，是宫城，即皇帝及皇室成员居住，皇帝办公的场所(又叫紫禁城，其含义见本书第八篇：一、何谓"紫禁城")。应该说，这种布局与元大都是基本相似的。所不同的是，明代中叶嘉靖年间，又在北京城的南部加筑了外城，将北京城南的一部分商业地区也包入外城当中解决城市人口空前膨胀问题。外城加筑不久，城外的居民数量就数倍于城内，达到十万户之多。"北京正阳门前搭盖棚房，居之为肆，其来众矣"(《日下旧闻考》)。

事实上，是先有大量居民的搬迁南城，后有外城墙的修筑。当原来南城大量荒芜的土地上逐渐形成了居民区和商业区之后，城南已在事实上成为明代京师生活中不可或缺的一个组成部分，对其进行有效的管理十分必要。另外，当时逃到北方的蒙古人，并未完全消亡，他们仍然梦想着再次回来，所以也对北京城造成了严重威胁。为此，增建一道城墙，把这一带保护起来，就显得十分迫切和重要。在许多官员的多次建议下，嘉靖皇帝终于下决心，在今永定门及左、右安门一线，修起了外城墙。北京的外城从东到西有8公里长，南北宽约3公里。由于外城建筑的出现多属于自然发展，所以没有什么规划，小棚小屋错落排列，逐渐形成的胡同、街巷也难于整齐，显得曲折狭小，只有从正阳门到永定门和从广安门到广渠门有两条稍宽的大街。如果明王朝再假以天年，北京城的规模(或左或右或后)还会扩大，人口也自然还会增多。外城(习惯上又被称为南城)从此直到清末民初，一直都是北京城最热闹的地区之一。这里，居民区与商业区、娱乐区交叉、混杂，形成以士和平民为主体的、最具北京文化特色的地区，以至许多年后的今天，仍然成为老北京人津津乐道和怀念的地方。

外城的形成，并未影响到北京城的整体格局，只是把北京城的最外一重扩大些而已。所以说，明清北京城不仅是以元大都为基础的，而且它也仍然继承了北魏洛阳和唐以来的都城规划的传统。

继明朝军队占领北京之后即已开始的修建城墙的工作之后，从正统元年(1436年)

开始,在大城四角,修建起了高大的角楼,并将墙体由内侧原来不砌砖,改为内外全部砖砌,加厚加高到二丈和三丈,北城甚至高到四丈。当年的四个角楼中,西北、东北、西南三座早已无存,只有东南角楼保存完好,耸立在厚实的墩台上,成为北京古城昔日辉煌的象征。至于目前存于西便门的城楼是否是西南角楼,众人争议很大。有人说它不过是内外城连接处的一座碉楼。真正的西便门城门,瓮城和马道,已于1952年被彻底拆除。如今,在墙外皮上包了一层新砖,城顶重修了一座房子,显然已不是当年的城貌。内城各角楼建筑,不仅表现了一种雄伟的气势,更大的作用在于防守。角楼上有4排箭孔,城角双侧每排14个孔,箭孔是内小外大的喇叭形,每排箭孔间有一层楼板,由20根80厘米直径的立柱支撑。

从成化十二年(1476年)开始,不断有人提出增修外城的建议。这里所说的外城,不仅仅指上述说到的南城,而是在现有的城垣之外,再筑一道墙,形成城外筑郭的所谓"罗城"。这在古代筑城史上不乏先例,被称为"百年之计"。不过,一个城市到了靠层层围墙来保护自己的时候,其本身的虚弱也是显而易见的了。在明朝,除了朱元璋、朱棣父子还是有些作为的以外,绝大多数皇帝均属昏庸无能、软弱无力。明朝太监当政之多,宫闱事变叠出,"梃击案"、"红丸案"和"移宫案"三案,透露出明王朝内部的腐败、争权、分裂日剧,以致上述三案的确切结论,至今仍是个迷。

在此情况下,修筑外城,似乎成了减少对外人侵入的惧怕,增加一定信心的唯一办法。明王朝成为历史上投入最大,持续时间最长,所修长城最坚的一个王朝,其道理也正在于此。然而,与这种内心恐惧相应的,是国库财力的空虚。嘉靖皇帝不是不想修外城,可巧妇难为无米之炊啊。直到兵部尚书聂豹亲自度量了京城外的地形,认为可利用土城遗迹修筑外城,以省工省时时,皇帝才勉强同意了这个方案。即使是这样,人力财力的支出仍然是巨大的,至少比原来设计的要大得多。没办法,只好先筑南城一面,限期完工。其余的分期施工(换句话说,就是有钱再干,没钱暂停)。筑城时,就地在墙外挖土夯筑,外皮包砖,城成河就。这样,嘉靖四十三年(1564年)外城全部工程结束,内外城最后定形,设施齐全。

由于内城四面城墙的建筑年代不同(除此城是明洪武初年新筑以外,东、西两面是在元代土城基础上内外包砖建起来的,南城则是永乐年间新筑的),所以四城的城墙结构也不完全一样。不仅如此,就连建城所用的砖,其品种和来源,也是五花八门。不过,基本尺寸出入不大,元代的砖较小,长不足一尺,明代烧制的就大些,有一尺半长,而现在见到的城砖,已很少是明初的,大部分是清代的。

明朝修建北京城时，因为放弃了北部城区，因此，元大都北部原有的健德门、安贞门、肃清门和光熙门也自然不存。北城上新的两个城门，西边的是德胜门，东边的是安定门，它们与健德门和安贞门在同一南北直线上，大都原有的几个门继续使用。南城墙建筑时也开了三个门，等于是将元大都南城墙的三个门，沿南北直线南移，所以名称仍为文明、丽正和顺承三门。正统元年(1436年)开始修建九城的城门楼，原有的元大都城门旧名一律换为新称。文明门改为崇文门，丽正门改为正阳门(统称前门)，顺承门改为宣武门，齐化门改为朝阳门，崇仁门改为东直门，和义门改为西直门，平则门改为阜成门。尽管如此，许多老北京人仍然习惯用原城门的旧名，比如，叫朝阳门为"齐化门"等等。由此圈起的，就是旧日所说的北京内城。

由内城和外城组成的明代北京城，平面看是"凸"字形。外城除南面三门外，东西还各有一门，东为广渠门，西为广宁门(后改为广安门)，东北和西门隅还各有一门，分别叫做东便门和西便门。在"凸"字形的中间，也有一条贯穿南北的中轴线，它从正阳门向南，直抵外城中间的永定门，然后，往北穿过紫禁城的正中心(经过中华门、天安门、端门、午门、太和门，达之大殿)和景山中峰，最后止于钟楼和鼓楼，全长8公里。在这条中轴线上布置了九重城阙、牌坊、华表、桥梁，以及"T"形的封闭广场，突出了重点，烘托和加强了宫殿的庄严气氛。

在中轴线的最南端，靠近永定门处，东西并列着天坛和山川坛(后叫先农坛)。天坛是皇帝每年冬至祭天的地方，山川坛(清代改名为先农坛)则是每年阴历二月，皇帝亲率文武大臣举行"耕耤礼"仪式之处。此二坛的建立及每年由皇帝亲自主持的祭礼活动，反映了古人"天地崇拜"的观念。

由并列的天坛和先农坛往北，直到正阳门、崇文门一线，逐渐形成了新的商业区。这是因为，原集中在钟鼓楼附近和积水潭东北岸斜街的元代商业区，因积水潭的淤积而不再是河运的终点南方的货物多由张家湾和通州的运河码头经陆路转运到北京，大多数集中到内城南门外，形成了商贾会聚、人头攒动，京城最热闹、最繁华的街市，"朝前市"。正阳门以西到宣武门地区，早在元代就已是居民稠密、市井繁华的商业发达和交易频繁的地区。加上当初中都城中的居民，也逐渐向京城南门外移居，更加促进了这一地区的繁华。

为了恢复因战乱而萧条的商业，朝廷在皇城四门外，包括钟鼓楼、东四牌楼、西四牌楼，以及大城各城门附近，修建了数千间房屋，简称廊房，供民居和开办商店。各处廊房依照所处街巷的位置，以及市面营业情况和货物价值高低，分为三个等级，收取税赋。其中，廊房头条居住的商人富冠全城。城内还有专门的米市、猪市、骡马市、驴市、果子市等商业区。隆福寺、护国寺、东岳庙、城隍庙、白云观等寺庙定期举行庙会，东华门外每年正月举行灯市等，都成为经销各地物产的商品交易中心。

在正阳门(简称前门)到大明门(今毛主席纪念堂处)之间，东西城来往的要冲地，集中着明代中央统治机构，如吏部、户部、礼部、兵部、刑部、工部、五军都督府等。不仅如此，这块被称为"棋盘街"的地方，还是百货云集、竟日喧嚣之地，构成了国门(前门)前的丰盛景象。

在元代，社稷坛和太庙虽然也分别在宫城左右，但都离宫城太远。到了明代，它们被迁建到了紫禁城南门之外的左右两侧，仍然保持着"左祖右社"的传统规制。这是由于拓展南城之后，紫禁城、皇城和大城的南墙依次南移，彼此空间拉大，正好为太庙和社稷坛留出了空地，于是，在紫禁城南面，午门前方的中心御道左右两侧，安排了这两组严格对称的建筑群。而这两组建筑对称排列，又有力地强调了天安门到午门的深度，突出了中央御道。

明清北京内城的街道，基本上沿用了元大都已有的系统。城市的主干道，为崇文门到雍和宫、宣武门到新街口的两条大街。这是因为，皇城位于城市的中心，因而不可能在城市中心的东西轴线或南北轴线上建道。

皇城包括宫城和三海，周长约18余里。皇城的正门即今天的天安门(当时叫承天门，清代改为现名)，皇城的北门为地安门，位于景

《乾隆京师图》描绘的清代皇宫御苑与前门大街的情景

山之后。东在今天的东皇城根南、北街，西在今西黄城根南、北街。在明代，每月逢四，即四、十四、二十四日在地安门开有市场。在皇城内，除了宫城和三海以外的地区，大部分为宫城的附属设施，其中主要是仓库。如今西安门的西什库，即为当年宫城西边的十座库房之一。在北海与景山之间、以北的地区，包括有房钱库、米粮库、绳子库以及储存夏天用冰的冰窖、雪池等。此外，还有负责施工的各种作坊，如位于北海与景山之间的大、小石作、油漆作等。再有就是太监退休养老的寺庙和住所，如现在的恭俭胡同(即"宫监"胡同)。最后是内务府下辖的各个部门，如北长街的会计司(今会计司胡同内。现北京一六一中学为其花园)等等。总之，既然是皇城，当然净是与皇朝、皇室有关的，或为其服务的机构、部门，普通百姓是无缘进入的。据说当年要从西城到东城去探亲访友，必须带着铺盖卷去(意思是道儿远，当天赶不回来，必须在那边住一宿才行)。而现在，从东城到西城，也不过十来分钟的事。

　　皇城的正前方，承天门外，辟有一座"T"型的宫廷广场，元代已有，明代将其扩大了。广场的东、西、南三面修有宫墙，在东西两侧，以及正南端凸出的一面各开一门，东为长安左门，西为长安右门，正南为大明门(清初改称大清门)。大明门至承天门道路两侧，修建有千米廊，中间是笔直、宽阔的御道。

　　明代的大内紫禁城，同元代宫城一样，仍然处于全城中轴线的核心部位。但明代紫禁城的修建，是在元大内故址上向南稍移了一些，从而缩减了北段，延长了南端，而东西两面的城墙位置未变。现今北京城内以东、西黄城根命名的两条马路，仍是当初皇城城墙的位置。

　　紫禁城南移之后，元代宫城的延春阁故址就被圈在了宫城之外。明代在这个故址上堆起了土山，意在压住前朝的"风水"，所以，这座土山又被称为"镇山"。另外，由于万岁山中峰位置的选择，既在全城的南北中轴线上，同时又是内城南北的正中，在整个平面上巍然耸立，显示着天下之中、

昔日的景山是皇宫的一部分，为其最后的屏障

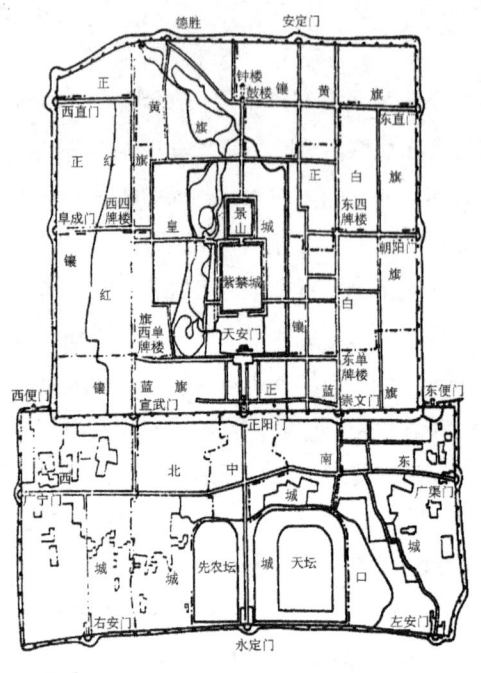

清代北京城(乾隆十五年)

帝王所在的至高无上地位。同时，它也自然成为北京新城的几何中心，代替了原大都城"中心台"的地位。

到了清代，北京的整个布局基本上与明朝相同，变化只是局部的，而且很小。其中的主要一条，就是不准汉人与满人杂居，大量的汉人家庭被赶到了外城。相反，城内建起了许多王亲贵族的府邸。把八旗兵丁及其家属与北京本地市民隔离开，主要是怕被同化。因此，北京城由满人(主要是旗人)按区居住，形成城中之城。相比较而言，西城的王府要多一些，而东城则有不少商贾居住。究其原因，主要是因为，清代皇帝在北京城的西部建有许多的园林宫殿，如著名的圆明园、颐和园、玉泉山和香山等。会享福的皇上更多时间是住在这些园林当中，大臣贵族们为便于上朝，所以多将自己的府邸建在西边。东城南靠崇文门是多年的税卡，东近朝阳门，是南来客商的入门之处，因此，北京历史上有"东富西贵"的说法。此时，明朝原有的机构有些也不用了。千米廊西侧的官署，后来也变成了居民的胡同；另外一些新的机构在城区中出现。为了笼络蒙古族和藏族，对其信奉的藏传佛教给予了很高的地位，雍正帝甚至把自己当亲王时的府邸也拿出来改成喇嘛庙。

进入民国以后，连年的混战带给北京古城很大的破坏。正阳门两侧的一段城墙被美国人推倒了，盖起了兵营。民国三年，民国政府要在此开门洞，以利交通，美国人竟伸手要85万元，屈膝的北洋政府居然同意了。

元大都的建设已将中国城市建设发展到了前所未有的历史最高水平。明代北京城不仅继承了元大都的原有格局，如宫城设置、街道安排、建筑物的分布等等，而且又根据实际的地理条件和需要，同时参照了明初国都南京的建制，以及我国历代都城建设，设计、兴建了一座新的宏伟都城。如今保存下来的明清北京城，是中国封建帝国都城建设的结晶，集中代表了历代都城建设的精华，在设计思想、规划布局、建筑施工等方面，都达到了当时的最高水平。

第四篇　走近京城

一、北京的城墙

(一) 城池：国家兴与亡的标志

　　有人说："正是那一道道、一重重的墙垣，组成了每一座中国城市的骨架和结构。"在中国，几乎没有一座真正的城市没有城墙。中文中的"城"，含有"城市"和"城墙"的双重语义。因为在中国不存在不带城墙的城市，正像房子都要有屋顶一样。一处人口聚居的地方，无论治理得多么好，只要没有城墙为其确定范围，并把它环绕起来，那么，这个人口聚居的地方就不能算是一个传统意义上的城市。比如上海，它充其量只能算做"市"——现代中国最重要的商业中心，却不能被称为"城"。因为，它不过是由一个渔村发展起来的居民区或巨大的商埠。同样，其他几个未筑城墙的新兴商埠，按照中国的传统观念，也不能称之为"城"。

　　城垣确是中国城市中最基本、最引人注目而又最坚固耐久的部分。而且，除了省城和县城，甚至小镇以至村落，几乎都筑有城垣。瑞典美术史学家喜仁龙教授于20世纪20年代来中国考察时注意到："无论一个地方如何贫困、偏僻，一间土房如何简陋，无论一所庙宇如何残破，也无论一条道路如何肮脏、泥泞，在那里总能看见城垣，而且这些城垣往往比乡镇或村子中的其他建筑物保存得好些。"（《北京的城墙和城门》）曾协助朱元璋打天下的谋士朱弁所献计策就包括"高筑城，广积粮，缓称王"。厚厚的高墙围起了中国城市的封闭空间。若是都城，城中还有森严的宫墙，将君

前门以西内城(主要是西交民巷地区)的清代城市建筑

王宫殿建筑群围成更为封闭的空间。城墙是阻隔，宫墙是阻隔。居于城内的人，需要以墙体作为屏障，对城墙或宫墙之外表现出一种戒备。

中国最早的都城，产生于4000多年前的夏朝。当时的都城曾修筑了城池，以达到"筑城以卫君，造郭以守民"的目的。以后的历代统治者都把筑城当做立国的根本。这是因为，财产私有的存在和发展，必然要求城郭沟池的防御保护作用。尤其进入封建社会以后，古代城市大量兴起，这一点显得日益突出。古人说："城，盛也，盛受国都也。"(《古今注》)所以"立国"之后，便要想尽一切办法，来保护自己作为政权基础统一中枢的"国"(都城)。这里的"国"字，就是四面圈起来的一个人口聚居地，就是"都城"的意思。可见，中国古代的城市，大多是先修筑城墙，然后形成市区。

《周礼·考工记》对"城"与"墙"的关系提出了明确的要求：一般为周长九里，"每边三个门，王宫门阿之制五雉，宫隅之制七雉，城隅之制九雉。"这一规制反映了多方面的含义。首先，军事防御是它的主要功能；其次，它在建筑观念上，体现着统治者"惟我独尊"的主观意识。因此，城墙就成为都邑规划和建筑形制当中不可缺少的重要组成部分。历代建国，必有京师城隍，上以保障宗庙朝廷，下以卫捍百官百姓，其所系甚重，其为功不小。所以说，城在国在，城失国亡。"城池"成为了国家兴亡的标志。

(二) 城郭：形状与演变的描述

在汉字中，"邑"字的原意是县城。在甲骨文中，它的字形分为两个部分，上面是一个代表城墙的圆圈，下面跪着一个人。而"郭"字的意思为外城，其字形是一个圆圈，上下两座门楼，即"⾷"。可见，中国原始的城市，其平面形状是圆形的。这是因为，最初的城市，是由聚落扩大和发展而来的，聚落便是一个不规则的圆形。这里所表达的，是齐向圆心的、群体归一的观念。为了防御，聚落常常挖有"沟"，后来的城墙，正是"沟"的演化和提升。而"沟"或护城河与城墙的结合，更使其防御功能变得愈加完善。所以，在以后的挖沟工程当中，挖沟和垒城同时进行，将挖出来的土方堆在沟边，土堤式的城墙就会联同在一起出现。

当然，对于"圆形的城市"还可以有另外的解释：在构筑城墙的时候，在转角的地方并不采取直角成交，而是以大圆角来转接。这样，在外形上即或是方形或者是长方形的城市，似乎也成了圆形。在历史上，这种城墙的构筑方式不仅曾经存在，而且还使用得非常普遍，尤其是小城市，多是如此。我们不但可以在古代的图画中看到这种城墙的形式，就是今日的北海团城，也可以把它看成是这种城墙形状的模式。

但是，人们所见到的古代城市，特别是都城，其平面形状大多是方形或长方形的。这是为什么呢？这首先是因为中国是一个重礼制的国家，《周礼》在城市建设方面的要求，当然成为后人不可逾越的界限。西汉时期的长安城，隋唐时期的长安，金元明时期的中都、大都，乃至北京城等，都是近于矩形的。但是，由于在城址的选择上，合乎建城的地理位置不一定具有合乎建城要求的地形，而合适的地形，又不一定处于良好的位置，所以，当理想的"方正"模式不可能在业已确定的城址上建设时，城市就不得不改变成为不规则的形状。如建于西安龙首原上的汉长安城，其整个城垣只能说大体是方正形。它的南北两边都是不规则的折线，即北城作"北斗"形，南城作"南斗"形，因而，又被称之为"斗城"。从表面看，城墙之所以为"斗形"，是基于"体象乎天地"的设计意图。而事实上，却是有两个客观因素制约着斗城的产生。其一，北城、西城由于受渭水抑制，只好向东北方向曲折而行，用一个"北斗"星座的图案来迁就于它；其二，汉长安城是先建"宫"，后筑"城"的，当时长乐、未央二宫对峙于城南，加之正门——安门规模宏大，且向外突出，致使南城垣不得不迁就现状，而形似"南斗"。同样，明北京城的西北角，由于受自然条件的制约，而不得不缺去一角。再比如，从明代的《徽州府志》和清朝雍正年间编印的广东《惠东县志》上可见，上述二城的平面形状都为不完全的圆形。可见，城市形制的确定，不光要靠已有的规定，更需结合建城之处的客观条件。在这方面，府县之城要比国都城墙更多地受到地形和格局的影响。总体来说，国都城墙多呈方形，府县之城则有方有圆，依地势而定。除此之外，中国古代传统风水理论，对城市形制的确定，也有相当重要的影响。

最后，古代城市之所以取法于"方正"，还与古代城市必须构筑城墙有关。因为，从几何图形来说，除了圆形外，最短的周边能包围最大面积的就是方形，而其他的几何图案，都会增加周边的长度。所以，正方形、长方形的城市平面，在建筑的工程技术上是最经济的。

另外一种情形是，作为核心的"内城"是方的，是最早建立的一个"行政或军事"堡垒，"外城"是根据建立之后的实际情况再进行建设的。于是，新筑的外城便会出现不规则的外形。"双重的城墙"或者"多重的城墙"，自然构成了一个"双重"的，或者"多重"的防御体系，对于原来的核心——内城来说，就倍觉安全，并被确立为"重城制"，即城郭。

(三) 风水：城市墙与门的选址

在中国传统城市的空间布局问题上，风水理论的影响十分深远。因为人们相信，风水的主要目的，就是趋吉避凶，选择好有利的地形。

城的形状决定了城墙的走向。而城的形状是根据什么决定的？前面说了，地形的问题很重要。不仅如此，正像在经络穴位上扎针，就能使人全身产生活力一样，风水理论很重视穴位(又称"龙穴")在建造城市、寺院和住宅、坟墓方面的重要作用。龙穴被视为生气之源，地形本身就有这种龙穴，正是它决定了城市、建筑的潜在构造。有趣的是，这种中国传统意义上的"土科学"，竟与现代西方的拓扑几何学有着惊人的相似之处。因此，表面看来与中国风水术毫不相干，而是利用现代西方科技兴建的美国曼哈顿城，其都市形态的轮廓，竟也同中国古代城市的形态一样，都在无限地趋近并沿袭着自然的模式。当然，这一模式不会只有方或圆两种形态，而是存在着金鸡抱卵形、飞龙饮水形、将军大座形、八字交叉形等很多形式。

有了城墙还得有门。设门有什么讲究？原则之一，是不能开在龙脉正脊上。具体到四城开门的方法，《宅经》认为，东北方位不吉利，代表"鬼门"，是凶煞之方。

所以中国古代的城市，很少有在东北方位开门的。城门起什么名，也与风水有关。按照风水理论中的四神砂结构，左为青龙，右为白虎，前为朱雀，后为玄武，多数城门的格局都是如此，尤以北面的玄武门和南面的朱雀门最为常见。南朝的康城(南京)、唐代的长安城(西安)、北宋东京城(开封)都有类似的安排。

四方门楼的设置也体现了风水中的四神砂结构。即左(东)门楼比右(西)门楼要高大，以符合青龙之砂要高于白虎之砂的范式；后(北)门楼比前(南)门楼高大，以符合藏风聚气的要求。

(四) 特色：城墙史与形的内容

在北京地区，古城遗址发现过好多处。如德胜门外清河镇，房山区的窦店和琉璃河等地，都先后发现了西汉、春秋战国及商末周初的古城垣。尽管这些城垣的规模远不如明清，但用夯土板筑成的城垣城门的台基十分坚固。而且城门规矩，建筑质量很高，一般在宫城外都设有阙门。1954年在房山县窦店发现的另一座战国末期的古城，已有城和郭之分，二者相间仅20米。城西北角保留较完整，墙体表现倾斜，夯土最厚达17厘米。20世纪50年代，在清河镇朱房村发现的，是西汉到唐、辽之间的古城址，残存的南墙长150米，估计城总长逾2000米，是一个较小的军事城镇。虽然汉代已有了砖瓦，但仅限于宫殿的建筑，城墙仍用夯土筑成。

金王朝在辽代南京城的基础上扩建而成了中都城。除北城垣未动之外，东西南三面均加以扩大，略呈方形，四个城角的位置是：东南角，在今永定门火车站西南的四路通；东北角，在今宣武门内翠花街；西北角，在今军事博物馆以南的皇亭子；西南角，在今丰台区凤凰嘴村。在今陶然亭公园以南，有东西延长的水沟，疑为金中都南护城河遗迹。城垣边长均在4000米以上。金朝灭亡后，中都陷落，皇宫被焚。但直到明初，金宫遗址犹存，嘉靖筑外城(1554年)后，遗迹渐湮。如今，仍可见凤凰嘴村一带断断续续的土岗。元大都也仍然采用夯土的办法筑城，城址是在旧城东北。为了加固城墙，土城垣中加有竖柱(称"永定柱")和横木(绲木)，顶部用苇衣和管道防水，"以苇排编，自下砌上，以免摧塌"。为此，专门在文明门(今崇文门)外向东5里立苇场，收苇以葺城，每岁收百万。

城的四角都有巨大的角楼，城外部则等距离地建有加强防御的"马面"(详情请见本文后半部分的专门介绍)，再绕以又宽又深的护城河。

明代北京城墙的最大变化，要算由土夯改砖包了。正统元年(1436年)，英宗命令安南人太监阮官等修筑京师九门的城楼，由此开始了城楼的大规模修建，历时四年完成。以后，门外还修建了箭楼，月牙城也建起了城楼，各门外立碑楼，城四隅立角楼。此外，还加深了城濠，并用砖石衬砌了两壁。九门外的旧木渡桥也改成了石桥，并设立了水闸。正统十年(1445年)，城垣的内侧也统统用砖包砌起来。嘉靖四十三年(1564年)，又建起了外城城墙。同年，各门均修起了瓮城。

　　清代沿用了明代所有的城垣建筑，但清政府腐败无能，不惜以割地卖国求得帝国主义的宽容。1901年，英国人乘八国联军入侵之乱，擅自在天坛以东的城墙上掏了一个门洞，将津卢铁路穿门洞修至前门外东侧，并建立了车站。同年，法国人也乘机在天宁寺东边的城墙上掏开一个门洞，也是为铁路通过而建的，以便卢汉铁路修至前门外西侧，建成北京西站。民国四年(1915年)修建环城铁路，在东北城角的西边和南边各辟建一个门洞，在东南城角的北边和西边也各开了一个门洞。同年6月，开始改善正阳门交通工程，拆除瓮城，在城楼两侧各开设一座双洞城门。民国十四年，冯玉祥的部队在新华街南口的城墙上开设一座双洞城门(即今天的和平门)，并在护城河上建石拱桥。民国十五年(1926年)御河南段改暗沟工程中，将水关上的城墙拆开一豁口，后改成门洞。不久，外国人认为设门洞对租界地不安全，强令中国政府将门洞堵死。1939年，在东西长安街的延长线各开设一座城门(即后来的建国门和复兴门)。1940年，日军在太平湖建仓库，为使铁路修入库区，在太平湖南面的城墙上开设一门洞。

　　纵观北京的古建筑，几乎没一个能比得上城墙的雄伟和壮观。它那分外古朴和绵延不绝的外观，粗看可能使人感到单调乏味，但仔细观察就会发现，这些城墙无论是在建筑用材还是营造工艺方面，都富于变化，极具历史价值。城墙单调的灰色表面，由于年深日久而侵蚀。尽管如此，整个城墙仍保持着统一的风格。城墙每隔一定距离便筑有大小不尽相等的坚固墩台，从而使城墙外表的节奏鲜明。这样的墩台不仅出现于北京的城墙，长城上也有，其名称各不相同，有的叫"马面"，有的叫"墙台"，有的叫"墩台"。尽管叫法不同，但形状都差不多，一般依附于城墙外侧，为与城墙同高的台子，凸出于墙外，三面均砌垛口(雉堞)。它的功能是当敌人逼近城墙、准备登城时，城上守兵可凭借墙台，从侧面射击来犯之敌。城墙内侧，在各段城墙的衔接处极不平整，多处受到树根和水流的侵害而变得凹凸不平，所以墙的表面无大变化。与这种迂缓不同，城门上的城楼则高耸于迂缓之上，那些较大的城楼为矗立在高大的城台之上的巍峨殿阁。这些殿阁的屋檐，有的高达三层，俗称"三滴水"。在城墙的拐角处还建有城堡般的巨大角楼。

在秋高气爽的季节，自东向西瞭望，在明净澄澈的晴空下，远处的蓝色西山把城墙衬托得格外美丽。早年间，内城没什么高大建筑，远眺城墙，可见一条连绵不绝的长城，其中点缀着座座挺立的城楼。城头长着一簇簇的灌木树丛，增添了几分生机。但凡有过这种经历的人，就很难忘记这秀丽的景色。走近城墙，其间延亘着杨柳遮岸的城濠或运河，或者在城壕与城墙之间栽着椿树和槐树。淡绿色的柳枝交织成透明的帷幕，摇曳在水明如镜的河面上。雪一样白的槐花压弯了树枝，在阵阵微风中散发着特有的清香，古城周围构成了一幅幅出色的图画。

沿着城墙内侧的坡道往上走，所见的墙顶几乎就是无与伦比的散步场所。墙顶一般宽2丈，最宽处甚至达4丈，地面铺着大砖，内侧边缘筑女墙（一种起护栏作用的矮墙，砌于墙顶内侧），外侧则是垛墙（也称雉堞，砌于墙顶部外侧，有连绵凹凸的齿形凹口），它一般是女墙的两倍，有1.8米高，垛口间距仅半米。在垛墙、女墙的下部都开有一方形洞口，但前者是为了射箭等防御性军事功能，后者则仅为了排水。

在这样的地方散步，无论是远眺还是内望，都有着望不尽的美丽景色。内望，紫

早年间的京城内外都是平房建筑的天下。因此，如果登临城墙之上四望的话，周围景色一览无遗，甚至能看得很远很远，真有"平畴田野阔，月涌大江流"之感。图中所见之城墙右侧是内城，外侧凸出部分称"马面"，用于从外侧阻击来犯之敌。梁思成曾于20世纪50年代建议把墙顶设计成公园

禁城和诸多庙宇的黄色琉璃瓦屋顶，成为掩映在万绿丝中的点点亮处；覆盖蓝色和绿色琉璃瓦的是达官贵人的华美宅邸；四合院灰色屋顶下，是带有朱红色前廊的舒适住家和半掩着它们的百年古树；横跨有商业繁庶的大街。而那些近代产生的洋式或半洋式建筑，突兀地站立在矮屋灰顶之中，像一个个傲慢的不速之客，破坏着整幅画面的平衡与和谐。外望，一片片开阔的草地上闪映着牧童的身影和他牧养的羊群，河渠纵横，田亩阡陌，到处是绿树和青草，油绿如毯的是水稻田，侧耳细听，水渠似有哗哗的声响。

红学家周汝昌先生在《花·木·城池》一文中，深情地记录了50多年前，他在阜成门外护城河边所见到的难忘情景：

还记得坐在北京古城西门外的护城河边，古柳浓阴，长河茂草，循河一望，身后城堞巍峨；极目河水抱城折流处，遥见角楼，那结构姿态真是美极了！近处则父老妇幼，藉坐水边，波明鸭洁，一片雄深、朴厚、博大而高爽的气势气象，实在不愧是中华古国至少七八百年的最后一个完整"神京"之地，那种感受是很难宣之纸笔间。

二、北京的城门

(一)"奇妙的城门，北京绚丽多彩历史的无言记录"

"谁能出不由户？"(《论语·雍也》)

单扇为户，双扇为门。"门"就是由户而出的地方。民以居为安。居的要素少不了门户。《易经》说："阖户谓坤，辟户谓乾，一阖一辟谓之变，往来无穷谓之通。"一个"门"竟引出了如此深刻的哲学命题。不仅如此，城门还是城之门户，是通正气之穴，有息库之异。可见，包括都邑城门在内的各种门，已成为中国传统文化，尤其是建筑文化的重要组成部分。

城墙表现出了一种对外界的戒备，是一种自我保护。然而，这并非是作茧自缚。城中的居民，宫里的君王，并不囿于墙的封闭，因为墙体还有门。城门对外开放，实现着城市与乡村、城市与城市的交通往来。城墙加城门，它们分割与通联空间的意义中，包含着丰富的社会文化历史内容。门不管多大多小，它们都带来了领域感。国门之大，它区别了海内、海外。家门之小，它区别了主人和客人。这区别，使一部分人获得了属于自己的领域感，另一部分人获得不属于自己的领域感。

按照周朝的制度，都城要开辟十二座城门。"十二"被古人视为"天之大数"。城门取数十二，正应十二时辰之数(每年有十二个月，每日有十二时辰)，而十二时辰是具有神秘意义的。

城市的平面为正方形，四面可设三座城门，每座城门又有三个门洞。城里的主要街道或东西向，或南北向，直通这些城门洞，形成经纬交叉状。这样，城中干线道路与城市的出入口相互衔接，城门不仅同城墙互为依存，还做了道路的卡口。

明北京（北平）城垣发展示意图（引自张清常著《北京街巷名称史话》）

一、实线为明城垣，上方形为北平，中横条为永乐北京南扩之地，上与中合为永乐北京；下矩形为嘉靖所建外城。

二、上虚线为明徐达所放弃元大都部分，下右虚线为元大都南城(金中都)。

三、城门名称为明北京曾沿用元名及明命名的。

与城垣的浑厚体量(无论是夯土筑成，还是包砌砖石)相适应，城门自然也是高大雄壮的。这是因为城门之上建有重楼，且城门宽阔。汉代长安城的门道就有七米多宽。千百年来，城门既用来御敌城外，同时也用来辖制城内。那笨重的大门开开阖阖，伴随着朝代的兴衰，载负着和平与动乱，平淡与离奇。

69

门还是一个象征——国家和政权的象征，像北京城的天安门与前门之间那个门，在明代叫"大明门"，清朝的时候叫"大清门"，到了民国时期就叫"中华门"，直到1949年以后，扩建天安门广场时拆除。在清代，除正阳门外，其余八门由八旗分掌：德胜门正黄旗，安定门镶黄旗，东直门正白旗，朝阳门镶白旗，西直门正红旗，阜成门镶红旗，崇文门正蓝旗，宣武门镶蓝旗。八旗分掌八门，既有共享天下之意，也内含互相牵制之心。

"山河千里国，城阙九重门"，这几乎成为中国古代城市的典型形式。这里的"九"作为最大数，正好与皇家的"九"相连。然而在实施中，各朝各代城的大小不同，所以城门数也有多有少，并不统一。

在北京，关于城门的记载，最早的要算关于蓟门的传说了。但蓟门究竟何代所建，建于何处，至今仍缺乏详实可靠的史料。明代蒋一葵在《长安客话》中说：蓟门源于蓟丘，德胜门外五里处有两个土丘，丘旁树木繁多，晴烟拂空，故有"蓟门烟树"之称。清代励宗万也说：都城德胜门外有土城关，相传是古蓟门遗址。正是据于此，清代乾隆皇帝才将御书"蓟门烟树"碑竖在了这里。有人说，蓟门的称呼起源很早，而元大都的西北城角却从未发现过"蓟门"的实物资料。相反，倒是在南城，即唐、辽时期的幽州城一带，发现了与蓟门有关的历史文物。这说明，蓟门绝不会在元大都的健德门一带，而应在广安门之南。《析津志》记载："蓟门在古蓟城中。"而确切的地址，在大悲阁南约一里处的大街上。虽然早已废弃，但元代仍可辨认其遗址位置。据考证，大悲阁在今广安门里长楼街南口以东，离法源寺仅一里。可见，古蓟城应在唐、辽幽州城内，大概位置在辽代的迎真门附近。但也有人干脆认为，蓟门是根本不存在的，而只是对蓟门(或城门)的一个概括性称呼，犹如"京门"、"津门"一样，并非指哪个具体城门。

历史上的蓟城、幽州、辽燕京、金中都和元大都已成为陈迹，现在人们能够说起的，实际上只是明清时代的北京城门。京师之门从正阳门算起，逆时针为：崇文门、朝阳门、东直门、安定门、德胜门、西直门、阜成门、宣武门。嘉庆三十二年(1553年)开始修建外城，开有七门，南端正中为永定门，左右两边为左安门、右安门，东西两边则是广渠门、广安门，东北角、西北角与内城相接处又开有二门，即东便门、西便门。北京城就是由一重重的墙和一道道的门构成的。而门比墙更重要，因为没有门，城就成了死城。因此，把握了北京的门，也就差不多把握了北京的城。

天安门虽不在"九门"之列，但它的地位似乎更加重要。尤其是进入民国以后，

"天安门"作为政治符号,取代了"紫禁城"的地位,更因其具有某种开放性,兼有"公共空间"与"权力象征"的双重意义,成为政府与民间共同注目的焦点。天安门,已经与北京城紧紧地联系在了一起,每一个初到北京的人,差不多都要去一下天安门。天安门在中国人的心中,起着举足轻重的作用,享有崇高的尊严。天安门正好位居北京城南北中轴线的正中,它是京、皇、宫三城中间那个城,即"皇城"的正门。门外正对的是皇帝专用的御道,东西大街是"天街",其地位之重要是十分明显的。有人说,北京的门是解读北京的"入门之门",而天安门则是"门中之门"。即便在有皇上的年代,天安门也不是其他门可比的。那时,皇帝如果要颁布诏书,要置于"云盘"中,用彩亭奉送到天安门城楼,交宣诏官宣读,文武百官则在金水桥南排班聆听。宣诏完毕,诏书用木雕的金凤衔着,由城楼上放下,交礼部誊写,诏告天下。

北京中心区域的许多主要道路,差不多都用"××门大街"来命名。比如,前门大街、前门东(西)大街、阜成门外大街、建国门外大街、朝阳门内大街、崇文门东大街、广渠门内大街、德胜门外大街等等。向北京人问路,也会常被告知在××门附近,如"出朝阳门往南,到建国门桥下一打听……"北京的门虽然基本不存在了,可它们却仍然挂在北京人的口头。

明清的北京城是在元大都的旧址上建立起来的。所以,明清的北京城之门与元大

清朝末年的天安门城楼。已没有了皇帝下诏时的热闹景象,一时间显得颇为冷清

都的城门关系很紧密。元大都有十一座城门,正南面,一共三座城门,当中的叫"丽正门",左边的叫"文明门",右边的叫"顺承门"。北边只有两个门,靠东边的叫"安贞门"靠西边的叫"健德门"。东面有三个门,正中的叫"崇仁门",左边的叫"光熙门",右边的叫"齐化门"。西面也有三个门,正中的为"和义门",南边的叫"平则门",北边的叫"肃清门"。改建北京城时,靠北的"光熙门"和"肃清门"被舍去,北京仅留下九个城门。与此同时,正北面缩进去的两个门也改名为"安定门"(东)和"德胜门"(西)。其余七门仍沿旧称。

明英宗正统初年,开始了一项规模巨大的加固北京城的工程。原有的城门旧称也全部改掉。南面正中的"丽正门"改名为"正阳门",左边的"文明门"改为"崇文门",右边的"顺承门"改称"宣武门"。北面的因已改为新名,故仍叫"安定门"和"德胜门"。东面的,"崇仁门"改为"东直门","齐化门"改为"朝阳门"。西面的"和义门"改称"西直门","平则门"改为"阜成门"。

清朝全盘继承了北京城,就连城门的名称也沿袭了下来。

城门是怎样构成的?试以正阳门为例加以说明。它包括了一个巨大的瓮城,内有空场,其南面为箭楼,北面为城楼。瓮城四面各开一门。北门开在宏伟的城楼之下。除城楼、箭楼下各有一门外,左右门是进入民国以后开辟的。瓮城两边与城墙相连,箭楼前面是护城河,上有石桥(前为木桥)与外城相连。箭楼与城楼之间的道路是皇上的专用道,其余的人仅能从东西两侧的瓮城门出入。在瓮城内建有两座小庙,东为观

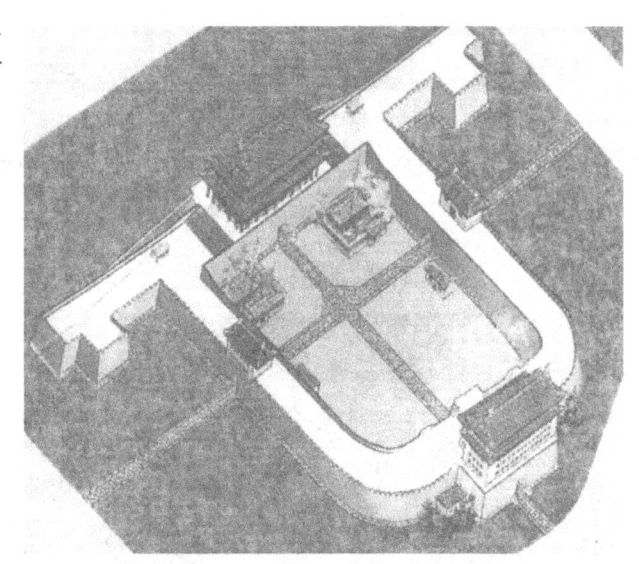

正阳门瓮城鸟瞰示意图。明清时期的北京城,每座城门的外侧都建有瓮城,城门楼的前面,还建有一座箭楼,箭楼上有许多朝外射箭、打炮的窗口,使城门这个地方更加易守难攻。箭楼为实体,不设门洞,唯有正阳门箭楼例外,下开门洞,专供皇帝出入,平时紧闭。老百姓从箭楼两旁的门洞进出

音庙，西为关帝庙，庙顶为黄琉璃瓦。庙内只有一进院子，院内树木参差，灰墙环绕，各竖一支旗杆。

作为北京最主要的城门，正阳门的形制高于其他各门。门楼高42米，楼身宽逾30米，深16米，高27米。其余城门的高度远不如它，但样子基本相似，都是双重城楼，三檐两层，每层有围廊，并筑有马道可供登上城台。马道不仅可以供徒步或骑兵上城墙顶，而且可供马车运送炮弹炸药。箭楼是一座形似城堡的砖构建筑，除两层屋四层箭窗之外，再无别的结构。与城楼、箭楼不同，东、西便门为外形呈长方形的城门楼，城门楼下的城洞为方形，其顶部是由几块厚重木板构成，架在嵌于两侧砖墙中的横梁上。平顶城门洞里是高而宽的内券，设有带枢的门，可自由开合。

(二) 城门矗立，甲第连云

中国传统的风水理论深深地影响着古代城市的空间布局和城门的开法。"城门

于前门火车站(东站)楼上所见的正阳门城楼。此照摄于民国年间，此时的前门瓮城已被拆除，前门楼子下面的关帝庙和观音庙因此而直露于大街之上，前面是箭楼与城楼间的开阔地带，往来北京的外地人，一出站台就能望见前门楼子，前门楼子成了北京的脸面和象征

者，关系一方居民，不可不辨，总要以迎山接水为主"(《阳宅会心集》卷下)。城门的开法，通常是在城市的东西南北四个正位开门。不过，四隅城门的开法很讲究。《宅经》认为，东北方位不吉利，是凶煞之方，代表鬼门。所以，中国古代城市很少有在东北方位开门的，这几乎成了一种惯例。具体到北京城为什么不在正北开门，据说是为了藏气。因为中轴线贯穿南门，若再在中轴线上开一北门，城市中像人一样的"精气神"之气会顺之泄掉，所以，城北在中轴线两侧分别各开一门，而正中无门。

  南面是北京城的门户地带，耸立着正阳门、崇文门和宣武门三座城门。其中，正阳门仅供皇帝出入，但也只允许皇帝生前通过，一旦死去，那也得走别门。1912年中华民国成立，箭楼正中的门洞只供大总统的专车出入，但允许百姓步行通过此门，车马则不允。这当中，也有三次例外，一次是重新安葬珍妃骨殖，一次是隆裕太后出殡，还有一次是袁世凯灵柩回原籍，因要去前门火车站乘火车，所以才走了大前门。正阳门取"日者众阳之宗、人君之象"之义，加以古人又以南为阳，为正，故命名为"正阳门"。正阳门城楼是现在仅存的三座城楼之一。其余两座是德胜门箭楼和东南角楼。现存的前门箭楼，是在八国联军入侵北京时烧毁以后，于20世纪初重建的。箭楼外护城河上架有三座石桥，桥头有一座牌楼成为九城中最壮丽的门。而当年北京城的城楼、箭楼和角楼，总数曾达47座之多！现存的还不及它的零头。

  1. 前门 老辈人常说的一句话是"有钱你买前门楼子去"。这话不仅说说，还真有过花钱买前门楼子的事。国民党政府时，曾逼着前门大街亿兆百货商店经理买前门楼子，买不起整个就买半个。经理被迫拿出几十根金条，象征性地买了才算完。日本侵华时，伪北平政府硬逼大栅栏的同仁堂药铺买前门楼子。另外，据说还强迫长春堂药铺买过。在这里，买前门楼子成了当权者向商人铺户敲诈勒索的借口。前门楼子不能开买卖，更不能吃，买了肯定没用。当权者硬逼他们买，表面是交换，实际是明目张胆的掠夺。

  历史上，正阳门曾多次遭遇火灾。最厉害的一次，是光绪庚子年(1900年)和第二年两场大火，门楼箭楼全部被焚。八国联军撤出后，慈禧和光绪回京。按计划，要在经过正阳门时举行隆重的入城仪式。可此时的正阳门已毁于火灾，一片废墟，这实在有损国威。无奈中，想出一个应急的办法：马上动用京城的能工巧匠，在前门楼的底座上，用席棚和五色绸缎，生生搭起了一座彩绸牌楼。牌楼不是城楼，可有总胜于无吧。直到光绪三十二年(1906年)，才开始重新修建，历时五年，费银四十三万两。进入民国以后，北洋政府委托法国建筑师罗思凯格尔改建正阳门箭楼，在箭楼上增添了一些西洋式装饰，显得不伦不类。直到今天，本书写作之际，听说有关部门拟恢复正阳门瓮城，还历史以本来面目。这是个令人欣慰的消息。

2. 崇文门　前门的东侧是崇文门，元朝时叫哈达门，或哈德门，又常被称为"景门"，意即光明、昌盛之门。此门人人可过，皇帝有时也临幸此门。但此门通过最多的还是商人——从腰缠万贯的巨富，到肩挑手提的小贩。其瓮城左首镇海寺内的铁龟闻名京都，这是该寺的镇物。同时，崇文门更以税关之苛而使人望而生畏。

崇文门为京师地区唯一的一座征收百货税的"户关"，其衙址位于十字路口的东南角上，坐北朝南，格局显赫。户关最高的官员是监督，均由内务府大臣或尚书侍郎兼职。有内务府这个皇家大总管插手，此关自然成为肥缺。凡是能捞到此缺的大员，均是皇帝近族。

当时，崇文门是北运河的终点站，商船货船都要在这里接受检查和缴纳税金。凡进入北京城的货物，无论中外远近，均在此门报关上税，每年的税收额相当

崇文门城楼。其城楼规制与其余八门相同，比正阳门略小。崇文门税关为末代皇朝的重要生财之道，连慈禧的脂粉银两也要由这里支。因此，所收捐税繁多，凡男子负重、骑牲、推车者都要收税。一些进城的菜农深知此道，便自动在鬓角的毛发尖事先插上几文钱，过门时由税官自取

可观。仅道光二十至二十二年，崇文门税关就实征税银六十三万两。税关油水极大，在此供职者，无论职位高低，全能发财。所以，北京有一句歇后语："崇文门关当差——发啦！"

由于权大差肥，税吏们如狼似虎，无论商贾游客，还是进京赶考的举子，包括进京的外省官员、外藩五公、外国使节、蒙古王公"年班"进京，他们也敢雁过拔毛。至于普通的小商小贩更是被任意宰割，无处伸冤。

有一回，山东布政使进京觐见皇帝，不堪崇文门税吏勒索，不得不将所带铺盖安置在城外，仅带仆人入关。关吏只好作罢。谏言官就崇文门税关的腐败行为，多次上

漫话北京城

征税出入图。选自第二十九期《点石斋画报》，介绍的是北京崇文门税课司收取入京货物税款的情形。画中有商人因被多收税、重复收税而产生的愤懑，有税官私下向商人收取小费的腐败行为，也有商贾因被收税耽搁而烦躁不安的表情

书弹劾，皇帝也多次下旨"告诫"，但税吏们仍置若罔闻，积习不改。为了防止走私作弊，朝廷派专人监督，每年调换一次监官。这个行贿、受贿、分肥之所，欺压良善之关，使人们恨之入骨。后来，终于有一个北京人狠狠地治了他们一下。

清道光时，一位外省的何先生，进崇文门关时，被门卒将十几个价值连城的鼻烟壶一抢而光。何先生心疼欲碎，倾诉于好友周先生。周先生决定为朋友出一口气。他将疥疮痂疤研成药，分装于八九个鼻烟壶中，装做外地人从崇文门前经过。结果，鼻烟壶被抢。一年后，周先生再次从崇文门关经过，果见这群门卒个个长了一身疥疮，痛苦不堪。尽管如此，崇文门税关仍然有恃无恐，继续敲诈勒索。

"内臣盼殊恩，年终崇文门"，说的是每年年关将近，崇文门关都要赠银内务府，分发宫中诸位"公公"太监，以便美言于圣上。这大约每年3600两白银。至于在此关

供职的监督,其收益更无可限量。慈禧胞弟隆裕生父桂祥,在袁世凯任直隶总督后保荐为崇文门关监督,任职仅一年,不仅府第翻修一新,而且自信地称:"后半生总算不愁了。"辛亥革命后,崇文门关仍是北洋政府的显赫肥缺。一段时间,连大总统的工资也要由这里支付。可见其每年税收之大。1924年,冯玉祥"北京政变"之后,摄政内阁被迫取消了崇文门关,受到百姓的欢迎,成为中国税务史上的一件大事。

元朝时,崇文门名为"文明门",俗称"海岱门",讹称"哈德门"。"海岱门"是因"泰山(又名岱山)渤海俱都城东尽境"而得名。据最早记录北京地区历史的志书《析津志》记载:"文明门,即哈达门。哈达大王府在门内,因名之。"这表明,元代时,门内曾有一座大王府,哈达门一称由此而来。崇文门是明英宗正统初年才改的。因崇文门"崇"字与明王朝最后一代皇帝崇祯的"崇"字巧合,加上西边宣武门的"宣"又与清末代皇帝宣统的"宣"字巧合,所以,民间流传说这两个城门的名称出于天意,应亡了两代皇朝:"正阳门,连西东,左亡明,右亡清。"

其实,这两个城门的命名,是出于"文治武安"、"江山永固"的殷切希望。崇文的"崇"是"崇敬"、"推崇"的意思。"文"指文化,包括礼乐典章制度等。"崇文"就是崇尚传统文化,取自《周易》"文明以健",国运永昌之意。

3. 宣武门 与崇文门被称为"景门"相反,正阳门西边,与崇文门对应的宣武门则被视为枯福之门,称做"死门"。不仅日常送丧的行列多经此门,而且官府杀人也

宣武门城楼

多出此门,然后到菜市口一带处决。所以,有人把宣武门叫做鬼门关。在宣武门箭楼的西侧,还有一座立于地上的石碑,上刻有"后悔迟"三个大字。这是为警示"犯上作乱"及其他犯律坐科者。

宣武门的前身,是位于今西单十字路口南侧,元朝兴建大都时所筑的"顺承门"。其名取《周易》"至哉坤元,万物滋生,乃顺承天"之意。明朝重建北京城,此门向南推至此,明英宗正统初年才改为现名。其命名遵循古代"阳德阴刑,左文右武"的原则,与东侧的崇文门正好一文一武。这种方位观念已成为古代都城建设必遵之礼制。与西面的"武"相适,不仅城门为"宣武门",而且明代点兵的校场也在宣武门外,皇城正门西侧的千步廊中,多为武职的衙署。这种文化方位与建筑象征紧密联系的范例,在北京的规划设计中比比皆是。

有人说,宣武门不光"宣"字与清末皇帝年号"宣统"的"宣"字巧合,还曾有过"败家之光"。说的是在雍正皇子争位之乱中的年羹尧,在宣武门内的宅邸门额上题书"邦家之光",被人耻笑,称为"败家之光"。不久,一头老虎深夜进城,偏偏跳进了他家的大院。人们议论纷纷,视为凶兆。果然,没出那个月份,这位年大将军就被雍正逮捕、抄家、流放,败到家了。将一代王朝的衰亡与一座城门的名字和一段传说联系起来,虽然有些牵强,可也毕竟表达了人们的一种心愿。

关于宣武门,还有一个更动人的传说。这是由宣武门瓮城内的五座砖丘引起的。相传,这五座砖丘下埋葬的,是五位英勇善战的同胞兄弟。他们名叫火仁、火义、火礼、火智、火信,曾为燕王朱棣打败元军立下汗马功劳。后因怕其功高盖主,燕王猜疑嫉恨,竟将他们诱骗到宣武门瓮城内杀害。将士悲烈之下,挥泪将五兄弟掩埋于瓮城内,并砌成五座坟,竖起五根长竿,以民间风俗为五人招魂,并按时祭奠。

其实,这五座砖丘不是坟,而是守城士卒用来测量北京城降水量和积水高度的水文标志——"水平"。原来,北京地势北高南低,宣武门地处南城,城势最低。每逢大雨骤至,城内积水南泄,水拥城门,守城官兵即以此"水平"为准,测量水深。见水将淹灭其顶,就赶快大开城门;如水拥阻城,城门即无法开启,城内易患水灾。有一次,还不得不用大象去拉开城门。据说这就是那五座砖丘在实际中的作用。至于它初建时的真实目的,则至今未有人知。

民国十六年,宣武门与朝阳门的城楼一起,被当局以抵政府官员欠薪为由拆毁。六年后,又将宣武门南的瓮城拆掉。

4.和平门 在正阳门与宣武门之间还有一座和平门,它出现的时间很晚,是1926

年才建造的。民国初年，人们从北新华街到南新华街去逛厂甸，都要远绕到宣武门，格外不便。1913年，有人提出在正阳门与宣武门之间开两个洞子门，以便行人。当时的总统袁世凯同意了，却遭到前门外商人的极力反对。理由是人们不走正阳门就会影响他们的生意。他们还找来风水先生，妄称开城门泄露王气，于袁世凯不利。这样一来事就搁下了。直到冯玉祥进北京，他才命令他的工程部队开建了此门，命名

和平门门洞

"和平门"。城门很简单，只是利用旧城墙开了两个大型券洞作为通道。这样一来，当年去厂甸的人也格外的多，原来冷清的北新华街热闹起来。

和平门建成没半年，奉军入关，张作霖进驻北京。和平门改成了兴华门。据说这是源于日本人的压力。他们认为，和平门有影射日本新天皇昭和之嫌，不吉利，改成兴华门，取"国家兴旺"之意。不久后，有人告诉张作霖说，被他杀害的李大钊，其女就叫李星华，"星华"和"兴华"谐音。于是，和平门又改了过来。

5. 西直门 在北京城的西面，城墙上开有两个门：南边的为阜成门，北边的为西直门。阜城门元时称平则门，意为"安宁和公正"之门，明永乐起改为现名。此门还曾被讹称为"平贼门"，说是李闯王攻打过此门。阜成门的出名，实与京城人的烧煤有关。来自京西门头沟斋堂、坨里等矿的运煤车，川流不息地往城里运煤，冬季尤多。这些车都从阜成门进入。"梅"与"煤"谐音，往来客商捐款刻石，以托吉兆。于是，在阜城门的瓮城城壁上镌有梅花一枝，又取"梅花报春"之意，表示北京人感激京西煤炭送来温暖。此石刻梅花工艺细腻，石质精良，堪称京都诸门一绝。

提起西直门，许多人都记得喜仁龙在《北京的城门和城墙》一书中的生动描述：

无论从哪个方向看，西直门都显得气象不凡。沿着通往城门的大道望去，耸立于一片低矮建筑之上的城楼显得格外雄伟。从城外看，方形的瓮城和箭楼在四周赤裸的

地面上拔地而起，颇具城堡气概。与颐和园和卧佛寺比，这个脆弱易逝的古老门面，能够提供关于古老北京的更为真切的印迹。宽阔的护城河边，芦苇林立，垂柳婆娑。城楼和瓮城那带有雉堞的厚墙在晴空下显出灰色的轮廓。在雄厚的城墙和城台之上，门楼那如翼的宽大飞檐，似乎使它独秀云霄，凌空欲飞。这些建筑在水中的倒影十分清晰。每当清风从柔软的柳枝中梳过，城楼的飞檐似乎也在震颤，垛墙随之晃动，化在渐渐散去的涟漪当中。

由于西直门正对玉泉山，所以，每日给皇宫送水的水车，都要从玉泉山驮来清水进入此门，因此，西直门又称"水门"。在西直门瓮城中有一块雕着水纹的石头，人称"西直水纹"。西直门还被称为"开门"，意即晓喻之门。

1957年，大拆城门之风中，在梁思成的竭力劝阻下，西直门勉强被保留下来，这是北京城余下的最后一座有瓮城的城门。然而，"躲得了初一躲不了十五"，在另一个拆城门的浩劫——"文化大革命"中，终于借口修建地下铁道，西直门被最后拆除了。当时，在箭楼城台之内，发现了元大都义和门的旧门。

6.德胜门　北垣无中门，仅辟两座旁门。北门历来被视为北京最重要的防御城门。德胜门，意为品德高尚之门，又称"修门"(装饰之门)。出兵打仗总希望得胜而归。因此，军车都走德胜门。并有诗曰："己巳王师出，安危在此门。万家裹囊橐，一世柱乾坤。炮下无敌骨，帐前有儿孙。忠勋何处显，白日照中原。"作为"军门"，德胜门城楼上的守备器械很多，故城内外兵械商人云集。今德胜门外冰窖口胡同内有一弓箭胡同，即昔日兵器行会中的弓箭会馆。由于明代皇帝到十三陵谒

清末德胜门箭楼

陵及死去帝后的发引由德胜门出，当时规定："凡在京大小丧柩，得于安定、西直、东直、阜成、崇文门发引，余四门(正阳、宣武、朝阳、德胜)不许丧柩出也。"德胜门除去在历史上享有军事要塞的盛誉外，与京都其他八门争雄的还有乾隆于四十四年所立的"祈雪碑"，人称"德胜祈雪"。乾隆四十三年(1778年)天下大旱，饥民扶老携幼迁徙逃亡。年末，乾隆北行前往明陵，至德胜门处喜逢大雪即下，乾隆大悦，书祈雪诗三首，刻石慰天。石碑立于瓮城中当年同兴德煤栈西侧。由于往来客商见此碑无不下马阅之，致使同兴德生意兴隆，逢年过节时带头祭奠。

民国以后，军阀将德胜门城楼拆毁，以所得砖瓦木料换取军饷。"文革"修建二环路，德胜门箭楼又不容置疑地被作为扫除的障碍，经古建专家郑孝燮等人的奔走呼吁，方改变道路设计，得以幸存。

7.安定门　早年，粪场多开在安定门外，粪车出入城走安定门最近。所以，安定门又称"生门"（"丰裕"之门）。但是，每年春天，皇帝前往地坛参加祈祷丰年活动时也走此门，当然，此时的粪车肯定不能再走了。最有趣的是，其余八个城门瓮城里建的都是关帝庙，唯独此门瓮城内建的是真武庙。所以人称"安定真武"，为此门镇门之宝。安定门于1967年以后才被拆除。在这之前，1860年英法联军攻打北京时，安定门城楼曾被炮火轰坏，其后，进行了大修。条约签订前，联军曾一度占据此门。

在北垣两门中，安定门更重要。但到了民国以后，安定门门楼显得更为残破。垂脊和中间的平座已开始断裂。若干柱子裂缝严重，用铁箍加固着；梁柱上面蒙着一层厚厚的灰土。雨季一过，杂草灌木便在松动的屋瓦之间蓬勃地生长起来。环城铁路从瓮城中穿过，一部分瓮城已经拆毁，但外观依然完整，引人注目。城楼气势磅礴，城台雄阔，朴素的砖壁上辟有四层方形箭窗，并有垂檐挑出。城下护城河较

安定门城楼

宽，城楼在水中的倒影，比水面上的真景更美丽。

《淮南子·兵略训》讲到将军受命出征，在太庙举行仪式，接受鼓旗斧钺，发过誓言要"凿凶门而出"。"凶门，北出门也。将军之出，以丧礼处之，以其必死也"。这象征为国捐躯。而凶门的方向确定为北出，则与北方主兵相关。此说延续千年，一直影响到清朝对北京城门的设置。当时，京城的德胜门、安定门两门的分工是，出师走德胜门，凯旋进安定门。

8. 东直门　朝阳门　北京城的东边，靠近连接运河的通惠河，因此，南方来的各种物资从这边的朝阳门、东直门两座城门运进来。具体来讲，拉木材的车都进东直门，而拉粮的车去朝阳门。朝阳门外至今犹存的"关东店"地名，就是因南方水运来的大米，在经过朝阳门时要缴税。有时没赶上，就要等到次日再缴税后进城。因此，在税关的东部开有很多旅店，专供这些人住宿。由此才有了"关东店"这个地名。元朝时，朝阳门又称为齐化门，口语讹传为卖货门，说是国外的奇异珍宝由运河运来后一定要进此门。在朝阳门瓮城门洞内刻有一支谷穗，称"朝阳谷穗"，作为运粮进城之门的标志。八国联军进攻北京时，美国人就是从朝阳门攻进北京城，从而成为第一批进城的外国军队。

东直门比较有名的是"东直铁塔"，在东直门外下关，相传建于明代。塔内有一和尚的肉身涂漆坐像，过往行人往往下马顶礼，敬若神明。该门的镇门之宝，为"东

朝阳门城楼、箭楼。此时的瓮城已拆，当在1900年以后。日本占领时期，在通州成立伪政府，进出朝阳门犹如出国，还得办"护照"呢。而在原瓮城遗址上修成的通衢，也许正是今天的东二环路的雏形？城外的河湖港汊般的乡村景色，只是到了50年代以后才消失的

20世纪30年代初期的东直门城楼

直石雕",是一尊雕刻精细的药王爷像。东直门还有"商门"之称,平民在此从事日常买卖,位置大致在二闸附近。东直门内有许多木材加工场。由于靠近运河,这里的风景远胜于其他城门。暮春或初夏时,柳色青翠葱郁,河边芦苇尚嫩,运河般宽阔的护城河,岸坡下有幼童在芦苇中像青蛙一样玩耍;水面上浮动着群群白鹅,发出嘎嘎的声音。提着洋铁筒下到岸边打水的人,往往蹲上一会儿,静静地欣赏这幅田园诗般的景致。南面几步远的对岸有一个小渡口,提供了一条从对岸到火车站的捷径;不时可见一只方形的平底船,载着身穿夏装的乘客,在垂拂的柳枝中滑过。

9.建国门和复兴门 建国门和复兴门是日本占领时期,由伪政府新开的两个所谓的城门。当时的东西长安街,既窄又短,只是东单到西单这么长。由于东郊被定为工

复兴门豁口

业区，西郊列为新北京开发区，所以，只有把东单以东的城墙和西单以西的城墙开出豁口，但此时未顾及城门建设，仅仅安装了简易的铁门。东边新开的豁口称长安门，后由北平市建设局于1946年正式起名，叫建国门。西边的豁口称启明门，后来改称复兴门。西边开了两个豁口，分上下行道。豁口开成了，却迟迟没有正式使用，及至抗日战争胜利，当时的北平建设局才在西边豁口处正式建造了一座钢筋水泥城门洞，安装了城门，城门脚下特立一块石碑，书有"中华民国三十五年北平市建设局"以资纪念。至于东豁口，始终未正式建门。进入50年代，东西长安街加宽，建国门到复兴门就成了横贯东西城的交通要道了。1958年以后，配合天安门的大规模扩建，东西长安街进一步加宽加长，笔直的大道直通城外，成为北京最宽、最直、最方便的交通干线。

北京的外城由于明代嘉靖年间才修建，所以晚于上述九座城门，接下来介绍一下城上的几座城门，永定门、左安门、右安门、广渠门、广安门、东便门、西便门。外城总共开有七座城门。正中间的为永定门，左右对称，各有三座。东侧为左安门、广渠门和东便门；西侧为右安门、广安门和西便门。

1. 永定门 它是北京外城南垣的正门，地理位置十分重要，因此其规模也较大。该城门虽于明朝嘉靖三十二年(1533年)加筑外城时就已建成，但九年后才又在门外加筑瓮城，清代乾隆三十一年(1766年)又重修了城台。至此，永定门才最后形成城门、箭楼和瓮城共同组成的、完整的城门体系。

永定门城楼为重檐歇山顶，上铺灰筒瓦，绿琉璃瓦剪边，位于今天的永定门内大街南端，桥北侧。该城楼于1949年被拆除。

1999年，王灿炽等7名市政协委员向市政

永定门箭楼。自明代扩建外城，这里就成为城市中轴线的最南端，后来的永定门火车站也设在这里

协会议提出议案，建议重建永定门，完善北京城中轴线文物建筑。2004年9月，消失了近半个世纪的永定门城楼复建后重新屹立在中轴线的南端。

2.左安门　左安门俗称"江擦门"，单层门楼，墙涂朱色，单檐歇山顶，一层有回廊，楼下有拱形城门。箭楼为两层。左安门的地理位置显然不如永定门，因此城门内外的道路也很狭窄。即便是左安门城内，也远没有内城的繁华，而只是一些会馆的义地和简单的街巷。后来又逐渐有了寺庙。

提起左安门，最著名的要算它东南的碑楼与西朝房之间的那几棵虬劲、盘曲的松树了。由于盘曲，所以得由架子支撑着，故称"架松"。炎炎夏日下，过往的行人多在树下乘凉休憩。如今，在这里建成了面积广大的劲松住宅区。

3.右安门　位于外城南垣西侧，与左安门隔永定门东西相望，因地处偏西，所以又被叫做"南西门"。又因为城外即为田野，又称"村门"。右安门外多水源，因此植物生长茂密，百花争艳，莲花飘香，景色优美。这在没有公园的年代，自然成为人们游玩的好去处。解放以后，附近建起了陶然亭公园、大观园等园林。右安门城楼、城墙于1956年被拆除。

左安门箭楼

右安门箭楼

4.广安门　它是北京外城的西垣城门，自金代以来，一直是中原广大地区进入北京的门户。早在金代，金中都就在此设立城门，不过遗址在西面1公里左右。如今位于广安门立交桥附近的城门，系明朝修建外城时所建。清代乾隆年间，广安门至卢沟桥的石道修成，方便了进出城的旅人。只是进入民国不久，此石道就被损毁。

因广安门的地理位置重要，所以自唐代以来，门内就开辟了商业街，贸易和市场都集中在这里，至金代时达到繁华的顶峰。进入明代以后，这里逐渐建起了一批会

广安门箭楼

广渠门箭楼

馆，如山西曲义会馆等。1937年"卢沟桥事变"后，日本侵略者跨过卢沟桥，沿着残损的石道，通过广安门进入北京城，开始了其八年的侵略占领。

5.广渠门 它是北京外城东垣的城门，俗称"沙窝门"。明朝崇祯二年(1629年)，面对后金皇太极亲率的10万军队，督帅袁崇焕急速从宁远率兵赶回，与八旗兵在广渠门外展开激战。由于袁崇焕的正确指挥和身先士卒的表率作用，八旗兵遭受惨败，后金主将阿济格受伤。

在八国联军进攻北京之际，英国军队趁守卫广渠门的清军助守东便门之机，趁虚攻破了广渠门，抢先进入北京城。

6.东便门 也就是北京外城东南拐角处的城门。这是因为嘉靖年间修外城时财力不济，从而只修了环抱南郊的一处后不得不收尾，而与原城垣相接处的一座门，这主要是为方便交通。所以，规模不大，也较简陋。1900年8月13日夜晚，俄军冒雨突袭东便门。最后，美军也来助战，一起攻占了东便门。

像左安门一样，东便门附近也有一处热闹的地方，这就是位于城门内桥南的蟠桃宫。每年旧历三月初，这里都要举行一年一度的庙会，届时，许多城里人接踵而来，踏青游玩，投壶射柳。

东便门城楼

西便门城楼

夏季,东便门通通惠河处,人们乘篷船在河上消夏纳凉。

7.西便门 与东便门对应,处于北京外城西南拐角处。和永定门一样,虽然西便门城楼在建外城时就已修好,可其瓮城,特别是箭楼,则是十年以后(嘉靖四十二年,1563年)才最后修好。西便门是北京内外城诸城门中最小的一座,进入民国以后逐渐被废弃。

到了1988年,有关部门又将紧靠城墙东侧残存的195米内城西墙予以整修,并在与外城的相接处修复了城楼。但它实际上不过是原北京内城靠近西南处的一段城墙,新修的城墙上的城楼面向东西,显然并非原西便门。

(三)"出前门","走后门"

"出前门"是北京上个世纪二三十年代(那时叫北平)人们常说的一句话,几乎是吃喝玩乐的代称。箭楼的前面,是北京最重要的交通中心。略靠近两侧,是位于两条铁路线旁,并与城墙相接的候车室。其宽大的屋顶和外廊,把城门楼与西洋式的火车站联系起来。它们中间，是一个开敞的广场(即原瓮城空地)。护城河的浊流在狭窄的河道里流淌，上面是一座横跨的新式宽石桥。桥面形成了一块方形场地，以铁链和石柱隔成四条大道，分别向南、东、西三面延伸，直达外城最重要的商业区。从城楼上俯瞰前门大街，两边点缀着婆娑绿柳和旧式牌楼，成为北京最美妙、最诱人的街景，车水马龙，五光十色。这里有全城最有名的商店——"八大祥"，还有最有名的饭店——"全聚德"，闻名的"八大胡同"就隐没在大街西边的深巷之中。广德楼等戏园是京戏诞生的摇篮。进入民国后开办的劝业场，将购物、娱乐、餐饮融于一体，开现代商业布局之先河。一直到1949年，"出前门"不仅是普通百姓，就连住在城里的官宦贵族，也无不对其神往。

前门的北面，是封建王朝的统治中心，南面，是全城的交通中心和商业中心。交通，是连接外面的纽带；商业，是进行买卖交换的行业。如此想来，"出前门"还应有一种特别的含义：走出封闭的宫殿，扩大对外交流，汲取他人之长；开展物资交流，发展互补经济，共同发展。遗憾的是，这一符合时代要求的举动并未为统治者所认同，除了传说中的，乾隆皇帝除夕夜都一处用膳外，并无更多"出前门"有意识地对外扩大交往的举动。而更多的，则是王公贵族"出前门"吃喝玩乐的轶事。这真是"出前门"的悲哀了。

北京的地安门又称北安门，俗称后门。这是相对于午门、天安门、前门楼子而言的。古代帝王讲究坐北朝南，这也就规定出了前后。

后门总是背于前门(或正门)的。所以，后门的朝向便要由正门的坐落方向来决定。开门是为了方便。但走正门总觉得堂堂正正，而走后门则显得羞羞答答。正因为这样，后人把那些为谋求好处而过于钻营的行为，称之为"走后门"。1949年后，北京的后门(地安门)拆除了，走后门之风也曾在建国后的很长一段时间里得到扼制。

不知不觉中，已从客观存在的门，发展到了观念之门，习惯之门，引向了社会问题，揭示着门的文化内涵。依此思路，门的深层次影响还有很多很多。比如，不管是居于宫里的人，还是居于宫外的人，出入哪个门，走哪个门，都已不是简单的行路问题，而要受到封建等级观念的制约。

清朝时，慈禧太后不喜欢同治皇帝的皇后阿鲁特氏，欲废掉她。醇亲王却不买账，对慈禧说："欲废后，非由大清门入者不能废大清门入之人。"按规矩，只有皇帝迎娶皇后时才能走大清门，而妃子以下的则不能。慈禧是贵妃成为的皇后，当然没从大清门娶来。所以，她没资格废阿鲁特氏。在这里，由哪门进，已成为一种名分、身份的象征。

天安门有五门，午门有三门。门洞的规模都是居中者大于两侧者，这便分出了尊卑。在清朝，嫔妃的迎娶，只能由神武门入宫。同是嫁给皇帝，后妃等级森严如此。作为特别的恩宠，科举高中的状元、榜眼、探花可以从居中的门洞过，但只许一回。中间门洞被渲染得如此尊贵，反映了中国古代为官者居中的礼仪传统。

(四) 九门八典一口钟

在未建北京外城之前，城墙上共开有九个门，这九个门是九道关口，所以有九门九关之说。在过去，九个门上都按一定时辰打典。什么是典呢？典是与钟、锣相似的金属敲击器，形状偏平，大致如曲尺，敲之声音清脆悠长。上有一孔，可用绳索穿系悬吊。每天晚上，只要钟楼一敲钟，除崇文门外的其余八座城门上就开始打典，钟声、典声互相呼应，悠远苍凉，给古城增添了一种古朴神秘的色彩。等钟声停止，典打一轮就开始关城门了。那时候有句俗话，叫做"城门响点不等人，出城进城要紧跟"。如果你走慢了，城门准时一关，无论进城、出城就都不可能了。除非官方有了命令开城门，否则，任何人都不能通融。

据说北京当时是在晚上十点时关城门，每次关门时都要打三次典。打第一次典时城门关上一半，留下一半供人通行，远处的人们听到典响就得赶快往回赶。过一些时间，再打第二次典，这时城门又关上一部分，仅留下不宽的路供人通过。打到第三次典的时候，则城门完全关紧，不允许任何人违例。

崇文门因是税关，就用钟声通知纳税人，城门要关啦，及早做好准备。另有一种说法，认为崇文门是漕运终点，打钟的提示漕粮船。此说不准。因为自明代修筑北京城后，漕运的终点就在东便门外的大通桥。船泊后，粮运往北边的朝阳门和东直门，并不进崇文门。况且大通桥与崇文门之间还隔着一个东便门，两者无直接联系。

崇文门之所以敲钟而不打典，这还有一个典故。相传，明朝初年修建北京城的时候，孽龙作怪，到处发水，弄得刘伯温没办法，只能抓一条镇一条，有的压在白塔寺下，有的压在北新桥底，有的锁在井里，有的赶到山上。最后还剩下一条最凶恶的龙。一天，这条龙窜到了崇文门，城墙都被拱倒了，刘伯温想上去治服它，可又怕自己斗不过，就去向托塔天王李靖求借来宝塔。此时此刻，这条龙正在崇文门兴风做浪，弄得墙倒城陷，风雨交加，闹了三天三夜。刘伯温想，硬干不行，要等到冬至入蛰(冬眠)时再收拾它。入蛰后，刘伯温估计这龙在南海子，这龙苏醒过来，发现自己被刘伯温全身上了锁,再也无法折腾了。于是,转而向刘伯温求情,说是只要放了它,往后再也不敢了。刘伯温指指这崇文门城楼说:"什么时候这城楼上打典,你就什么时候出来。""这还不好办?"龙想,反正每天都要打典,顶多委屈一天。可谁想,刘伯温使了个法子,让崇文门上打钟而不打典,还把托塔天王的宝塔砌在了城墙里。这下,龙才知道,自己永世不得翻身了。

这一传说的另一个版本,是说崇文门底下压着的不是龙,而是一只巨鳖。如果不压,海水就会涌出泛滥。崇文门城楼就建筑在这只巨鳖的背上。长年下来,鳖不胜辛苦,托梦给守门人:"我驮着这么沉的一座城门,什么时候才是个头呢?"守门人答:"什么时候我敲典,你就可以解脱啦。"鳖信以为真,静静地等待着。不想守门人从那以后不再打典,而改敲钟了。鳖没了解脱的希望,也就甭想再泛滥了。后来,崇文门瓮城的东头,有一座镇海寺,寺内还真有一只铁龟,人们叫它"崇文铁龟"。

有了这只铁龟镇海,北京虽没发生过水灾,却没避免一次火药爆炸的灾祸。康熙年间的一个秋天,崇文门里突然爆发出雷鸣般的一声巨响,霎时间,乱石飞溅,尘土蔽日,就像沉沉黑夜。开始时,人们还以为是地震,后来才知道,这里曾在过去埋过炸药,火药堆上覆盖了一大块青石板,石板上又填了一尺多厚的渣土,可这仍然没能避免炸药的爆炸,这一下,共死伤了二百多人。

传说虽然生动可毕竟不是事实。那么,究竟为什么崇文门不同其他八座城门一样打典而敲钟呢?有人说,这是因为崇文门是个税关,每天进出的人很多,人声嘈杂,敲钟自然比打典的声音要大许多。因此,崇文门才敲钟而不打典。同时,也显示出崇文门与其他城门不同的特殊作用。

然而,北京史地民俗界的老前辈王佐贤先生却说,崇文门因为是当时京师收税的总机关,所以崇文门通宵达旦地开着,并不像其他八门一样,夜关昼开。但是,行人不能随便通过,有事则以钟鸣之。这样,老北京才有了"九门八典一口钟"的说法。这里的"典"通"点",与"钟点"有近似之意。

城门又是关卡,纵然不收税,进行检查却是不可避免的。可凡事都有个例外,就有这么一位京郊农民,进城时可以大摇大摆而来,大摇大摆而去,并没受到过守门人的刁难。

这位农民姓陆,家住大兴县西红门村。大兴由于是沙地,盛产西瓜,而这位农民则以种水萝卜而闻名。水萝卜又叫"心里美",上小下大滚圆形,绿皮红芯,甘甜清脆,颜色鲜艳。由于它有去痰、止渴、消炎和中之效,同时又价廉物美,所以,小贩们叫卖时总是喊"萝卜——赛梨!"每到冬季,特别是在春节前后,各菜场、小摊贩多出售来自西红门的"心里美",并把这种萝卜削成各种花形招徕买主。

西红门村种水萝卜的人很多,以陆家种的最好。他家的萝卜有一套独特的种植办法:即以晚种为主,不求产量高,但求味道鲜,颜色美。每年立秋后五六天,陆家才开始下种。在这之前,要深耕细耙,耠开沟后施上稀粪肥和酱渣子。平土压实,再培埂播种。霜降后,各家都拔萝卜了,他家的萝卜还要再浇几遍水。收获前再浇一遍,边收边入窖。入窖时,先在窖底泼水,垫上沙土,然后将萝卜依次码好,盖上土后再泼上一些水,等上冻后再盖土,苫上草帘子。这样的萝卜不糠不辣,入冬后陆续上市,春节过后仍然鲜美如初。

陆家的水萝卜出了名,就连清朝的官员和后来的北平市长都知道。1935年,当时的市政府曾给陆家挂匾并颁发奖状,以资奖励。上书:"右给陆明通(陆家当时的当家人)",中间贴大红纸,上写"一分善土",下署:"北平市市长袁良"。此匾至今还由陆家后代保存着。自从题匾后,每逢春节,陆家都要给市里的官员送几筐水萝卜做礼物。进城时,可以免受守门人的检查,只要一提西红门送萝卜的,就可以顺利通过,久而久之,就有了"西红门的萝卜叫城门"的俗谚。

(五) "五城"与"九城"

北京城自明代后形成"内九外七皇城四"的建设格局,即内城九个门,外城七个门,皇城四个门(不包括以后开的和平门、建国门、复兴门等)。与此同时,还按东、西、南、北、中方位,把北京城分成五个行政区。中城主要是指皇城;从东南的崇文门大街向北,经东四大街,到铁狮子胡同东口,这条线以西为东城;从宣武门大街向北,经西四大街,直到护国寺,这条线以东为西城,在东城和西城的范围内,除了一座重要衙署之外便是商业闹市区。东城则有更多的商业网点和仓库,西城居住过的达官贵人比东城多。这里的大街小巷中高门大院不少,好多典型的、几进的大四合院都集中在这里。从铁狮子胡同东口往北,直到雍和宫;从护国寺一带到新街口豁口,这片地区算北城。其中包括积水潭、什刹海等大片水域,和威风显赫的咸、同年间的恭亲王府、庆亲王府等。南城就是崇文门、正阳门宣武门一线往南的外城。这里不仅商业店铺林立,而且会馆集中,是士人、平民的聚居区。五城之分始于元代。据《天府广志》上说:京师分为五城以后,每城都设有兵马司,负责夜间巡逻,维持治安。兵马司每到巡夜之际,要赴尚宝司领令牌,五城的令牌分别写着:"木"字(东城)、

"金"字(西)城、"土"字(中城)、"火"字(南城)、"水"字(北城)。明、清都沿袭了这一制度。

在辽代的燕京，其城市也分为五个部分，但不叫五城，叫五方，按照五行五色的方位，在五方各建了镇方之塔，塔分五色。其中的黑塔、青塔，即大天源延圣寺与永福寺，都在战争中被破坏了。如今剩下的，唯有阜成门内的白塔了。

清代统治者实行民族歧视政策，将汉民全部驱至外城居住，腾出内城住八旗军队及其家眷，直到清朝中后期才有高级汉官被特赏内城居住。一个北京城被人为地分成了两部分，内城为军事驻防，外城是居民区。驻在内城的满洲八旗兵丁共有数万人，分左右两翼。左翼的镶黄旗在安定门内，正白旗在东直门内，镶白旗在朝阳门内，正蓝旗在崇文门内；右翼的正黄旗在德胜门内，正红旗在西直门内(老舍先生家族就属正红旗，所以住在西直门内，而且他年轻时在这里留下很多轶事)，镶红旗在阜成门内，镶蓝旗在宣武门内。当时的旗人以这种居住条件为自豪，称自己所居为"四九城"("四"即皇城的四个门，"九"为内城的九个城门，意即住在内城，相当于现在的二环路内，皇帝的身边)。

显然，以"四九城"来代替北京城是不妥的，因为它把外城排斥在外，其根源在于清朝实行的民族歧视，尤其是对汉族的歧视政策。相反，用"五城"来代表北京城比较稳妥，其范围基本上涵盖了历史上的北京城(当然，今天用也显得不合适了，毕竟如今北京城比清朝时扩大了许多倍)。"五城"来源于明清北京的城坊划分，五城建立在若干坊的基础上。坊没了，五城的范围也变了。

北京现在的地名里，还有一些带"城"字的。一种是北京城区及近郊区还保留了有小城的，名为团城。一个是北海公园南门外西侧的团城，另一个在香山脚下，为乾隆时练兵之所。另一种是曾为古城或者为依傍万里长城而建的城堡遗迹，早已成为北京远郊县的村镇。例如，门头沟区有城子，石景山及顺义、通州、延庆诸区县均有古城，房山区及顺义、平谷、怀柔、密云诸县均有城关镇，昌平区有巩华城、长峪城，通州区有鲁城，大兴区有大回城，平谷县有英城，怀柔县有黄花城，密云县有大城子、横城子、新城子、半城子、南石城口，延庆县有营城，又有营城子。还有北京城区原有的皇城大部分拆除，西城区留下个西黄(皇)城根南、北街，原皇城西线有个虎城，明朝皇帝养着老虎，清朝废除。

第五篇　大城建置

城市是时代精神的产物。以宫城为中心，来布展整个城市的各种建筑物，并以超人的技术与艺术集中表现出宫城的显赫与重要，这正是中国古典建筑设计的最主要特点。在这里，无论是内容还是形式，所体现的都是对封建等级观念的强化。它通过景象的大小、强弱、主次安排，将一种特有的意识强烈地表达出来，甚至控制了人在建筑中的运动所能得到的全部感受。人创造了建筑，建筑影响着人。紫禁城那金碧辉煌五凤楼阙和掩映在绿荫丛中的灰色四合院，以及散落全城的寺观坛庙和王府，传达给人们的就是这样一种感受：宏伟壮丽，同时，又等级分布、排列有序，使每个人都感受到生活在一种严密的社会组织当中，必须有所归属(就像前几年是个人就得有单位一样)。

一、中轴线

在建筑艺术领域，轴线对称布局，是建筑群体空间布局的重要方式之一。即：以中轴线为主体，沿轴线布置建筑空间序列，这是中国宫殿、庙寺，乃至民居(四合院)常用的方式。运用轴线方式组织空间，在中国具有悠久的历史、纯熟的技巧。漫步在中国古代城市当中，给人突出的印象，就是从住宅、店铺、会馆、衙署、宫殿、寺庙、陵墓，直到整座城市，都有着轴线配置关系，几何性、方向性的感受远较西方建筑突出。

轴线布置的具体形式，可分为直轴、曲轴、竖轴和虚轴四种，就北京的中轴线来说，属于直轴。问题在于，为什么这条直线形的中轴线是南北

20世纪30年代,从景山顶上北望,可以见到中轴线上的皇城北门(地安门)和鼓楼

排列,而不是东西排列呢?这主要与中国,尤其是北京所处的地球纬度有关。具体来说,北京地处北半球的中纬度,这就决定了太阳光的照射,只能是以南面为阳,北面为阴。所以,中国的风水理论和"朝阳"观念便因此而形成。坐北朝南,"向明而治",就成为风水模式的典型,城市布局也采纳了这种"面南而居"的体系。中轴线则是反映"面南而居"规划体系展开布局的重要手段。可以说,中国古代城市规划始终没有摆脱过中轴线这一传统城市规划的骨架。

明清北京城,是一个典型的"面南而居"的城市。它基本上是南北向沿中轴线而规划,城市空间极为规整。皇宫、政府机构盘踞都城的中心地区,向南北延伸,形成全城建筑的中轴线,全长十余华里。自永定门起向北经通衢大道,过五牌楼至正阳门。继续往北,经过大明门(清代改为"大清门"、民国后改为"中华门",20世纪50年代拆除,位置在今毛主席纪念堂附近)、千步廊、皇城广场、金水桥、承天门(今天安门)、端门、午门、金水河、皇极门(清代改称太和门)、皇极殿(原称奉天殿,清改为太和殿)、中极殿(清改为中和殿)、建极殿(清改为保和殿)、内廷广场、乾清门、乾清宫、交泰殿、坤宁宫、坤宁门(原称广运门)、后苑(御花园)、天一门、钦安殿、承光门、顺贞门、玄武门(今神武门)、北上门、万岁门(今景山公园正门)、绮望楼、万岁山(今景山)及万春亭、寿皇殿牌坊、寿皇殿砖门、寿皇殿戟门、寿皇殿、北安门(今地安门)、地安门桥(俗称"后门桥")、鼓楼、钟楼。

自大明门起,至玄武门,在中轴线两侧有多组对称的建筑。如千步廊的城墙外面，东有宗人府、户部、礼部、兵部等主要的文职衙署；西有中军都督府、太常寺、锦衣卫等以军事为主的武职衙门。这种布局正是传统的中轴线理论中，以正穴所在地的中心点确定中轴线方法的运用。承天门两侧东有太庙、西有社稷坛。皇极门中路两侧，东有文华殿、西有武英殿。乾清门内廷，两侧有东六宫和西六宫。紫禁城内的前朝后廷共六座大殿，占据了中轴线上最重要的位置，是封建皇帝统治的中心。

北京中轴线把北京分成东、西对称的两部分。东直门对西直门、朝阳门对阜成门、崇文门对宣武门，等等。但是，这并不等于说，中轴线一定是在北京城的正中间。它与东城墙的距离要比离西城墙的距离近二百多米。正阳门与崇文门的距离，比与宣武门的距离也要近二百米。这表明，明代重修北京城时，中轴线东移。如果以旧鼓楼(元代鼓楼)大街的中心线作为北京的中轴线的话，那么，东、西城墙离中轴线的距离倒是差不多的。明代之所以要将中轴线东移，这主要是为了将皇宫突出，而不与西苑太液池连在一起，使中间有一些相应的间隔。这样做的另一个好处，就是有了充分的地方，为紫禁城修一座环形的护城河。而这条河在元代是没有的。

究其原因，中轴线手法的运用，与中国传统建筑的特色有关。传统的木结构体系建筑，体量及跨度不可能很大，较难在一个建筑内部划分过多的房间，或满足多种功能的要求。因而，在最小的建筑单位——住宅中，也采用一群小体量的建筑组合起来，进而形成院落，以解决家庭居住的各种不同要求。另外，为了体现封建宗法观念，在建筑群体布局中，还要有主次之分，故将主屋修建得稍微高大一些，而且一般它要朝南，两边有配屋，自然就形成轴线对称的布局。至于一些大型建筑的庙宇、宫殿建筑群等，这种手法就更突出，以至扩大到整个城市的总体布局。

明朝北京城中轴线的设计，为皇权一统创造了永恒不变的气氛。雄伟高大、富丽堂皇的宫苑建筑群，笔直的中轴线，显示了皇权的至高无上。同时也体现着"天下之众，本在一人"的说教。

中轴线两侧建筑配置间的对称，同样寓以深意。对称式的建筑群犹如中轴线张开的两翼，不仅使城市空间布局显得稳重、规整，而且更衬托出中轴线系外建筑的中心作用。这一建筑布局，寓意着"天地万物之理，天独必有对，皆自然而言"的理学思想。都城内以中轴线为中线的对称式建筑群历历可见，而建筑群本身也采取中路两厢对称的形式。另外，轴线对称式布局，作为中国古代建筑群体空间布局的重要方式之一，可能与中国单体建筑较早地走向标准化，与布置上的严格方向性有关。更重要的是，在中国人的思想意识当中，对中心、中央、中庸之道等对称平衡概念，早就建立了根深蒂固的信仰，从而自觉地以中心轴线形式处理城市布局。

需要指出的是，在千千万万个按照中轴线布置的建筑群体当中，并不是简单划一、一成不变的直线。相反，却产生出灵活多变的空间系列，千变万化的艺术特色，极少雷同之感。任何一个对称布局的院落，都是一个有个性的空间。中轴线虽长，但富于变化，主要建筑物都有台基，通过一连串比较恰当的封闭广场(或庭院)及两旁建筑物的衬托，使主要宫殿更为雄伟壮丽。从平面上看，除首尾的前门大街、地安门大街为商业街道外，从大清门至景山寿皇殿，共排列了九个形状大小不一的广场，有"T"字形、长方形、方形、横长方形，有在广场北侧布置主体建筑的，也有在广场中心布置主体建筑的。九个空间中，以高35米的太和殿为人工构筑物的中心，以高63米的景山作为自然地形上的屏蔽，以高33米的钟楼作为走向序列的结束。这其中又穿插布置了城台、华表、牌坊、石桥等各种建筑形式，赋予空间序列更浓厚的艺术特色，充满了韵律感和节奏感，飘荡着音乐般的优美旋律。

二、皇城

现存的明清时期北京城共分四层：最外一层为外城，外城内为内城，中心部分为

雪后的皇城。左下为清代的堂子(即今日的贵宾楼饭店处)，为皇城的东南角，最远处就是巍峨的紫禁城。殿顶黄瓦虽被掩盖，但其宏伟的气势仍给人留下深刻的印象

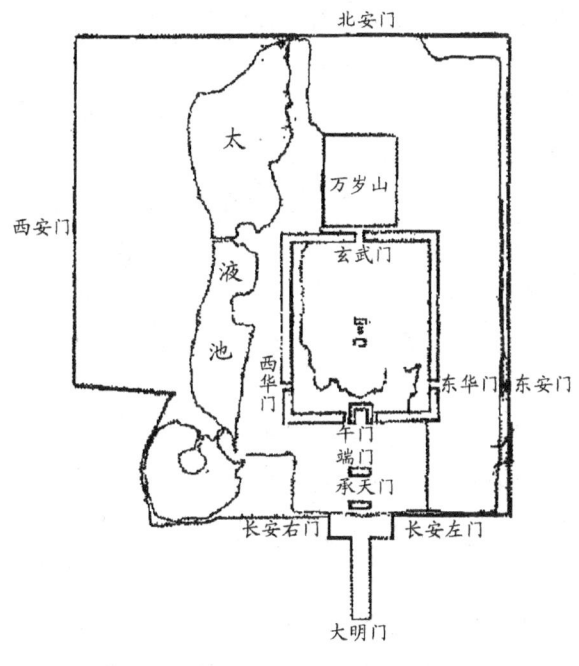

明北京城皇城宫城示意图。即最外一层为皇城，核心部分为宫城

宫城，处于内城与宫城之间的是皇城。在都城中修建皇城，始于隋唐时期的长安。为了使宫廷与民居"不复相参"，而把宫城、皇城都放在城内居中偏北的位置，并且宫城并不在皇城内，皇城内为中央一级的官府，以及宫廷典礼建筑等。其东、西、北三面为民居。同一时期的洛阳城沿袭此例。宋代东京城在汴州城基础上扩建，为三重城墙，内为宫城，宫城外围皇城，最外为东京城之墙。以后的金中都、元大都受其影响。女真族建立的金朝定都北京，布局完全模仿宋京，甚至它的宫殿都是拆下汴梁的皇宫材料而建的。1215年，蒙古骑兵攻下金中都，将大部分宫殿付之一炬，然后在其东北部的太液池附近重建都城。

元大都皇城位于全城南部的中央，皇城的中心是太液池，西部太液池两岸，南为隆福宫，北为兴圣宫，东部为宫城，三宫鼎峙，形成以太液池为中心的宫苑区。三宫围绕的萧墙，又称红门拦马墙。明皇城在此基础上改建，其南、北、东三面墙较旧址稍有开角外，基本上是长方形制。其东垣在今东黄城根南、北街一线；西垣在今西黄城根南、北街一线，南端自灵境胡同东折至府右街，然后再南行至西长安街；南垣在今东、西长安街的北侧，部分城垣尚存，其中部自天安门前东、西两侧分别南折，约至今纪念碑左近；北垣则在今地安门东、西大街一线。皇城城墙全部由砖砌筑，中间填有少量碎砖石，上覆黄色琉璃瓦。皇城东西长2500米，南北长2750米，占地面积约7平方公里。其中，水面约占五分之一。明清皇城四周共设七门：除了正南面的大明门(清代改为大清门，民国后改为中华门)、长安左门、长安右门和承天门(清代改为天安门)外，东、西、北三面各开一门，东门叫东安门，西门叫西安门、北门叫北安门

(清代改为地安门)。东安门、西安门虽然名称相对应,可位置却不在一条直线上(详见明北京城皇城宫城示意图)。东安门在东面偏南,西安门却远在西面偏北,与金鳌玉桥在一条直线上。这是因为中南海太液池的原因。明代时,皇城各门建有关帝庙。天安门内经端门到午门,其间距离远过前代,因此在午门前中心御道两侧,建了太庙和社稷坛,以符合中国古代都市"左祖右社"的传统布局。天安门前有宫殿广场,东、西、南三面绕有红墙。长安左门和长安右门位于广场东西两侧。大明门内东西红墙内侧各有连檐通脊的千步廊,东西千步廊中间道路称"天街",外侧为中央衙署的所在地。皇宫之西为西苑,相沿为皇城内宫苑区,西苑以西的皇城西南部,有万寿宫、大光明殿、兔儿山、旋坡台等;西北部有清馥殿,及西什库、经版库等内府诸库。

皇城东南部有小南城,主要有重华宫、崇质殿等,旁有玉芝宫。东南隅有皇史宬。皇城东北部、西北部以及皇宫东西两侧多是内官署衙,如内宫监、蜡库、米盐库、织染局、内务府等。也是官办手工业集中区。明代,皇城之内共有十二监、四司、八局,即所谓二十四衙门。景山东侧有大、小石作、油漆作等。清代,皇城东安、西安、北安三门改为闭而不锁,皇城不仅可随意出入,而且不再限时。清末,皇城内允许居民迁住,但多为满族权贵,汉官极少,更无百姓。前明内官各衙署所在地,大部转为居民胡同,如恭俭(内宫监)胡同、织染局胡同、酒醋局胡同、大石作胡同等。1912年国民政府迁京后,因皇城阻碍内城交通,故首开天安门前和神武门前的东西大道,其后又陆续开辟南池子大街、南河沿大街、南长街、灰厂、翠花胡同、宽街、五龙亭等处皇城便门。民国六年,段祺瑞讨伐复辟的张勋,因张宅在东安门,所以将东安门以南的皇城墙拆除。至于东安门本身,则早在民国第二年的曹锟政变中

西安门。1950年10月25日夜晚,在城门南侧墙根卖炸油饼的小贩王朝宗不慎引起火灾。由于未及时救火,致使此城门烧毁

就被毁了。张勋被消灭不久，东皇城墙、西皇城墙又相继被拆。民国十三四年，皇城仅剩的北部城墙也被拆去，最后仅留下南墙一面。拆墙的冠冕堂皇的理由，是修砌大明濠和变卖后发军饷，可实际上是为了私人肥自己的腰包。为了欺骗后人，他们竟把"皇城"改为"黄城"，好像这不过是个地名，原有的皇城不曾存在过。千步廊于民国二年全部拆除。

2000年冬，在西单灵境胡同与西黄城根南街交汇处的地下管道施工中，发现了皇城西南角拐角处城墙遗址。从而解开了皇城缺少西南角之谜。拐角位于地下四五米处，其南墙高3.5米，西墙高7.8米，由古城砖砌成。下为50厘米厚的夯土。此墙向南不远处即为皇城，外侧墙体为残壁，内壁保存较好。采用磨砖对缝、一顺一丁砌

2000年末发现的皇城根拐角遗址

法。这一发现证明了北京皇城不是标准的四方形或长方形，而是西南角有一定凹槽的不规则形。由此还可以推断出皇城的东南角在今贵宾楼饭店处。而东北、西北皇城角尚难确定准确位置。之所以皇城不为直角，主要是因为早在元代以前这里有一条金水河，从西直门经赵登禹路到太平桥辟才胡同后，向东直达西黄城根南街分成两支。一条向前流入中南海，另一条流经西黄城根南、北街向北，从平安大道东折流至北海后门注入北海。由于金水河及两支流的存在，故直角处无法建皇城墙，必须内移。

三、坊巷

"坊"是由街道分割成的一块块封闭结构的居民区。此制沿袭了先秦至秦汉时的里(又称闾、闾里)，至隋时始有所称，并成为唐代城市中的基层单位。据考古发现，唐都长安城将大街划分出一块块像菜畦一样面积的"坊"。长安城共有110坊，每个坊

都有名字，如唐朝诗人白居易，就在新昌坊、宣平坊、昭国坊和常乐坊居住过。

北魏的《洛阳伽蓝记》详细介绍了洛阳当时的"里"的规制。"里"不但设于城内，而且设于近城部分，当时，"里"是居民区的正称，"坊"是俗称。到了隋代，"坊"逐渐由俗称变为正称。坊的格局为田字形，四面有坊墙，各开一门；相对的两门之间有巷相通，呈十字交叉形。

老北京城深受唐都长安城建置的影响，外城、内城和皇城皆有不少坊。唐代幽州城的坊无文字记载，辽南京时的情况，在宋使路振于大中祥符元年(1008年)出使辽国时写的《乘轺录》中有所记载。据称，当时城内共有二十六坊，且多为唐时旧称。其中的蓟北坊和显忠坊，据现在考证，就在今宣武区三庙前街和范家胡同一带。

元朝的坊，虽仍以街道为界线，且有坊门，但原有的坊墙都已不在，坊门只成为一种标志(成为牌楼的前身)。这主要是因为元大都的择址新建，打破了城市旧有格局。在元代，大都共有50坊。

到了明初，元朝的50坊被减为23坊。这主要是因为，洪武元年(1368年)，徐达将北城垣南移五里，城区一下减少了三分之一多。这23坊中，东部的属大兴县共10坊；西部的属宛平县，共13坊。嘉靖三十二年(1553年)修建北京外城，共得8坊。在此之前，明成祖改建北京城，将南城垣向外推展二里，城区经调整后，计有28坊。此时，北京内外城合计，共有36坊。其分布情况是：中城(大城与皇城中间部分)以皇城为界：皇城东有5坊，顺序沿北京城的东部城墙，由南向北排列；皇城西有4坊；西城有7坊，沿北京西部城墙，由南向北排列；北城有7坊，包括今地安门至德胜门、安定门地区；南城(外城)，包括今宣武、崇文两区的大部分，共有8坊。其中，著名的宣南坊，就在今骡马市大街至右安门一带。共40坊。坊下还划分若干铺。每铺立铺头，有火夫三五人，专掌地方捕盗等等。

清朝定都北京，街巷胡同比元明更加开放，各坊不过是街道行政区的名称。并且出现了以各城(东西南北中五城)为区、以街道胡同为主的新形式。然而，清北京城比起元明来的最大变化就是实行兵民分居政策，内城主要由八旗官兵及其家属居住，外城才是汉族居民聚居之处。此政策从顺治元年(1644年)开始，原住在内城的汉族官民商贾，一律被迫迁居城外。有趣的是，汉族居民不准入内城，可内城的旗人们却经不住外城酒楼林立、商业发达的诱惑，不断有人从内城迁居外城，屡禁不绝。

由于坊已成为街道行政区的名称，胡同则成为城市中的基本居住单位。在清代，随着北京城市人口的增加、住宅的兴建，胡同的数目迅速增加，明朝时，全市的胡同

清人所绘《乾隆南巡》中描绘的正阳门前西侧街景部分

总数为1236条,清代增到1860条。其中,内城1300条(明朝为900多条),外城530条(明朝为300多条)。进入民国以后,南方人大批迁入北京,城市人口剧增,胡同随之增多。到1949年,全市大约有胡同6000多条,仅城区内就有4550条。

城坊建置的彻底废除,是在清朝末年。北京全城划分为22区,外城10区,内城12区。

至今流传的,说北京城"东富西贵南贫北贱"的说法,即与上述"坊"的建置有着密切的联系。此说最初的记载。见于《天咫偶闻》一书:"京师有谚云:'东富西贵。'盖贵人多住西城,而仓库皆在东城。"此说有一定道理,但不够全面。东城富,一方面是因为靠近通惠河,南来的很多货物被运到东城内的各个仓库;另外,作为北京最大的税关——崇文门,就在东城的南部。进此门的商贾大户,多在东城落脚,有的甚至置房安家,以此为发展的根据地。于是,聚居在这里的买卖人越来越多。西城呢,在宣武门内外,以及西四等处,有许多王府,住的多为清朝的显贵。尤其是乾隆以后,西郊园林迅速扩建,成为皇帝休憩长住之所。于是,达官显贵为就伙上朝方便,纷纷搬到西城,这也成为"西贵"形成的一个重要原因。

然而,关于"东富西贵"之说,朱家溍先生另有一番见解。他认为,真实情况是,清初摄政王多尔衮令旨:内城居住的汉人一律迁居南城,即正阳崇文宣武三门外,永定、左右安三门以内地区。内城定为八旗人居住地区,包括北城和东西城,从北往南分东西左右翼,六王公府邸和品官第宅平均分布在内城,根本不存在什么"东富西贵"的区别。西城固然有不少王公府邸和品官第宅,但东城何尝没有呢?所以,"东富西贵"不是指东西城,是指外城汉人居住区域而言。清代汉人一二品大员中少数有内廷差事的在内城居住以外,绝大多数汉人官员都集中在宣武门外居住。另外,各省府州县在京为接待进京会试举人设立的会馆也集中在宣南地区,换句话说:"士大夫"集中的地区当然属于贵的阶层。宣南地区在外城属于西半部。而东半部是工商业者集中的地区,各行业的行会组织也集中在外城的东半部。当然,士大夫和工商业者在各自范围内都有贫有富,但在当时的社会中,商人无论多么富,总是处于富而无贵的地位。因此,当时在汉人居住地区南城产生了"东富西贵"的说法。

至于南城(外城),则为从事卖苦力工作的普通劳动者和民间艺人所居,所以,被称为"南贱"。而北城,虽曾为八旗满洲人聚居区,但到了清末,他们多家道中落,日渐贫寒。再加上此处交通不便,商业不发达,所以显示出贫困面貌。从当时街面商铺经营的商品来看,南北城以粥饼铺为多,出售的以窝头咸菜绿豆粥为主,好一点,也不过是锅饼饼头咸鸭蛋之类。北城出售的,还有卤煮豆腐和炸丸子等以汤水为主的小吃。

到了民国年间,由于军阀混战,政局不稳,居住东城的富人群中,增加了许多达官新贵,而且走马灯一般上来下去。他们大多居住在朝阳门到东四,以及王府井、景山东街等处。因此,"西贵"逐渐变成了"东贵",成为民国初年的一大变化。与此相反,一些富商巨贾购得败落贵族的王府、私宅,纷纷移居西城,以丰盛、辟才胡同为多。而南北城则少有变化,只是比过去更穷了。

四、市

《考工记·匠人》规定,王城的布置为"前朝后市,左祖右社"。北京城的前身是燕国的蓟城,都城内也当有进行商品交易的"市"。西汉时,刘秀出兵到此,曾在蓟城"市中募人",招兵买马。因为这是人群往来之地,张榜招募极为方便。"城"是防御设施,"市"是交易场所。"城"与"市"相结合,就形成了具有商业交换职能和防御设施的居民区。在古代文献中,"市"常常与"井"联系起来,称"市井"。因为,市一定在居民点中,井也一定在居民当中。但事实上,宋代以前的"市"与"井"是有严格区分的。具体来说,"井"是一般居民(包括工商业者)居住的地方;而"市"是工商业者从事商业活动的场所。这除了商品交换不发达以外,也反映了封建统治者的"抑商"观念。

隋炀帝开始修建的大运河,到唐代开始发挥作用。它将唐幽州城与江淮等富庶地区联系起来,"市"比以往更加繁荣。房山云居寺石刻中,就有幽州城设有米行、肉行、油行、果子行、椒笋行、炭行、铁行、染行、布行、杂货行等的记载。唐代幽州城中的市,大多集中在城北,称幽州市、三市、互市。至此,原有的坊户制度发

20 世纪 30 年代前门大街上的热闹情景

生动摇,一些商铺突破旧市限制,进入坊中。当时城内西北隅的宴设楼(原蓟丘楼),就是一处商业繁华地区。辽南京城的"市",承袭了唐幽州城的旧布局,但其规模和程度,则数倍于前朝。

金攻陷辽国的南京后,商业迅速发展,"陆海百货萃于其中"。由朝代更替所发生的战争,虽然"战于三市",给"市"带来很大破坏,但在短时间内,很快就得到了恢复。

宋朝以后,居民区与市场已多相杂处。金中都新建的住宅、商铺即在城西、南、东三面的胡同中。此时,城中的主要商业区仍然在城北。这是因为,通过水路,将各地物资运抵中都,仍然是货运的主要形式。而由通州至中都,又正好在城北的闸河通过。百货卸放的码头即在城北。于是,原有的商业经济更加繁荣。

另外,每年宋朝、西夏和高丽都要借遣使至金中都贺正旦、生辰之机,在驻馆进行交易,销售自己带来的商品。然后,再购买自己所需要的商品带回。这一买一卖的数量也许不大,但这一交易无论在形式上,还是在所交换的物品上,都包含有丰富的内涵。这也可以算是金中都的对外贸易业务。以至金章宗专门规定,正月癸丑为夏国使可令馆贸易一日,以后又改为三日。

元大都是当时世界上赫赫有名的大都市,人烟辐凑,商业繁荣,仅商业行市就有 30 多种。如米市、面市、缎子市、皮帽市、鹅鸭市、珠子市、沙剌(珍宝)市、柴炭市、

铁器市等。而且，这些市仍然基本上在城北积水潭北的钟、鼓楼一带。顺承门内的羊角市，也是大都城内繁华之地。其址大约在今西城区甘石桥至西四一带。在和义门、顺承门、安贞门外，还有果市，中书省前(今南河沿大街以东)有文籍市、纸札市，翰林院东(今旧鼓楼大街东北)有靴市，丽正门外三桥、文明门丁字街等处还有菜市，等等。市场所售商品，大多来自外地，包括珍贵皮毛、奇珍异宝、锦纨罗疊毛等。在大都市场上做生意的，不仅有来自中国各地的商人，而且有中亚、南亚的巨贾。凡是世界上最稀奇宝贵的东西，都能在这座城市中找到。但这些交易的最大特点，是千方百计地满足达官显贵的享乐目的，而在推动生产力发展方面作用不大。

元内城的商业区，主要在鼓楼、东四与西四一带。鼓楼商业区，南抵地安门，西含积水潭东岸与北岸一带。这一地区的商品交易，主要有粮食、油盐、日用百货、布匹绸缎、干鲜果品、土产山货等。这里不但商品齐全，而且景色美好，从而作为人们购物、娱乐、赏景的好地方。积水潭周围，茶楼酒店掩映在柳叶花丛中。民间艺人的精彩表演，吸引着许多的男女老少。积水潭北岸的斜街市，是元大都城内最大的商品交易地。

东四、西四是元大都皇城东、西两侧的交通要道，因两地路口的东西南北四面均各置一牌坊，故名东四牌坊和西四牌坊，或称牌楼，简称东四、西四。两地的牌楼上都有"大市街"三个大字，由此可见此地商业的繁荣。尤其是西四，明代以后其商业发展程度超过了鼓楼一带，成为内城最繁华之地。此外，在内城的一些重要路口、城门入口，因来往人很多，因此也设有规模不

这是一家店铺门前的牌楼，高大雄伟，堪称一件工艺品，其中的主体部分基本为木质，各种镂雕工艺几乎样样用尽，同时施以彩绘装饰。牌楼顶上砌有筒瓦，基础部分为石雕。其造价甚至数倍于建筑本身。按照"穷修门脸富修灶"的传统观念，这种富丽堂皇的门脸倒多少能为主人撑起一派气势

等的市。

这种四海云集京师的现象,并未因明朝代替了元朝而改变。相反,明朝的商品经济,要比元朝更发达,尤其是嘉靖万历年以后。和元朝一样,明代的北京,仍然是天下商货汇聚之地。

永乐初年,北京四门、钟鼓楼等处,朝廷掏钱盖了许多铺面房,租售给商贩或居民,总称为廊房。在外城建好以后,又在那里兴建了廊房。今正阳门外的廊房胡同就是当年的遗址。

明朝北京人口增长很快,嘉靖万历年间已近百万。在一般商人、手工业者为主的外城,尤其是最接近运河码头的崇文门、正阳门外地区,很快发展为巨大的商业区。与内城所不同的是,外城的消费者,主要不是贵族、官吏,而是一般劳动者,所售商品也以一般生活必需品为主。如猪市、骡马市、煤市、柴市、米市、蒜市等。

值得一提的,是内外城都有的一些特色市场。如,明代一个特殊的集市即内市。它设在景山前街,主要是为上层官宦服务的。还有灯市,位于灯市口大街,以张灯结彩吸引大批的观灯者,进而求得商品交易。灯市为临时性大集市,借欢度上元节之机,于每年正月初八开市,十八日结束。期间群臣也都放假,赶来观灯。届时,灯市口整条大街上灯火通明,街道两旁列市,上至珠宝玉器,下至日用百货,无不具备,并有茶楼酒肆供游人饮宴作乐。各家商铺、摊贩也都想尽办法,纷纷挂出明角、麦秸、绢纱等制作的各种各样的彩灯,供人观赏。常见的有动物形的、长方形的、圆形的,有的还会转,称为走马灯,有的灯还扎成人形。从天一擦黑就开始点燃,直到午夜。灯市上,最吸引人的当然还得说是各色小吃,其次是各种玩意。

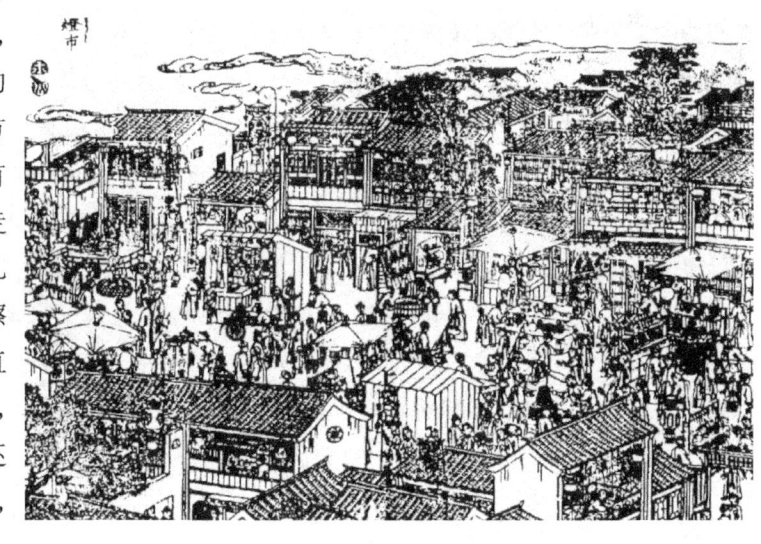

京城灯市口灯市

这种小户的店铺，当然建不起大牌楼来显示字号，而是用布缝的招幌来吸引来往的过客，倒也别具一格

当家人也许在这里看到平时不常见的日用便宜货。不仅本地，就连外地，包括京城外围的河北、天津，甚至山东、山西、江苏、浙江的官商，也都带来了各自的特产，这有点像中国农业展览馆每年国庆、春节前夕搞的各地名优特产品展销会。但灯市比它要热闹得多。外城的东、西小市也有自己的特色。小市每天晨鸡一叫，交易就自动开始，天明即散。所易之物多为旧货，真赝杂陈，或家传，或偷盗，是否珍品全凭眼力，光顾者多为小市民。外城最有魅力的集市当推琉璃厂。不过这里的兴旺不在明朝而在清朝。这是为了适应大批住于外城的外省进京文化人的需要，而开展起来的。最初以出售文房四宝、名人字帖为主，后又增加了赶考所需的复习资料，以及大批收购来的古旧图书、古玩、字画等。由于它满足了知识分子的多种文化需要，成为他们寄托感情，切磋交流的场所，所以令人流连往返。它与附近的厂甸相结合，逐渐形成以厂甸为中心的集市活动。每年正月里，逛厂甸的多达几十万人，成为外城的一大胜景。

庙市是集市的另一种形式。每当寺庙举行宗教活动时，小商小贩们云集于此，出售各种吃食和宗教用品，后又扩大到各种日用商品，以及民间艺人的表演等。庙市有两种基本形式，一种是在寺庙举行宗教活动时形成的集市，这是庙会的最初形式。到了后来，庙市不再与寺庙中的宗教活动相结合，而变成一种纯粹的集市，只是设在寺庙内外而已。这类集市与寺庙本身的活动无关。就庙会的这两种形式分析，前一种是因宗教活动而生市，市是为宗教活动服务的。后一种是因市而影响到广大民众来接触寺庙，了解寺庙，所以是寺庙因集市为更多的人所了解。人们到庙里来，甭管买不买东西，只要进来逛一逛，看看佛像，拜拜观音，这本身就有利于拉近佛、道教与民众的距离，是进行自我宣传的有利形式。这也正是为什么平常人在庙里搞与宗教活动无关的，纯粹的商品交易，而庙方不进行干预的主要原因。

明清时期，北京内城外城的各种庙市非常频繁。东城的隆福寺与西城的护国寺，号称东西庙，是北京内城最负盛名的两个庙市。两庙市开市时间错开，东西呼应。著名的还有：阜成门内大街的白塔寺庙市，东直门内路北的小药王庙庙市，阜成门内的鹫峰寺庙市等。这些庙市大都错开时间，让人们可以比较长时间地享受逛庙市的快乐。

外城的庙市，主要是广安门内报国寺前街的报国寺庙市，以及下斜街的土地庙庙市、南横街东口的都城隍庙庙市，琉璃厂东街的火神庙庙市(厂甸)、左安门内的太阳官、东花市大街的皂君庙市等。

在城门外附近，还有白云观、东岳庙、黄寺、大钟寺等一些规模很大的庙市。

五、交通

交通包括道路，可又不仅限于道路。它是对人们往来通达、货物运输，以及邮传通讯事业的总称。在古代，尤其是在北方，交通的主要形式是陆路。可以说，北京城原始聚落的形成，也有赖于几千年前早已形成的交通道路格局，即自古有之的四大干道——古居庸大道、古北口大道、燕山南麓大道和山海关大道。

马可·波罗曾对元代大都城赞赏道："街道甚直，此端可见彼端，盖其布置，使此门可由街道远至彼门也。""全城地面规划有如棋盘，其美善之极，未可言宣"。当时北京城主要街道均为南北向，而小街和胡同则沿着南北大街的东西两侧平行排列，城市居民的住宅，分布在小街和胡同的南北两侧，可以坐北朝南。这种街道在元代就已经形成。在历史上，北京有"九门八条大街"的说法。不过，除正南正北、正东正西的街和巷之外，也还有大量的斜街存在。其中，大的有十三条，其形成原因，主要是因水道湖泊的走势不规则。个别的是为封建时代某个王府的出入方便而开辟的。

由于城内道路皆能端直，因此，形成东西对称、南北协调的方格形或长方格形，如前马可·波罗所记述的样子。明代北京城较元大都稍稍南移，但正阳门仍在原丽正门的正南，崇文门与文明门、宣武门与顺承门，也是向南正移的结果，也就是说，仍在一条直线上，因而其对称的格局益无改易。直到清代，仍然在沿习旧规。后来东单牌楼、东四牌楼和西单牌楼、西四牌楼的建立，这样对称的布局，更为人们所司空见惯。这种街道和有关建筑的对称布局，由于街道端直，因而交通也相当便利。

北京城内的道路整齐如棋盘，各自间有明显的分工。有的通向城门的主要干道宽度较大，这些道路的交叉口(如东四、西四、西单、东单等)或其他段落也集中着一些店铺。不过，商业街道也往往与交通性的道路分开，如北京的主要商业街王府井大街与东西长安街垂直，前门外的主要商业街廊房头条与前门大街垂直，等等。当时城市的交通，主要是行人、轿车和马车。所以，沿街布置密集的商店，与交通矛盾尚不突出。

御路的存在，是都城区别于一般城市的一个显著特色。像明清时代的北京，出前门，直到天坛，在这条南半部中轴线上的道路，就是皇帝出行的御路。这并不是说平时就不让人走，而只是皇帝出行时才禁止百姓通行。这条道路往往高于两边的地面，而且要临时铺上黄砂。这既显示了帝王的权威，同时也有利于保证他们的安全。因为两边的地面比御路低，所以，行刺皇帝就显得格外吃力而且显眼。

眼下，棋盘式的道路格局显得不太受欢迎了。在国外，一般较大的都市都设法增筑环形道路，同时架设天桥，从而更加便利交通。然而，像北京城这样的古都，都建环形路显然不现实。应在增建环形路的同时，保持相当数量的旧有街道格局，即：保留旧有的四方格式，外面套上一些圆形的格式。

在老北京交通的简单介绍之后，再谈几件与之有关的有趣话题。首先，关于北京最古老的街道。

1979年，考古工作者在山西应县的古塔中，发现辽代佛经上有这样的记载：该经刻印于"燕京檀州街显忠坊"。辽代的燕京，就是后来的北京。那么这"檀州街"在哪儿呢？这里的关键问题，是要找到显忠坊。因为街与坊相连，找到显忠坊就找到了檀州街。据《元一统志》记载，辽代有个竹林寺，是楚国大长公主舍宅而建，地点在显忠坊。文献记载，其大概方位，在宣武门外西南二里，南边为闷葫芦罐，西有融脖树、广西义园。据考证，宣武门外西南三庙街的街南附近，就是辽代竹林寺的故址，也就是显忠坊的所在。坊北的三庙街，即辽代的檀州街。另外，在房山云居寺的石经上，也刻有"大唐幽州蓟县界，蓟北坊檀州街"字样。显然，檀州街在辽代之前的唐朝就已存在了。唐、辽两朝前后相沿，街道名称未变。这样一来，三庙街就成为北京目前仅存的，唐代幽州城传下来的最古老街道。当年，在这条街道上肯定有许多作坊，负责刻制和印制佛经。

其次，说说北京最短的街道。在当今的琉璃厂东街东口外以南，桐梓胡同东口外，樱桃斜街北口外，有一条叫"一尺大街"的"刀把形"不规则街道，其长度仅有25米。这中间，共有十一个院落，至今如此。"一尺大街"的形成，是因为其特殊的位置。它的西边是古玩字画店集中的琉璃厂，旁边是旅馆、浴池林立的杨梅竹斜街，和以住户为主的桐梓胡同(原名筒子胡同)，它们各成体系，从而留出了这样一角。

再次，来看看内城最长的斜街。这条街，就是阜成门大街以北的白塔寺东街(赵登禹路)和以南的太平桥大街。这条斜街西至西直门内大街，南至长安街上的民族宫，差不多纵贯北京城，可见其长。那么，这条斜街是怎样形成的呢？在金代，如今的复兴门大街以南的受水河胡同东西一线，曾有一条中都的北护城河。当时开闸河，从北护城河向东引长(即今天的通惠河)。闸河的水源最初是利用永定河水。但永定河泥沙多，且涨落不定，难以为靠。于是，引玉泉山水和瓮山泊(今昆明湖)水接济。这条引水渠道的上段是今天的长河，长河之水引至德胜门西便南拐，经过这条斜街入北护城河。在元代，太液池的水源主要来自玉泉山。当时，从玉泉山向大都城又开凿了一条引水渠，就是金水河。它在今长河之南，到和义门(今西直门)南入大都城。再向东引，到柳巷(位于今赵登禹路，即原白塔寺东街的近北口处)东口，便进入了金代的引水渠。然后，向南到前泥洼胡同和宏庙胡同(今太平桥大街中部)，向东注入太液池。明清时期，这条引水渠废置，进而改成内城排泄雨水的主要通道。民国前后才填为马路。

最后，说说转角街楼。在过去，东四、西四、菜市口等处的十字路口都建有一座(或马路两边对称的两座)青砖灰瓦的建筑——街楼。后来，由于市政建设，马路展宽，致使街楼都不存在了。这种街楼建筑不仅是街道的标志性建筑，而且，其产生过程还有着多样的传说。

拿西四的转角街楼来说，传说的版本就至少有三个。在明代，西四是处决犯人的地方，每当处决犯人时，均由大兴、宛平两县衙门合署承办，宛平县在西面街楼，大兴县在东面街楼，即现在的西四工商银行处。犯人被处决后，尸身和头颅分别由大兴

西四十字路口西北侧的转角街楼,始建于元代,成为一种典型的标志性建筑

县和宛平县的人拿走。处决犯人要等到秋后,届时,攒下来的犯人,少则数人,多则数十人,数百人,自刑部街至西四牌楼。犯人多,兵营环卫,巡警官吏自然更多,再加上围观的百姓,一时间,刀林剑树,观者如堵,水泄不通。赶上慈禧过六十岁生日时,祝寿的队伍途经此处,街楼又成为禁军警卫的制高点。此外,元朝时,这里作为内城西市的一部分,这座街楼与对面街楼,主要是进行人口买卖的人市。街楼的下面,保留着元大都城的下水道遗迹。20世纪60年代挖防空洞时,发掘出砌下水道用的大城砖,水道坚固、宏大,可容小汽车通过。

关于北京的邮驿,有文字记载的始于辽代。国家有重要事务传命,由皇帝亲自将一种叫银牌的信物授予使者,并给使者写有"给驿马若干"的手谕。使者领命后昼夜疾驰,慢的也要跑五百里。在古代,步递为邮,马递曰驿。这是传信邮递的两种主要方式。那时邮递信件等由一城出发,沿路设许多铺,邮递信件之人步行或骑马轮次传递,这就是"铺兵三名,轮次传送"。现在北京某些称"铺"的或"站"的地名便源于此。

金代仿宋,有急脚递(快速驿传)的邮递制度,最初是专为传递朝廷公文。趁机传

送报图。1883年,设在天津的电报延伸到了北京。1903年,北京架设了由颐和园通各军营的电话线。1904年,100门的磁石交换机在东单三条安装起来。自此,信息传递方式不再只是送传信报这一种形式了。

递私人信件的也不少。元代的政令由大都发向全国,驿道站赤,以及急脚铺尤为重要。明代迁都北京,由北京达于四方,设有驿传,在京者曰会同馆,居外者曰水马驿、递运所、急递铺。一铺一铺地传递,一昼夜行四百里。

清朝在当时的兵部下设"车驾司",主管官方的信件邮递事务。不久,又在传统的驿站和递铺的基础上,出现了现代意义的邮政。这是随着晚清西方现代文明的侵入而发生的。同治五年,驻京各国公使邮件由总税务司邮政办事处统一递运天津,然后再寄上海。1876年,总税务司的英国人赫德建议中国创办邮政。两年后,中国自己的送信局在京、津和烟台、牛庄等地设立。1896年,大清邮政局正式成立,但仍在海关总税务司内办公,人员也只有两人。以后,人员增多,遂迁至小报房胡同。1906年,清政府设立邮传部,负责路政、船政、电政和邮政诸项。1907年,邮政局再迁东长安街。

这是一座由日本人设计的欧式建筑,全部由巨大

位于户部街上的邮政总局(1976年建毛主席纪念堂时炸掉)

20世纪30年代的邮递员就是这样以步行的方式往各家各户送信

的花岗岩砌成。就连楼顶的栏杆，也是由花岗岩雕成，下砌长达数米，重上吨的石条护栏。室内铺木质地板，房间高大敞亮，门、窗均为黄铜制成。办公室内单设一洗澡间，有一巨大的白色澡盆。此楼保质期为

民国初年用于运送邮件的汽车

60年，然而，到了1976年时依然完好如初。为盖毛主席纪念堂而拆此楼时，人力根本无法扳动，最后不得不用火药炸毁。

　　这样一座宏伟华丽的办公大楼，说明了邮政总局一开始就具有的重要性。此时城内还有支局10处，信柜26处，信筒123座，代售邮票处68处，已同国内许多主要城市通邮，为全国的邮政中心。

20世纪30年代的南池子街上的邮务支局

　　电话，初译为"德律风"，它是随着八国联军的侵入带进北京的。1903年，在帅府园安装了磁石人工交换电话总机，并往颐和园和各军营架设了电话线。由此才引出了溥仪自称一市民，要求烤鸭店往××街××号送烤鸭的骗人笑话。次年，为社会公众服务的电话局成立。北京与通县、天津、塘沽等地也相继开通了长途电话。1910年，北京城近郊区共4个电话局，装机容量3300门。

　　1882年，在李鸿章的建议下，北京开始有了电报通讯，各省也竞相设置。这样，北京不仅与各省，甚至英、法、俄等国都可互发电报。

　　旧时，邮政和电讯多为皇宫、富人和

洋人使用。据光绪三十二年(1906年)调查，北京的"客邮"就有法、德、俄、日等国家的使馆。当时有1/3的信筒支、布局设在东交民巷和东单地区，每个外国使馆门前都有一个信箱。73%的电话安装在官衙、王府和洋人住处，仅外国使馆就占当时全市电话总量的1/10。

六、北京的市徽——四合院

四合院是中国传统住宅建筑的典型代表。

但四合院并非北京独有。相反，它是中国北方民居的主要形式。所不同的是，北京的四合院不仅最多，而且品种齐全——"巨无霸"四合院—皇宫，从王府官邸到百姓民居；从数百间的繁琐格局到大、小四合院、三合院、大杂院无所不包。更重要的是，四合院与北京发展的历史紧密相联，历史上的许多重大事件、历史人物都与四合院有关。而众多四合院在建筑形式和装饰手法上的多样性，无不代表了民族建筑发展的最高水平。正因为如此，北京的四合院才成为中国北方民居，乃至中国传统民居的典型代表，四合院中所包含的丰富内涵，构成了具有北京地域特点的"四合院文化"。

记得邓云乡先生曾说过："海外的好古之士羡慕北京的四合院，只是想象羡慕那种古老承平时代的旧都风情，并不单纯是向往四合院。同北京住房类似的四合院，如果盖在其他地方，那味道就不一样。如北京附近各县直到天津、保定一带的四合院，格局也同北京城里的院子差不多，可是凭着感觉就两样。原因是旧时北京城凝聚、弥漫着几千年的传统文化气氛。这在别的地方是找不到的，这就是北京四合院的特点所在，魅力所在。"(邓云乡：《水流云在琐语·南北四合院》)

广义的四合院包括皇宫、王府、寺观等。但更多的四合院还是以住宅为主。但无论宫殿寺庙，还是民居，都有一个共同的特色，就是有一条中轴线，左右基本对称，四周围着中央的院子，在平面布局上都是相仿的。故宫那么大，从空中看，也是个极大极大的四合院；住家户够上格局，三南三北、两东两西，而且分出里、外院的，也是个小四合院。

四合院的形式与北京城的总体布局密不可分。北京城以南北贯穿的中轴线为主干，左右两侧分布着棋盘一样的街巷。几条主要干道与中轴线并行，呈南北向，东西向的为街巷和胡同。元大都规划对街道、胡同的宽度都做了规定。两条胡同的间距为

50步(约合77米)，也是四合院基地的进深。小宅则可以背靠背地容下两宅。可见，北京的四合院，远在元代就已大规模兴建。

尽管如此，这都并不是四合院最初的格局。建筑界认为，陕西岐山凤雏村出土的四合院遗迹，才是中国迄今发现最早的完整四合院，它建于西周时期，距今大约3000年。这座四合院占地1300多平米，中轴线上由南至北依次为影壁、大门、前堂、后宫等，东西两侧各有八间厢房相连。四合院共有两进，前堂和后宫之间用外廊连接，院内用檐廊环绕。它的屋顶覆瓦，地面铺砖，甚至铺设了陶质的下水管道，布局和结构都很完整。尤其是完全封闭的院落和中轴线式布局，使其具备了四合院的基本特征。

到了汉代，四合院建筑上升到新的高峰，其特征更加明确。这一现象的产生，是与当时的统治者强调宗法制度、讲究等级关系紧密相连的。与此同时，自春秋战国发展起来的住宅风水学说，也在汉代进一步发展，进而影响到宅院的布局设计。四合院从选址到布局建造，有着一整套阴阳五行的说法，并且得到统治者的认可，形成了固定的套路。

从汉代画像石中可见，院落所有的屋顶都铺瓦，房屋的梁柱构架非常完整。随着木结构的进步，作为中国古代建筑特色之一的屋顶形式，也多样化起来。

唐朝继承了汉魏以来的文化传统和外来文化，创造了影响深远、辉煌灿烂的唐代文化。两宋时期的手工业、商业发达，提高了建筑水平。特别是由政府颁布的建筑规范——《营造法式》，更为日后木架建筑技术制定了模式。唐代四合院前窄后方，上承两汉，下启宋元、明清。宋元的四合院已经有相当的完善格局，更加合理，进入稳定发展时期，直到明清，达到成熟完善的时期。

明初建筑风格严谨稳重、清秀明朗，清代显得繁琐纤巧，反映了统治者生活的奢华和腐化。但就广大百姓的四合院而言，则依旧保持了朴素自然的气息。

永乐年间，北京城大兴土木，对于提高北京一般住宅的建筑水平，起到了积极的推动作用。从明到清，北京城内的建筑被基本沿用下来。但顺治五年(1648年)将内城居住的汉族官民全部迁出，而由八旗分驻的上谕，必然掀起一阵原房拆去另盖的风气。以至清朝末年，又有一些官员特准居住内城。进入民国后，断了皇粮的满族人出卖房产以维持生活，大量汉人住进了内城——这些变化也必然对四合院和拆迁改建提出客观的要求。

尤其是北洋政府统治北京时期，一些新贵，包括参众两院议员、各省军阀、富商等，在北京购置、新建住宅的很多。这一时期新建的四合院住宅，趋于成熟阶段。生活设施比较完备，不受皇制限制，在开间数、屋顶形式、大门颜色装饰等方面，都呈现出丰富多彩的变化。至今所见的，质量较好、较为实用的四合院住宅，有不少是这个时期所建。

清朝末年，一位名叫孙月暄的南方人，在对南北居住环境进行比较之后，赞美北京的四合院时概括为十乐："一曰房屋轩爽，二曰庭院开阔，三曰建筑朴雅，四曰花木扶疏，五曰冬天炉火，六曰夏日棚凉，七曰结构多变，八曰对称和谐，九曰生活便利，十曰环境清幽。"这"十乐"的产生，除了文人雅士的天赋文才之外，也说明北京四合院本身的建筑布局，已达到相当完善的程度。

四合院由一间间的房屋组成。"屋者，乃阴阳之枢纽，人伦之轨模，非夫博物明贤未能悟斯道也"。一般来说，四合院均为长方形，以坐北朝南为正。这是为什么呢？简单说，这是与中国人传统的天地观念和客观环境分不开的。按照传统的观点，天在上是圆的，地在下是方的。所谓方，自然分为东、西、南、北四面。阴阳八卦正是在此基础上，再加上东南、西南、东北、西北四个方面，才构成八卦图，阐述八卦文化的。方象征地，其四个边、四个角正与地的四正(东、南、西、北)、四隅(东南、西北、东北、西南)相吻合。四合院的"四合"正是天圆地方思想的建筑寓意所在。当然，四合院的四合，不仅仅表现在其平面上的长方形，而且表现在四面都有房。为什么四合院内的房子要盖在四面，而不都是坐北朝南，盖成一排排的呢？这当中所表现的，主要是封建宗法观念，它的理论基础，来自于易学。按照易学的基本理论，世界万物都归结为"一"，一生二，二生三，三生万物。作为这一思想的政治体现就是存在于中国三千年的，至高无上的皇帝，他是全国的最高统治者，除他之外的所有人，都是他的子民，他是全国的最高统治者，也是全国财富的最大占有者，"普天之下，莫非皇土"。

受这一思想影响，四合院建筑(无论大小)都有一条贯穿中心的中轴线。所有建筑对称性布局，安排在中轴线东西两侧。处于中轴线中心的，是全院中规模最大、级别最高、建筑最好的，被称为正房，由家庭中最年长的一辈人居住。

从某种意义上说，四合院可算做北京城的"缩微品"。它实际上是一个大圈子中的小圈子。尽管后来大圈子(北京的城墙)拆掉了，小圈子(四合院)也大多名存实亡，但"圈子意识"却已成为北京人的一种"集体无意识"，积淀于北京人的心理深层，甚至形成北京人的一种文化性格。

但随着北京胡同危旧房的改建，北京的四合院文化也渐趋消亡。与之相反，在美国,近几年却掀起了"四合院热"。这是美国规划师、建筑师反思"小洋楼"所带来的人际关系冷漠、自私、心理障碍及社会治安等各种问题之后作出的选择。这种被称为"共享式社区"使一家一户错落有致地分布在一片开放式的地面上,住户无论哪个方向望去,都可以看到自己的邻居。原来只种在房前屋后的花草树木,现在自然地点缀在建筑物之间,停车场也是共用的。这有利于人们在取车时见上一面,打打招呼做些交流。这种据说是从东方式的家庭结构,尤其是中国的四合院邻里中受到启发而建造的共享社区,可以使人们互相尊重、忍让、欣赏、爱惜,以及分享快乐和美丽。对孩子来说,更能从小培养与人打交道和合作的能力。首批入住共享式社区的居民们的反应更强烈。男人们说,我随时可以叫几个人一起喝啤酒、打桥牌;女人们说,每天走在社区里都可以看到许多熟悉的微笑,交流烹制菜肴的方法;而孩子们已事先约好,周末大家一起帮大人剪草坪,看谁先攒够钱买一辆属于自己的自行车。

四合院的此处受冷落与彼处的受欢迎,使我们对四合院的思考将不断继续下去。如何继承四合院文化的精华,使之在建设中国式的现代化中发挥应有的作用?

七、衙署

衙署,又称衙门。是以门脸称代一组建筑,及那砖木结构所容纳的政权机构。在"衙门"之前,曾有"府"和"署"的名目,并且府、署之称一直同衙并应用。天津旧城厢有条运署西街,设在这儿的运署,当地人就叫它衙门。在北京,北海与景山之间,有一条叫陟(zhì)山门的小街,街东口路北,就有一个建有王府一样大门的大院子,它是清朝内务府的一个部门,称"稽查内务府御使衙门"。20世纪50年代改为故宫博物院的职工宿舍。周围住家至今仍称其为"大衙门"。

衙门,原本是牙门。古代天子出行,有一队士兵高举大旗随行。大旗的旗杆上饰有象牙,所以简称牙旗。天子所居皇宫有巍峨的大门,出行之时,也要有气势不凡的大门。大门何来?用立牙旗表示。这种立牙旗以表门的做法,也被后来的三军将帅所用,简称"牙门"。到了隋唐时期,牙门之称开始宽泛起来。"近俗尚武,是以通呼公府为公牙,府门为牙门。字称讹变,转而为衙也"(封演:《封氏闻见录》)。将帅门前立有牙旗,门称牙门,文职官员也附庸其后,喜欢人家称他办事的地方为牙门。于是,"衙门"就不分文武,成了政权机构的通称。

提起衙门，没人不知道那句俗话："衙门口朝南开，有理无钱莫进来。"这表明，衙门一般是坐北朝南，向阳开门。这样的开门方向，是古代统治者所讲究的。衙门的大门一般为黑色，有如包公的脸膛颜色。可老百姓觉得，这黑色大门与包大人的公正无私正好相反，是"以其非使黑钱不可也"之意。看来，向南开之大门，仍无益于代表衙门的向明而治精神。

在元明清时期的北京城，有着层层叠叠的各级机构，官吏更是成千上万。这些官吏及其所进行的活动，构成了京师人口和活动的重要组成部分。京师中除了中央机构之外，还有大兴和宛平两个京县，京县之上还有顺天府。它的辖区除上述二京县外，还有其他22个外县。顺天府的衙门也在京城之中。因此，京城之内，有外县一级的行政活动，有府一级的行政活动，再加上中央的行政活动，相互交错，构成北京城市生活当中的浓重政治色彩。

各级官府衙门云集京城，处理政事。两个京县和顺天府要处理日常的各种事务，中央各职能部门要处理从外地转发来的各种文书，接待有公事来京的地方官员；重要的事务要由内阁的大学士们，或军机处大臣协商，拿出基本意见，再由皇帝最后决定。这些大臣按皇帝的旨意起草谕旨或其他形式的文件，批复给下面执行。

在明代，永乐皇帝建都北京城时，就将当时的政府机关安置在了长安街的南侧。清代大体依旧。俗话说："五府六部，七司三院，东边掌生，西边掌死。"这是对当时的政权机构的形象概括。五府，是指宗人府、顺天府、詹事府、提督府和内务府。六部为：吏部、户部、礼部、刑部、兵部和工部。七司是：庆丰司、掌仪司、会计司、营造司、慎行司、

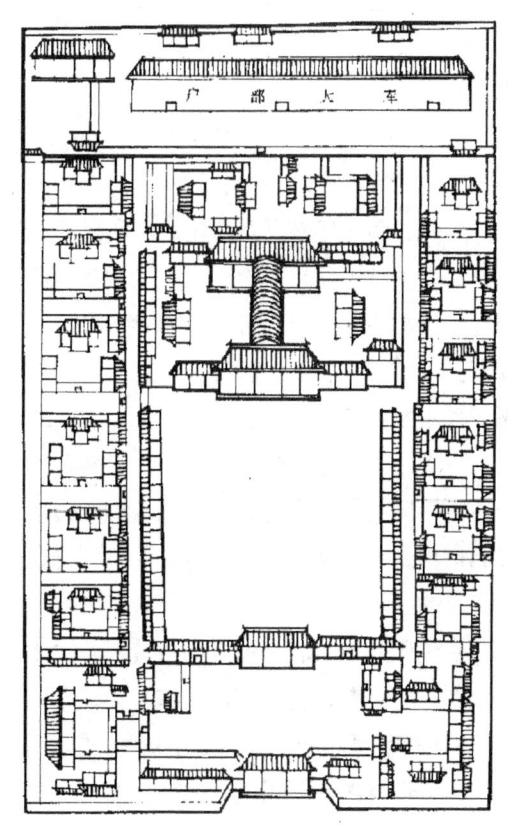

清代北京户部衙门及大库平面图。此为清代衙门的典型布局形式

广储司。三院是：上驷院、武备院、奉宸院。在这些机构中，吏部、户部、礼部、工部，主要掌管人民休养生息事宜，设在天安门广场的东边，所以被说成"东边掌生"。而刑部、五军都督府、锦衣卫、都察院等，掌握着全国的杀、伐大权，所以说"西边掌死"。

兵马司，是封建时代主管京师治安的机构，始设于元朝初年。当时的元大都设南北西城兵马司，都指挥史官正四品，统辖巡兵千人。明朝时期的兵马司增至中、东、西、南、北五城，每司都有正副指挥史。兵马司除负责维护京城治安之外，还要承担修整街道、消防、市场管理等重任。清代仍存五城兵马司，但由都察院巡城御使统一管辖。西城兵马司在今西四南大街的兵马司胡同，东城的兵马司设在今交道口北兵马司胡同，南城兵马司设在今宣武区南街中街的前、中、后兵马司街。这些设有兵马司的胡同，均已存在至少六百年了。

八、王府

王府，顾名思义，乃诸王之住所。诸王，就是皇帝亲封其兄弟、子孙的爵位。在建筑规模上，王府是仅次于皇宫的大型府邸。按照清朝的规例，皇帝之子成年后封王分府，根据不同的王位品级，按规定形制建府。凡亲王、郡王、世子、贝勒、贝子、镇国公、辅国公以及满族贵族、蒙古族贵族、汉族贵族的住所，均称为府。其中，亲王、郡王的住所称"王府"。

王府处于皇宫和民间之间的这种特殊地位，使其成为沟通二者的桥梁。由于王府分布在内城的巷陌当中，与平民百姓的接触自然比皇帝要多。因此，民间所了解的宫廷的事情，大多是从王府中得来的。同样，民间的好些风俗、信息，也是通过王府进入皇宫的。

从金代开始，北京正式成为首都。由于金代实行分封制，诸王分布各地，京师自然没有王府。有，也早被风雨和人为破坏殆尽了。元朝也是一样。明代虽然也实行分封制，但诸王只有封号，没有土地。同时，还不能留在京城居住，必须到所封之地去。当然也有例外。明成祖朱棣迁都北京之前，在北京就营建了十个王府。这显然不符合明代定制，但都有其原因，朱棣从子侄手中夺取皇位后，听从谋臣的建议，迁都北京。这对于即将失去既得利益的皇亲国戚来讲，自然不是件愉快的事。为了安抚他

中南海内的原摄政王府大门。溥仪成为皇帝之后,他的父亲成为摄政王。按照规定,摄政王的府邸当然要重建,地点就选择了中海西岸集灵囿地区(即今国务院礼堂以西至府右街)。但该王府尚未完工,清王朝就被推翻了。以后,这里曾是徐世昌的总统府、段祺瑞政府的陆、海军部和北平市政府。1949年后,成为国务院会议室。其后花园即为周恩来总理的故居西花厅

们,朱棣决定在北京城修建十座王府,且每座王府有房屋835间。如此优惠的条件自然极具诱惑力。这十座王府就建于今天的王府井大街校尉胡同直到长安街这片地面上。成祖下世、宣宗继位,又在北京城里修建了几座公主府。

由此开始了在北京城修建王府的历史。

明朝年间的王府,到了清代就没影了,只留下一些与此有关的地名。有清一代,分封了百余位王爷,修建了几十座王府。这当中,也包括清代王府在内。这主要是因为,清代汲取了历代封藩的教训,不仅只封爵不列土,不给领地,而且均在北京建立自己的府第。所以,清代的王府建设达到了历史上的最高水平,种类多、规模大,成为北京城市建设的一项重要内容。现存的也基本是清朝时期存留下来的。

清代封王成为定制之后,相应的具体规制也不断建立和完善。在皇太极崇德年间制定的规制中,对府的台基高度、房间数量、油漆情况,以及用瓦、是否有楼等,都作出了具体规定,到了清代光绪年间,制定的《清会典》中在历朝定制的基础上,

青年时代的醇亲王载沣夫妇,与自己的嫡母和生母(坐者)在王府内的合影。据说载沣颇为惧内,因他的正福晋系慈禧的亲戚。而这位内人也真算暴烈,在清朝覆灭之际,竟吞烟土殉了祖宗(图中左侧站者)

作出了更为详尽的规定。这些定制等级分明,差别明确,区别详细。

清代一共建了多少座王府?据统计,清太祖努尔哈赤有子16人,皇太极有子11人,顺治帝有子8人,康熙帝有子35人,雍正帝有子10人,乾隆帝有子17人,嘉庆帝有子5人,道光帝有子9人,咸丰帝有子2人,以后几代皇帝均无子嗣,合计清代共有皇子113人。这当中,封为亲王、郡王的有50多位,封为贝勒、贝子、镇国公、辅国公者近30位,早夭而未封的近30位。另外,还有一些世袭的,或继皇位前为王的。除了皇子外,还有少量其他宗室成员被封为王的。由于清代的一些王府可以代代相袭,一些王府可以重新分封,一些皇子没有被封为亲王、郡王等原因,就出现了近百位皇子中,只有50余座王府的局面。

由于原在内城的汉人全部被逐出,而由八旗分列城中,分属于这八旗的府邸,就分别建筑在各自的领地中。尽管后来也有一些府邸建在了城外,但只是极少数。

在清朝,王府的建设可分为三个时期:首先是清朝初年,以入关有功,世袭罔替为代表的八大家亲王,人称"铁帽子王"的八大王府。其次是清朝的中期,因康乾生

位于后海北岸的清代醇亲王府内春暖花开时节的景象

被改为使馆的梁公府内景。中路的宫门被拆改为敞厅，大炮是武力的炫耀。占用王府为使馆，是当初外国人省事的办法。1860年12月16日，占领北京的英国人仅花一千两白银，就"租"用了此府。临到付银时，英国人说修缮费用太贵，又扣了一大笔。这座梁公府，实际是淳亲王府，主人是康熙皇帝的第七个儿子元祐。

英国使馆内景。它是由一座王府改建而成。图中的大殿门窗已有变化，东边是一座与之和谐的大屋顶式洋中结合建筑。1949年以后这里还是英国代办处，"文革"中，曾发生红卫兵冲击此处，纵火烧毁汽车案。为此，周恩来总理曾亲来此处向英国外交官道歉。以后，此处归公安部使用，如今的英国使馆迁到了东郊使馆区。

子多多，因此出现纷纷盖王府的紧张局面。最后是清朝末期，皇帝所生儿子数大量减少，甚至无子。所以，可以不必分府，或少量加盖王府即可。据1920年的统计，当时有名有姓的王府、公府、贝子府、贝勒府、将军府、公主府等，共计74所。

王府的建筑，基本上都是四合院式的，或者说是多重四合院的组合。王府的基本建造布局，中路一律相同，东西两路可自由配置，有的设有花园。亲王府制(中路)按《大清会典》记叙，王府正门五间(郡王府三间)，正殿七间，俗称银安殿，台基高四尺五寸，顶上覆绿色琉璃瓦。银安殿之北为二门三间，正北为后殿，即神殿，均为五间，两侧有东西配殿。神殿北面通称后楼。

清代王府带有许多关外满族建筑的特点。比如，房间内的南、西、北三面皆炕，烟筒立于房屋两侧，门房外均有影壁墙及神杆等。就连皇宫中的坤宁宫等，也保留了这些特点。

1900年的庚子事件中，王府因富有和豪华，成为八国联军抢掠烧毁的对象。无疑，这是王府发展史上的一个衰败期。紧接着，进入民国，清帝逊位，王府几乎面临着灭顶之灾。各王府来自朝廷的俸禄完全停止。而各省的庄园也因战乱或"造反"而

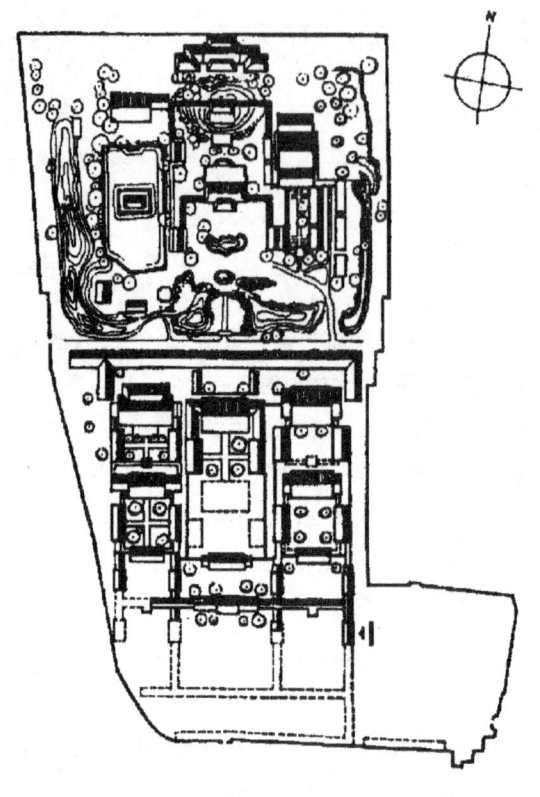

恭王府及花园平面图

断了供应。虽然国民政府颁布了关于皇族优待之条件，可随着一拨拨的统治者走马灯似的换班，这优待条件也成了一张废纸。没办法，只好靠出卖祖上留下的古玩、珠宝和字画维持生活。可这只出不进的买卖又能维持几天呢？到后来，干脆卖坟地、花园，直到王府本身。

豫亲王是清代的铁帽子王之一。老豫王立有战功，御赏极丰，府第豪华，金银无数。豫亲王共封袭了十三代，经历了275年。可进入民国仅仅五年，偌大的王府就卖给了美国煤油大王，盖起了今天的协和医院。什刹海附近定阜大街上的辅仁大学，及柳荫街上今天的北京第十三中学等，也是在那个时期卖出的。而十三中的地址，就是原来的涛贝勒府。至此，昔日的王府已经从内容到形式都发生了根本性的变化，王府的用途因人而异，或做医院，或做学校，或做私人住宅，或做办公用房……。

1959年，进行北京市文物普查时，保存基本上完整的王府有十座，贝勒府三座。

1997年，中央民族大学的赵志忠副教授对北京的王府情况做了一番调查，其结果为：尚存府邸22座，去掉1座公主府、2座贝勒府，剩下的为王府，共19座。其中，亲王府有15座，郡王府4座。保存比较好的有8座，即恭王府、醇亲王府、老醇亲王府、孚郡王府、雍亲王府、礼王府、庆亲王府、淳亲王府。这些王府的面貌基本保留下来。不完整，仅存有府门、正殿，或残存其他建筑的王府有：克勤郡王府、循郡王府、宁郡王府、惠亲王府、郑亲王府、和亲王府、敬谨亲王府等。残存的王府有4座：

在被八国联军炸毁的肃王府废墟上建成的日本使馆(今为北京市政府办公楼之一)

仪亲王府、定亲王府、恒亲王府、老睿亲王府。这些王府已面目全非，仅留有残垣和少量房舍了。

九、官邸

明朝末年的文人史玄，在其所著的《旧京遗事》中写道："勋戚邸第在东安门外，中官在西安门外，其余卿、寺、台、省诸郎曹在宣武门。"这就是说，除了住在西城的宦官和住在外城的百官以外，贵族主要聚居于东城。这种局面到了清朝时发生

西城前海西街18号郭沫若故居花丛中的大客厅

东城黄米胡同5号，内有李渔设计的花园

了很大变化。一方面，所有的八旗新贵族都住在内城，且尽量利用明代显贵们的旧有官邸；另一方面，八旗分布内城，自然新贵族也五城皆有，包括西城在内。这表明，清代城市的居民区中，应无十分严格的界限，往往在一条胡同里既有显贵的深宅大院，也有小门小户人家，甚至大杂院。比如，虎坊桥的晋阳饭庄，当年是一代文人纪晓岚的阅微草堂；原东单二条路北，当年是光绪帝老师翁同龢的宅第。东安市场北面，金鱼胡同东段路北，为清末协理大臣那桐的官邸，著名的"那家花园"。东头的正院北厅有地板、大花镀金吊灯，极为富丽堂皇。护国寺附近的棉花胡同66号院，是蔡锷将军在京时的住址……。

这样一来，高宅大院与贫家小户同挤在一条街上。只是上流社会住的地方"户必南向，廊必深，院必广，正屋必有后窗，故深严而轩朗"。比如崇文门内东堂子胡同49号院，就是一处建制宏大的院落，为清朝大学士穆彰阿的宅邸。清末为总理各国事务衙门，部分院门和格局尤在。"而中下之户曰四合房、三合房。贫穷编户有所谓杂院者，一院之中，家占一室，萃而群居"（《旧京琐记》）。但就整体而言，则是越距城中心近的居民地位越高。

这些官邸发展到今天，大致可分为三类：最好的一类是作为有纪念意义的故居，得到修缮保护；次要的是房屋仍在，改做别用，户门依稀，或可凭吊；再次的是全部拆光，旧貌全无，不可辨认；最不好的，则是房屋仍在，但破烂不堪，面目全非，甚至形迹皆无。

第六篇　京城趣谈

一、北京城为何是"凸"字形

　　明朝嘉靖二十一年(1542年)，掌都察院毛伯温等即倡言修筑北京外城。嘉靖三十二年(1553年)，给事中朱伯辰上书说，城外人口激增，应添修外城。这表明，修建外城的理由，是因为前门外的广大地区，聚居的百姓越来越多，修起城墙好进行管理。另外，据说这也符合中国古代城市"内城外郭"的重城制。这两条，看来就是修建外城的理由了。

　　其实，建外城的根本原因并不在此，至少是不主要在此。那么，根本原因何在呢？这在于内忧外患的明朝统治者，因本身实力的衰退，出于对来自北方的瓦剌和俺答的惧怕而采取的被动防御措施。

　　明朝洪武、永乐两朝蒙古的军事实力因徐达、朱棣的主动出击，大大削弱了，但他们又于正统年间强盛起来。瓦剌部曾一度统一鞑靼部和瓦剌二部。明正统四年(1439年)，也先嗣位，称太师淮王，借与明朝保持的纳贡关系，实际从明王朝获得丰厚的物资。他们打破明王朝所规定的每次进贡随员不得超过五十人，而是往往有二千人的随员，沿途杀掠，更借邀赏的机会，索取中国贵重难得之物(《明史·瓦剌传》)。对此，明王朝一再迁就，殷勤招待。不仅如此，太监王振等还收受瓦剌贿赂，不顾朝廷禁令，为其打造兵器、箭镞。御前瓦剌贡使多达两千，就是一支偷运武器的部队。而明朝内政的腐败，太监当道，正是瓦剌野心迅速扩大，加速南下进程的重要原因。由此，才发生了明英宗亲自北征，兵败而被俘的"土木之变"。尽管由于于谦的舍命捍京师，从而使也先大败于北京城下，但英宗仍被也先挟持，也先欲迫使明朝屈从请和。直到景泰五年(1454年)，也先被蒙古另一部首领阿剌知院所杀，瓦剌方失去进攻的能力。尽管如此，被也先释放的英宗，回京后其利己之私心和昏庸无道皆暴露无遗，给国家实力造成很大损失。

16世纪中叶，蒙古族领袖达延汗使西起贺兰山以西，东到大兴安岭以东，南起长城沿线和河西走廊以北的广大地区，尽为其所有。达延汗死后，其子孙各自拥众据地，独霸一方。达延汗的孙子俺答汗(1507—1582年)统治的地区，由于经济发展，物产丰富，迫切需要与中原贸易，换回他们短缺的生活必需品。然而，明朝皇帝分不清正常贸易与侵略战争，对"土木堡之战"的惨败心有余悸，对互市一律拒绝。为此，俺答自然采取武力掠夺的手段，导致矛盾升级，兵戎不断。

嘉靖二十八年(1549年)二月，俺答汗又一次大举南下。八月十四日，蒙古军队进攻古北口，直接威胁北京的安全。明朝将领都御史王汝孝率众迎战，火炮如雨，蒙古骑兵伪装退却，诱其追击。乘此时机，俺答汗率领蒙古精骑破墙而入，从背后突然攻击王汝孝军，明兵大溃。蒙古军顺利南下，抵达通州，北京城内顿时震恐，吏部左侍郎王邦瑞、定西侯蒋傅率领京城九门文武大臣，各十三人守卫一门。同时，召集应武试者千余众，分别由诸大臣指挥，往来策应。

随着各路军队奉诏进京，俺答感到北京城防守严密，明军队多，不敢贸然攻城，只在近郊掳掠。随后，俺答汗命被擒的明军御厩内官杨曾，给城里的明廷带去一信，要求答应同蒙古进行通贡和互市。朝廷大臣意见不一，久拖未绝。而俺答已掳掠了大量人畜财物，未敢攻城，从古北口道撤回。

经历了这次危险，嘉靖帝被迫同意开设互市，于大同、宣府等地在春、秋两季各开市一次。不过，皇帝毕竟不放心，派兵部侍郎坐镇大同，总理互市全部事宜。这还不够，更以将军徐洪坐镇大同，监督互市。市场由军人管理，外带军人保卫。这哪是做买卖？这说明明朝政府是多么虚弱。

蒙古军队多年来的侵扰，使明朝皇帝落下了心病。嘉靖三十二年(1553年)，给事中朱伯辰上书添修外城，皇上终于下定决心，兴工修建。当时北京城郊尚遗存有金、元土城故址"周长百二十余里"，如能"增卑补薄，培缺续断，可事半功倍"。可正式施工以后才发现，事情并不像想象的那么简单。外城的修筑费用巨大，明廷财政拮据。严嵩受皇帝嘱托，到工地巡视，经过实地检查后提出，应先筑南面城墙，待以后财力充裕时，再"因地计度，以成四面之制"。于是，将北京城南已经筑起的一面城基，东折转北，接城角东南。西折转北，接城西南角。北京外城自嘉靖三十二年动工

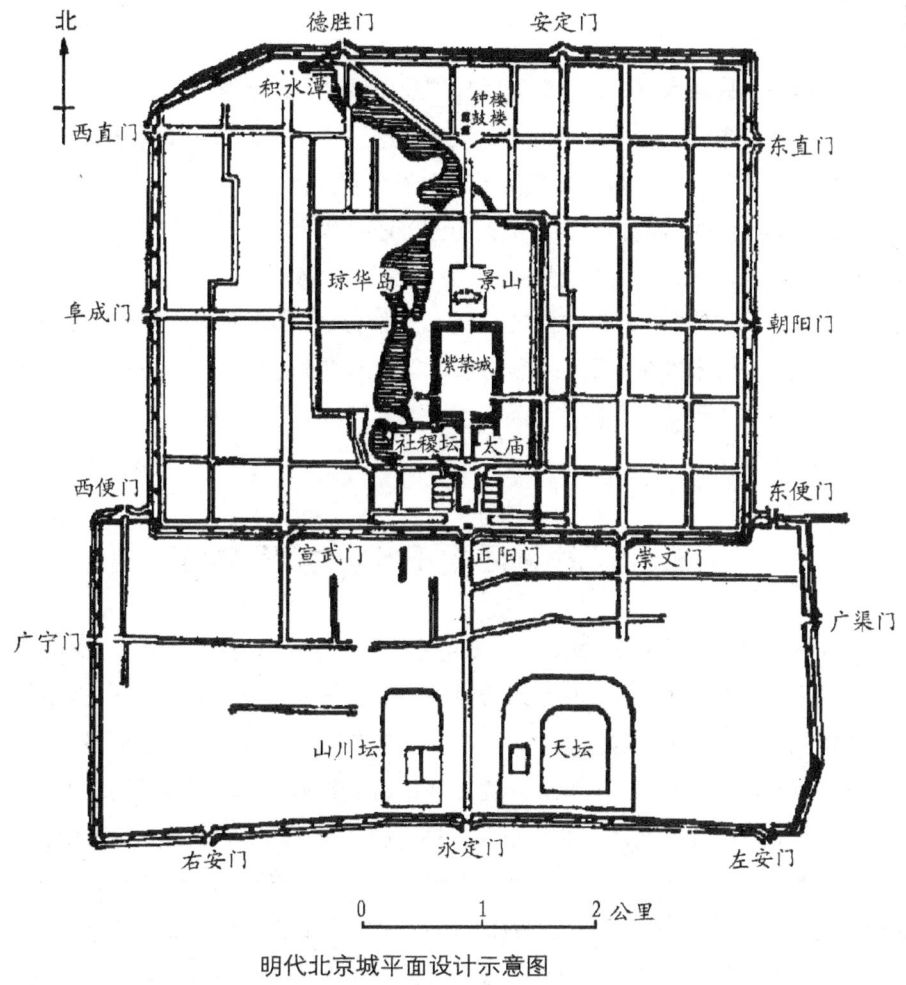

明代北京城平面设计示意图

修筑，工期十余月，三面全长二十八里。于是，北京城方形成了"凸"字形。

二、北京城西南为何缺一角

皇城缺西南角，这与元代以来皇城的变迁有直接关系。元代皇城(时称肖墙)的南墙，在现在的故宫午门稍南一线。明代的皇城是在元代皇城的基础上扩展而成的。东、南两面都向外扩展，而向南扩展的尤多，直到现在的东西长安街的以北一线。

元代的皇城也是西南缺角。当时，这一角上有一大慈恩寺。元代统治者崇尚佛教，不敢拆掉，故西南只好缺一角。明代扩建皇城时，依元制，西南缺角更为明显。

到了明代嘉靖年间，大慈恩寺被火焚毁，这里就改成了演兵场，继而又改为演象所，大慈恩寺东侧的灰厂则改成西厂(明代的特务机关)。

为迁就佛寺而改城墙和街道的位置的例子还有两个。一个是元代在建大都时，南城墙并不在长安街上，因为这里距金代闸河较近，地势低洼。但在西长安街上有建于金代的庆寿寺(即双塔寺)，非常有名。于是，城墙又稍向南移动，把庆寿寺包围在城内。另一个是今美术馆东大街和大佛寺西大街，所以全直角拐弯，也是因为在拐弯处有金代的大佛寺。明筑北京城，"因寺不可毁"，只好"迁就为之"。

三、北京城的西北部城墙为何是斜的

元代的大都城，是严格按照中国传统的建城原则，略呈长方形的城垣，南北端正，左右平直。而到了明代，城垣改建时出现了变化。如今，驱车于北二环路上，从积水潭桥往西时，可以明显地感到，道路在向南侧倾斜，据说倾斜达30多度，直到西直门立交桥和西二环相接。可见，作为二环路遗址的明代西北城墙是南斜的。

为什么原本在元代还是南北端正、左右平直的城墙，到了明代西北部就南斜了呢？

这还要从明朝初年，徐达攻打大都说起。1368年，朱元璋称帝不久，就派中书右丞相徐达北伐。七月，明军到达直沽，直逼北京。元顺帝见势不妙，从健德门出城而去。八月二日，明朝军队填濠攀城，攻入大都城。为了加强防御，防止元军反扑，徐达命华云龙改建大都城，并决定把地广人稀的北部舍去，缩小城区范围。由于立足未稳，施工仓促，只能简化或根本舍去勘测设计，选择易于施工的地段修筑。

当时的设想是，北部城墙向南移五里，舍去地广人稀的地区，减少防御兵力。在北部城墙南移后，在原漕运府门前正好有条东西向河道，在此建城，只要将河道稍加浚通即可成为护城河，省钱省力。可修到西边时就遇到了麻烦。因为这里是积水潭的北部，一片河水。此时只有两种选择：城墙或南移或北移。如果南移，水面更宽阔，无法修墙。往北移，首先面对的，是元翰林院的庞大建筑群，并且西半部还有好多民居。由于当时的战事很紧，不可能大规模拆迁重建。因此，只能择易而行，沿翰林院南侧修筑。为了城垣尽可能地规整，城墙就得从海子北侧的浅水区或枯水区穿过，由此就造成了北部城墙西段的南斜状况。

据对北京城卫星影像资料的分析，可以看出西北角既有直角墙基影像，又有斜角墙基影像，两墙夹角约35°—36°。之所以同一墙角会有直、斜两种状况，这是因为，从今天的车公庄大街至德外大街一线，为一条地层断裂带，正好经过城西北角与那段直角边斜向相交。这段在潮软湿地上修建的城墙，因地基不稳，而不断发生歪斜和断裂，以致屡修屡断。最后，不得不改变位置，躲开这段地基。在今天的新街口外的北二环路西段，积水潭有一个细脖处，它的北面为太平湖，1966年8月24日，老舍先生就在这里悲愤投湖。后来，湖面被填平，成为地铁的调车场。它的南面，就是汇通祠俯瞰下的积水潭广阔水面。城墙由这里转向西南沿海子南岸修筑，太平湖成为了护城河，自然利于防守，地基也远比原来牢固。

四、北京城的关厢

所谓"关"，即界上之门，入境要道。简单说，城门是出入城的必经之处，若把城比作正房的话，那么，靠近城外的居民区就是厢房。门为关口，关外厢房即为"关厢"。这如一座县城的四门，人称东关、南关、北关、西关。关厢的产生，远在元代之前。马可·波罗在他的游记中写到汗八里城（即元大都）时曾这样记载："城外，靠近城门处，都有大的附郭，这门的附郭建造得毗连着旁边两门的附郭，它们都延长三四英里，所以附郭中的居民比城中多得无数。"

真正明确地称北京城的附郭为"厢"，始于明代。洪武十四年，诏令编天下黄册时规定，"在城曰坊，近城曰厢，乡都曰里"。

北京作为历史古都，进出的官员将士、商旅百姓，络绎不绝。各城门外的关厢自然更加繁华。马可·波罗也说："在附郭离城一英里的地方，有许多美丽的客栈，给过往的商民居住。而且，每一国有一指定的客栈。"如今的前门大街，就是在正阳门外关厢的基础上发展起来的，明嘉靖年间未修筑外城以前，这里自然属于城外。

五、四门三桥五牌楼

老北京城的"四门三桥五牌楼"，所指的都是前门附近的建筑。四门，指的是前门的城门、箭楼门和两个闸楼门(即瓮城墙左右各开的两座城门。因装有可上可下的"千门闸",故称闸门)。三桥,指的是护城河上正对着箭楼的三座吊桥,但一般只有一座,只有前门前是三座。五牌楼,是立于吊桥南侧的有五个门洞的彩绘牌楼。

四门三桥五牌楼,都是在明英宗正统四年(1439年)修成的。前门的城楼正门与箭楼中间的那座桥都是专门为皇帝准备的,平时关闭,黎民百姓只能从城楼两侧瓮城下的闸楼门及左右的两座桥进出。五牌楼于1955年扩张马路时被拆除,瓮城也已不存。

关于城楼的情况,已在本书第四篇作详细介绍,这里着重说说牌楼。

牌楼,又称牌坊,是中国古代建筑中极为重要的一种类型。它不仅自身具有高度的历史价值和艺术价值,而且还把它所在的建筑群组点缀得雄伟壮观。它几乎是仅次于城墙城门的古都风貌的重要特征。从前,北京的大街上,随处都可以见到牌楼,除了东单、西单、东四、西四之外,还有东长安街牌楼、西长安街牌楼、正阳门大街五牌楼、东交民巷牌楼、西交民巷牌楼、羊市大街牌楼、帝王庙牌楼、景山前街大高殿牌楼、北海大桥金鳌和玉 牌楼等等。此外,在许多坛庙、苑囿、寺观、陵墓前面也有不少的牌楼,数以百计。到了今天,北京城内街道上的牌楼,除了国子监成贤街,朝阳门神路街上还有几座之外,其余的都不存在了。尽管如此,如今的北京城中,仍然留下了许多与牌楼有关的地名。如"东四(东四牌楼)、西四(西四牌楼)、东单(东单牌楼)……或许正因为如此,刘心武反映京华生活的小说,才一再以牌楼为书名,像《四牌楼》等。

关于牌楼的起源,可追溯到原始社会后期。在那时,人类聚居的村落和其他群体建筑的入口处,即已出现类似牌楼的标志性装饰。北魏时期的连阙——两阙间架有屋檐的

正阳门外的正阳桥牌楼。它跟前门楼子一起,成为老北京的象征。2001年,此牌楼在原址恢复,但为便于交通,中间两根立柱改为悬空式,水泥铸成

日本《唐土名胜图会》中的北京四牌楼

阙，是阙演变为牌楼的过渡形式。连阙之发展，就成为后世的牌楼。

唐代建城，城坊制已相当成熟。坊设门，坊门是牌坊的直接来源。古代以二十五户为一闾，汉代在城市中有闾里制度，隋唐时期称之为里坊。每座闾坊都像一座四四方方的小城，小城四面开门或两面开门。这时，里坊的门要讲究多了，大多为木造，后改为砖石砌造，最著名的一种叫"乌头门"，正门高一丈二尺，宽一丈，柱头安瓦筒，墨染，最著名的一种叫乌头染。当初的习惯，一个里坊之内如果出了好人好事，人们便把他们的事迹和名字写成表扬的通报张贴在坊门之上，以此表扬和表示崇敬。但这种贴上去的纸经不住风吹雨淋，极易损害。后来，干脆把这种表彰的文字刻在石头上。当然，前提是牌楼也须由木质改为砖石的。至此，一种专门的旌表牌坊正式诞生了。旌表牌坊出现以后，门内有引以自豪者，门外有投以羡慕者。真是一人贤德，闾里增辉。为了引起人们的注意，牌坊的装饰也不断改进。闾门高高，有柱有额，或染或漆，或裹或罩，或悬挂或高挑，闾里之门得到充分的美化。

宋代的《平江图》中，标出平江城内有牌坊类建筑57处，分布在各街口。立两柱，中间的额坊相连，上书坊名"大云坊"、"武状元坊"等等。其额坊上斗拱相叠，上覆有檐有脊的瓦顶，已如今日见到的牌坊。

以后，这种依附于闾门和坊门的表彰形式逐渐与闾门和坊门脱离，不再具备门禁的功能。其雕饰也愈加华丽。其目的，在于托起歌功颂德，宣扬教化的"牌"，为状

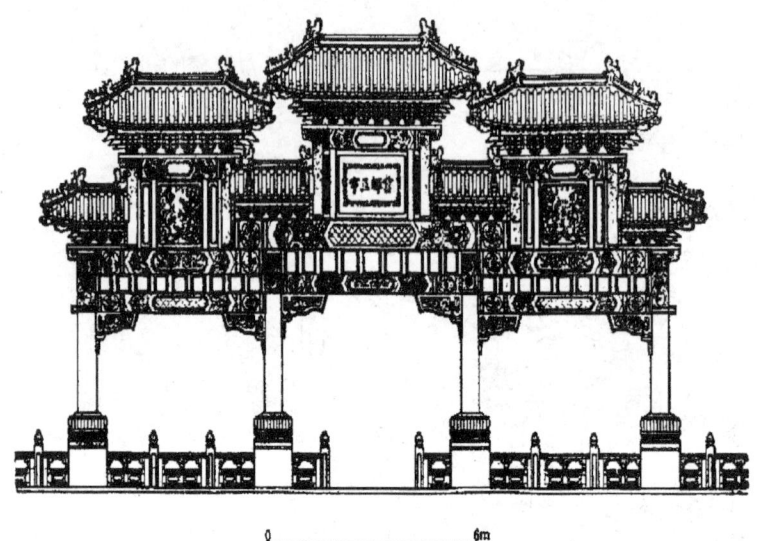

位于昆明湖畔的云辉玉宇牌楼，为佛香阁群体建筑的影壁

元、节孝、显贵"表闾"，随处可立——这便是牌坊。牌坊也叫牌坊门，又称牌楼。称"楼"，是着眼于造型华丽的飞檐瓦顶。那顶盖上的面积虽然不大，却缩龙成寸地采用了中国古代宫廷建筑的屋顶样式，如庑殿顶、歇山顶、悬山顶等。这些瓦顶，工匠们称之为"楼"。例如，术语"三间四柱三楼"，是说四根立柱将横面分隔为三间，三楼即三个瓦顶。

牌楼的种类，以其所居位置可分为：街巷道路牌楼、坛庙寺观牌楼、陵墓祠堂牌楼、桥梁津渡牌楼、风景园林牌楼，等等。以其所用建筑材料可分为：木牌楼、砖牌楼、石牌楼和琉璃牌楼、砖石合造牌楼，木石合造牌楼。从造型上看，有柱子不出头，有柱子出头冲天式牌楼等。从间数上看，有一间二柱一楼、一间二柱三楼、三间四柱七楼、三间四柱九楼、五间六柱五楼、五间六柱十一楼等。

古代牌坊享有盛名之地，恐怕要属安徽的歙县了。明朝大臣许国建造的石牌坊，四面各一牌楼，结合为一体，平面是"口"字形。这座仿木结构的石坊，石料厚重，雕饰精美，既是吉祥的图画，又可视为春风得意的宣扬。牌楼上镌刻的

香山卧佛寺前的琉璃牌楼，庄严华丽，很有气势

"恩荣"、"先学后臣"、"上台元老"、"大学士"、"少保兼太子太保礼部尚书武英殿大学士许国"等字样,可谓光耀门楣。六对倚柱而立的石狮,更为牌坊增添典雅庄严的气氛。

在歙县城西的棠樾村,有一批建于明清两朝的牌坊群,分为"忠"、"孝"、"节"、"义"四座,为朝廷赐建,分别表彰在这四个方面做出杰出事迹的五位人物。据说忠、

颐和园进门处的仁寿门,集牌楼、门楼于一体,显得别具一格

孝、节三座牌坊在前,豪绅鲍漱芳想再凑上一座"义",乾隆表示同意,但又提出条件:为朝廷修筑八百里河堤,发放三个省的军饷。事情办定后,他如愿以偿地得到了义字牌坊。

在古代,建牌坊还是弘扬尊老传统的方式。宋朝的郎简为官有实绩,又乐善好施,于89岁上无疾而终。朝廷借其所居里闾之门,表彰他的德寿。康熙四十二年明文规定:"百岁老民给与'升平人瑞'匾额,并给银建坊。节妇寿到百岁者,给与'贞寿之门'匾额,百岁老民不分身份。"

另外,牌坊还是庆典活动中的临时性建筑,康熙六十庆典时,北京神武门到畅春园,沿途搭起无数的过街彩坊,为各地前来祝寿者所设。

北京内外城共开有十六座城门,唯有正阳门外建有五间牌楼。日伪时期的1943年,牌楼木柱改为水泥柱。内城主要干道上修建的许多牌楼当中,东单牌楼建于明代,位于崇文门内大街北侧,20世纪20年代拆毁。在长安戏院之西,原旧刑部街东口也有个牌楼,清代称"瞻云",民国后改为"庆云",被称为西单牌楼,也于20世纪20年代拆除。王府井南口西侧还有东长安牌楼,于1948年拆除。在府右街南口西侧建有西长安牌楼,后移建到陶然亭公园内。在阜成门内历代帝王府前,左右有两座景德街

会仙居饭庄前的装饰性牌楼，它是店铺门脸的一部分，紧贴在店铺外面，立柱与店铺开间檐柱相合榫，梁枋高出屋顶，上方悬幌

牌坊，20世纪50年代拆除。东、西交民巷口各有一座牌坊，20世纪60年代拆除。西四东四牌楼也很著名，这里不再详说。这些牌楼风格各异，色彩绚丽，结构奇妙，与北京城各城门楼及宫殿园林组成了一幅和谐多姿的精彩画面。

1900年，八国联军将前门城楼击毁，次年为迎接西太后回朝，在城楼基座上修了一座临时牌楼。在西总布胡同西口，修建了克林德牌坊，这些牌坊是耻辱的象征，后来均被拆去或移走。1915年，在原公安部街和司法部街上的两座牌楼，是为纪念袁世凯就任大总统而建。

20世纪50年代，在城墙的去留问题出现巨大分歧的同时，牌楼何去何从，也成为一个争论的交点。为此，北京市和文化部组成了由吴晗副市长、郑振铎局长为负责人的牌楼问题专门调查组。在为期半年的时间里，对所有牌楼进行了历史考证、实物测绘和照相。在几次讨论会上，吴晗是主拆派的代表，与其相对的，是张奚若、翦伯赞、范文澜、梁思成、郑振铎、薛子正等人。双方争论得面红耳赤。梁思成尤为激动。他提出，保护北京城雄伟壮丽的面貌，不仅要保护一楼一殿，更要保护其整体风貌。牌楼、华表、影壁这类装饰性建筑，是中华民族独特的街市点缀，意义与巴黎的凯旋门相同，艺术价值不可低估。拆除牌楼，北京城在整体上的对称和谐就会被打破。

争论的结果可想而知。万般无奈，梁思成上书周恩来。他以充满感情的笔触，描绘了阜成门内帝王庙前的牌楼，在夕阳西下时，西山的峰峦透过牌楼和阜成门城楼所融汇成的绝妙好景。如果拆除牌楼、城楼，这一古都美景将永远消失。

最后的决定是，除保留国子监街上的三座牌楼之外，凡街巷和道路上的牌楼全部拆除，而这几座剩下的牌楼也变成了钢筋水泥结构，不再是古代留下的木牌楼了。当年北京有文字记载的牌楼共有一百二十余座，现存仅四十三座，大多在园林风景区中，国子监街成为唯一存有牌楼的街道。

在国外，凡有中华街或唐人街的地方就有牌楼，它已成为华人区的特殊标志。20世纪80年代，美国首都华盛顿唐人街的街口上，落成了一座世上跨度最大的中华牌楼。其宽度可容四辆汽车并行。1993年，日本华侨出资6亿日元，在横滨中华街西口，修建了一座高10米的中华牌楼，把传统的青龙、朱雀、白虎、玄武都体现在三层牌楼上。这条街上的另外两座牌楼，分别建成于1970年和1977年。澳大利亚悉尼市的唐人街上也有牌楼，前面还有两只巨大的石狮。欧洲、大洋洲各国的大城市里，各式各样的牌楼也不时出现于华人街的路口上。

1986年11月，位于华盛顿市唐人街上的中国牌楼落成，图为庆祝落成的热闹场面

六、城根儿

"城根儿"，是过去的北京人对城里靠近城墙处的一种叫法。为什么说"城根儿"是指城里靠近城墙处，而不是指城外靠近城墙处呢？这主要是因为，城墙外有护城河，而墙与河之间空地很窄，不足以盖房住人。另外，住在这里的话，外出很不方

便。只有城门处有桥可以过河。所以，城外的靠近城墙处根本没人住(也不允许人住)，老话所说的"城根儿"就是指城里的靠近城墙处。

北京城分三层，可说是越靠近核心部分越是富人的聚居区。相反，越靠近城墙越是穷人住的地方。城根儿当然就是最穷的人住的地方了。

明清时期，只有下层的贫苦劳动者才居住在靠近城墙的城根儿。从明代中期开始，北京城的人口大增，原来的市区已经比较拥挤，地价又比较贵，所以，后来者只好向城根儿发展。进入清朝，由于内城以旗民为主，汉人只能在外城发展，因此，汉人的贫民还有外地人口，纷纷挤到外城。而城里呢，中央区已被皇家及有关中央机构占据，剩下的空间已然不大。而"大臣庶官富家，每造房舍，辄兼数十贫人之产，是以地渐狭隘"。在此情况下，沿着内城的城墙居住的，自然是贫穷的下层人士，所不同的是，这些贫穷人士大多为旗人。即使如此，"至道光间，以生齿日繁，移居逾众"，旗人官员、兵丁都嫌城里空间狭小，纷纷向外城迁移。至于城内墙根儿，能挤上块地盖房的，自然也有了一些满洲王公贵族及八旗将领。当然，这里仍以一般的八旗兵丁及其家眷居住者为多。这从描绘乾隆年间的《唐土名胜图会》中可以见到，内城越靠城墙，越多细小密集的胡同街巷，这正是穷人居住区的特征。过去在城根儿底下多有营房胡同或英房胡同这类地名。

当年吃"铁杆庄稼"的八旗士兵，不仅口粮由朝廷供应，就连住房，也由朝廷统一分配。对于前锋、护军、拨什库等下层军人来说，一般每人给房两间；披甲、用役、闲散人只给一间。即使这样，到了康熙中期，京城旗人仍有七千多户没房住。于是，朝廷只好按各旗方位，每旗造房两千间。乾隆初年，又为无业的旗人建造房屋。这些新盖的房屋，大多建在靠近墙根儿的缝隙空地上。

旗人本身的住房问题如此困难，解决起来尚且不易，至于经常出入于内城的"就食者"(找饭吃的人)来说，更是难以实现的事情。这散处内城的流民，大多只能在靠近城根儿处勉强找个临时栖身处，以致到了酷寒的冬日，"皇城内冻死者甚众"(吴晗辑《朝鲜李朝实录中的中国史料》)。

七、外　城

如前所述，外城是明朝嘉靖年间，为防御蒙古部落的侵袭而修建的。在城市功能方面，外城与内城有很大区别。外城的性质是拱卫内城，所以，其城墙、街道与房屋建筑规格都比内城低，居住者也为普通百姓和寻常商人。外城的门楼比内城的矮小，最高的永定门通高才27.1米。

外城共有七座城门。正南面三门，居中为永定门，东为左安门，西为右安门；东面一门，为广渠门；西面一门，为广宁门(后因避道光旻宁讳，改称广安门)；在东北隅与西北隅的"凸"字两肩处另开有两门，分别是东便门与西便门。各门均建有门楼。门楼为单檐，只有永定门门楼后改建为三重檐。

各门外均建有瓮城，瓮城正中辟门。在东便门的东西两侧和西便门东各设水关，共计三座。城外四周有护城河环绕。河上建有与城内相通的石桥。

外城也有五城之分。但实际上各城位置与方位并不相合。其分布是：中城居中，其东为南城，再东为东城；其西为北城，再西为西城。从城市功能上分，外城大致可以分为四个区域，即空旷无人区、皇家祭坛区、商业区和居住区。

空旷无人区：主要分布在今宣武区南横街以南和崇文区天坛公园以东。这些地区仅有少量住宅，大多为空地，其面积占外城的1/3。

皇家祭坛区：主要指天坛和先农坛(清代以前称山川坛)。这两个部分占外城全部面积的1/5(在第七篇"坛庙山陵"中有详细介绍)。

商业区：指分布在前门之外、菜市口、崇文门外到花市一带的众多店铺组成的商业网点。这里也就是所谓的"中城"，在外城五区中算是比较繁华的地区。从前门外大街向南，到了珠市口一带，就有所谓东大市，这地方以卖旧官衣服为主，"晓集午散，诈伪百出"。这里还有卖旧木器的。双方讨价还价的时候，手就伸到对方的袖子里，摸手指比划。此外，在崇文门外有东小市，在宣武门外有西小市，都是买卖衣服、家具、玩艺儿之类东西的地方。这里又叫黑市，也有说叫鬼市。五更时开市交易，不许点灯烛，只能在黑暗中摸索。所以，有时花少量的钱也能买到好东西，而花冤枉钱买着破烂的可能性也大。这东、西小市的两侧又都各有穷汉市。东穷汉市"破衣烂帽至寒士所不堪者亦重堆叠砌，……官则不屑，商则不宜，隶则不敢，惟上不官下不隶而久留京都者则甘之矣"。西穷汉市较之东穷汉市为更惨，"穷困小民日在道上所拾烂布废纸，于五更垂尽时往此卖出，天乍曙即散"(《燕京杂记》、《京华百二竹枝词》)。这一带存在低级市场的一个重要原因，是这里居民以穷人为主。东、西穷汉市上出售的商品，或是廉价收购来的，或是捡破烂捡来的，或是偷盗来的，所以价格比较低廉。

由于商品经济的发展，明清时期，各种行会组织日益增多，在外城出现了大量的商会会馆，从而形成外城的一大特色。旅馆、商肆、手工作坊、戏楼等文化活动场所也比内城多。

此外，在外城还有两个比较特殊的商业区，一个是北京最著名的文化街琉璃厂，一个是清末以后形成的，北京最著名的大众化文化娱乐场所——天桥。

琉璃厂西起宣武门外大街，东至梁家园，北起护城河河沿，南至骡马市大街。明代，这里遗留下琉璃厂窑，清初，不但厂内"地基宽敞，树林茂密"，"有土高数十仞，可以登临眺望"，而且，周围隙地颇多。汉族居民从内城迁出后，在琉璃厂周围逐渐盖起新的民居。康熙年间的北城兵马司指挥汪文柏，写诗记述道："外城足官地，架屋许都人。所以琉璃厂，衡宇如鱼鳞。秦鲁豫吴越，黔蜀楚粤闽。何来多僦寓，名利羁其身。"这就是琉璃厂民居增多，以及来自全国各地的举子多在此处栖居的情况写真。

康熙年间，琉璃厂东门内的火神庙已有固定书摊出现。到了乾隆年间，它真正发展成为繁荣的文化市场，"凡古董、书籍字画、碑帖、南纸各肆，皆群集于是，几无他物焉"。当年，以琉璃厂南，街东西中央的桥为界，桥东有书肆22家，桥西有7家。总计29家。所售书籍，有抄本、内版书、宋椠本，以及内城王府所藏之书，应有尽有。书商中出现了一批版本行家，最负盛名的有：五柳店陶氏、文粹堂谢氏、鉴古堂韦氏。陶、谢、韦三氏常年从南方载书来京，然后，竟日奔走朝绅之门，谂其好何等书，或经济或辞章或掌故，各投所好，很重值。清廷正式设立"四库馆"，进一步促进了书肆的发展。编撰者在修书中遇到疑难，都要到琉璃厂去寻找资料。琉璃厂成了他们的图书馆。书商们也在与学者的交往中受到熏染，增加了自身修养，进而推动了本身业务水平的提高。这种出售者购买者的双向交流还广泛存在于各类商业活动当中，使琉璃厂真正成为具有相当文化品味的商业街。

为赶考举子所提供的各项服务，成为琉璃厂拥有的一个特殊行业。其内容不仅包括一般学人所用的笔墨纸砚，而且还有专为廷试准备的卷纸、墨壶、弓绷，甚至叠褥等物。一位落第的江西举子还自撰八股文试帖诗，镌版出售，借此谋生。以后，他的同行也学会了此招，以至形成声势。到后来，琉璃厂书肆多系江西金溪人经营，成了自产自销，肥水不流外人田。

荣宝斋的迅速崛起，与其抓住机遇，为赶考举子准备各种复习参考资料有关。他们将历年来中进举子的考卷印刷成册，并附评论，使新的应考者有了参考的依据。另外，它还买通一些大臣，将朝廷每次新任命或所罢免的官员的名单儿汇辑成册，卖给那些进京托官员办事的各方人士，这一买卖也很兴隆。

为应考举子服务的另一项业务，"看红绿"也很受欢迎。重阳节前后，乡试将择日发榜。届时，主试及各房考齐集衡鉴堂，然后取出中式各卷，逐一校对，再开弥封，付写榜吏填写姓名、籍贯。届时，大门封闭，任何人不准随意出入。有些考生为了早点得到结果，就设法贿赂报房、使役等人，请他们将中式者姓名写在小红纸上，从门隙递出，外面有人预约，接得纸条，立即驰赴各考生寓所报捷，以取得赏舍。这些人事先在琉璃厂临时租门面一间，或找块空地搭盖芦棚，将中式者的名条贴在里边。士子们等不及的，就向看守红绿者付京钱三五吊，入内先睹为快，谓之看红绿。

从珠市口再往南，就是著名的天桥。天桥在明代和清代是一片郊外的自然景色。许多文人官员闲时来此游玩，散心赏景，清朝的道光年以后，这里逐渐变成小商小贩买卖旧货、杂货的地方，各类艺人也到这里卖艺为生。相应地，许多茶馆、饭铺也陆续出现。所谓"天桥一带，所卖饭食，粗细俱全，颇宜贫苦，别名小饭"。由于这个地方有各种杂耍、说唱表演，还有许多茶楼酒肆，各色买卖，使得"酒旗戏鼓天桥市，多少游人不忆家"。藉此地为生者多数人是小商小贩、流浪艺人、失意文人，还有小偷、混混儿来往其间。

居住区：外城的居住区主要指今宣武区南横街以北和崇文区天坛公园以北地区。居住在外城的，主要是平民百姓、商人、手工业者，此外还有部分官吏。像明朝的宰相严嵩，就住在菜市口附近，旁边还有清朝《四库全书》的主持人纪晓岚故居等。因此，外城的人员成分远比内城复杂。牛街一带是回民最重要的聚居区。

京师实行满汉分城居住以后，在一个世纪的时间里，宣武门外逐渐形成了一个以汉族朝官、京官以及士子为主的社区，人们习惯上将它称为宣南。这里的风俗习尚充分体现了士文化的特色。尽管这个社区紧邻闹市，却依然保留着士乡古韵，同时，又传递着新的文化信息。

"士乡"是指士民聚居之地，始于春秋。宣南士乡是由于各种历史、文化、社会因素的交互作用，自然形成的。虽然聚居在这里的士人来自全国各地，各个阶层，但他们有着相同或相似的精神追求，共同营造着田园诗般的文化氛围。近在咫尺的尘嚣的商业社会，反而时时提醒他们保持心灵中所固有的农业文化的特色。宣武门外大街两侧和菜市口南部地区，是这些士民的主要居住地。按清代行政区划，这一地区包括北城的西部和西城的东部，或者说，包括宣南坊和日南坊的大部。

在宣南，不但有明朝显宦的故宅别业，为汉官提供了现成的宅第，而且还有古刹名寺，成为云游京师的士子们理想的驻足之所。这里还有宽敞的街区和优美的自然环境，可用来增建瓦舍，扩展住宅。这些条件为士乡的形成，提供了极好的物质保障。

宣南地区以名士显宦的宅第为中心，以同乡、同年、门生为纽带，形成了一些士大夫相对集中的街区。

在明朝，横街以南为旷野之地，曾设有黑窑厂。清初沿袭明制，仍在此处烧制砖瓦。康熙三十三年(1694年)以后，黑窑厂被废弃。由于这里"坡陇高下，蒲渚参差"，成为都人往游之地。后来，又在原窑厂的高土丘上建起了真武庙，附近搭建凉篷，设茶具。周围苇花摇白，雅称秋雪，于重阳节在此远眺，最具情趣。

康熙三十四年(1695年)，工部郎中江藻在黑窑厂南部原慈悲庵偏西处，"构小轩三间"，取白居易诗句"待到菊黄佳酿熟，与君一醉一陶然"之意，命其为"陶然亭"。随后，陶然亭成为名士设酒唱和之地。

此时除黑窑厂、陶然亭以外，还有积水十余顷的黑龙潭、元代古刹龙泉寺、封氏园、刺梅园、多氏园等古园。周围多松柏匝地如盖，卉木森蔚，古韵苍莽。天然的景观为士人放浪形骸，追求自由奔放之精神，提供了极好的空间。同时，也成为闲散生活的理想场所。

前面对外城从使用性质上大致做了一些分类介绍。一般来说，这些地区各具特色，可简单概述为：东部因经通州漕运来的生活必需品首先来到这里，故称为"有布帛菽粟"；西部因为有从西山或西边运来的许多牛马柴炭，所以称为"牛马柴炭"；南部因为有花市和金鱼池，所以被称为"禽鸟花鱼"；北部大多住的是读书人，大多很穷，所以讽刺他们是"衣冠盗贼"；中部商贾众多，戏园、酒楼、妓院鳞次栉比，所以是"珠玉锦绣"。与内城比起来，外城好似大众的天下，世俗的世界。外乡人、苦力，以及各种人等，大都聚集于此。住在内城的达官贵人，也要不时跑到这里来散心解闷，光顾光顾戏园子、八大胡同、商业老字号和天桥等地。

八、城外城

北京作为数朝古都，不仅建有规模宏大的京城，而且还建设了一批城外之城，作为军事防守的重要阵地。在此，介绍一下明代的卫星城：通州城、巩华城和宛平城。

通州附近有一个汉代的潞县旧城，元时被破坏。明洪武元年(1368年)，徐达打到北京，命燕山侯孙兴祖重修此城，并引潞水作为护城河。明景泰初年，又在该城西北外建新城，用于储存南方运来的粮食，其储量可达几十万担。万历二十三年(1595年)，此城进一步扩建成为日后的通州城。

明朝永乐年间，在京北(今昌平区境内)修建皇室陵墓。为此，朱棣决定在水河镇东南，建造一个行宫，作为皇帝到十三陵谒陵时中途的休息之处。以后，又在此基础上扩建成一个小城，嘉靖皇帝称为巩华城。城是正方形，边长二里，四面开门，成为保卫京师、拒迎北面之敌的前哨。到了清代，巩华城逐渐被破坏殆尽。

位于昌平沙河镇东南方的巩华城城墙

万历二十年(1592年)，明神宗指定张位在近京周围十里建辅城，以卫京师。在设计图纸刚刚完成之际，朝廷内部的一些大臣出来反对，促使神宗改变初衷，此计划未能实行。

崇祯十年(1637年)至十三年(1640年)，朝廷在京西三十多里外，卢沟桥的东面修建了宛平城。初名拱极城，为拱卫京师之意。出于军事目的，此城正中的中心台上建有敌楼，城顶部修建若干个小屋，作为对外瞭望和射击之用。外墙设垛口，上有瞭望孔，孔下有射眼，垛口上加盖一块木板。墙体内填黄土碎石，外砌大砖，顶铺三层面砖，墩实牢固，极利于防守。

第七篇 坛庙山陵

一、九坛八庙

老北京所说的"九坛",指的是①天坛、②地坛、③社稷坛、④朝日坛、⑤夕月坛、⑥祈谷坛、⑦太岁坛、⑧先农坛、⑨先蚕坛。这一提法并非来自什么典章制度,颇有些约定俗成的意思。因此,"九坛"的具体内容,也就说法不一了。比如,有的说是:①圜丘、②方泽、③朝日、④夕月、⑤祈谷、⑥山川、⑦社稷、⑧先农、⑨先蚕。至于"八庙"的说法,则更是众说纷纭。有的说是京师有代表性的八座神寺:①贤良寺、②法源寺、③广济寺、④广惠寺、⑤拈花寺、⑥柏林寺、⑦龙泉寺、⑧旃檀寺。也有的指比较著名的八座喇嘛庙和道观:①隆福寺、②护国寺、③妙应寺、④普渡寺、⑤雍和宫、⑥白云观、⑦东岳庙、⑧朝天宫。或指八座神庙:①宣仁庙(奉风伯)、②凝和庙(奉云伯)、③昭显庙(奉雷公)、④时应宫(春雨神)、⑤都城隍庙(在今成方街)、⑥都土地庙、⑦山神庙(今朝外大街东岳庙,奉山神东岳大帝)、⑧太岁殿(先农坛内)。也有指八家清代皇家庙的:①宣仁庙、②凝和庙、③普渡寺、④真武庙、⑤昭显庙、⑥万寿兴隆寺、⑦静默寺、⑧福佑寺。按照后来比较普遍的说法,这八庙是:①太庙、②奉先殿、③传心殿、④寿皇殿、⑤雍和宫、⑥堂子、⑦历代帝王庙、⑧文庙。

按照老北京人的说法,北京有多少条胡同就有多少座庙(包括宫、观、庵、祠)。有的一条胡同还不止有一个庙。据北京市文物局1958年的统计,尽管经过战火、自然灾害、人为拆毁、改建,当时全市尚存庙宇2730座。

既然如此，为何单单提出这"九坛八庙"来说呢？道理很简单，虽然庙宇的数量大，但大致上仍然可以归为几类，而"九坛八庙"正可以成为这几类的典型代表。所以，老北京有句俗话："东单西四鼓楼前，九坛八庙颐和园。"这是对昔日北京享有较高声誉的坛庙、名胜的生动概括。

"九坛"是在"五坛"的基础上扩充而来。这"五坛"是：①天坛、②地坛、③月坛、④先农坛、⑤日坛，均为明代所建，清代沿用，是明、清两朝帝王祭天、地、日、月、山川、太岁等神祇而特意建造的。我们的祖先对于四季交替，天时变换，日月盈昃，尤其是危及人类生命的水、火、雷、电等还缺乏科学的了解，以为在自然界中存在着一位至高无上的神君，不但主宰着上天，而且主宰着人类的生死存亡，吉凶祸福。所以，人们就以畏惧、祈盼的心情对这一神灵恭敬礼拜，希望它消灾降福，呵护人类。这种纯朴的神权思想和萌芽的宗教意识，正是产生祭坛拜台，作为祈祷场所的最初动因。以后，统治者又不断增加祭祀对象，建立起各种各样的祭坛神庙，以及一整套重叠繁杂而又故作神秘的祭祀礼仪，作为统治人民精神的工具。这正是"九坛"(包括"五坛")以至"八庙"等祭祀建筑存在和扩充的原因。

早在周代，祭祀天、地、日、月就已经成为一种制度。战国时期的秦始皇，曾在成山(山东荣城成山庙)祭日，在莱山(山东掖县)祭月。西汉成帝年间，在当时的都城长安城南郊修建了"天地之祀"以祭天地，修建"东君祀"以祭日。魏晋南北朝时期，春分在东郊朝日，祭祀天地之神。至今，中国民间还留有春节祭祀"天地之神"的习俗。祭祀天、地、日、月，是中国古代国家的盛大典礼之一，是帝王统治的重要方式，历来受到重视。北京现存的天、地、日、月坛，是明朝永乐、嘉靖两代皇帝统治时期修建的。

有人问："当时为什么要将天、地、日、月这四坛建在内城之外，而且选择正南方建天坛、正北方建地坛、正东方建日坛，正西方建月坛，依据何在？简单说，这是按照《周易》先天八卦规划的。

从先天八卦图中可以看出，乾南、坤北、离东、坎西、兑东南、艮西北、震东北、巽西南。《周易·说日》认为："乾为天、坤为地、离为火为日，坎为水为月……"，也就是说，南边作为乾卦，是天的位置，北边的坤卦为地的位置，东边的离卦为日的位置，西边的坎卦为月的位置。于是，天、地、日、月坛的位置就被确定了下来。

不仅如此，《周易》还对天、地、日、月四坛的建筑形象特色发生影响。周易中乾卦代表天，象征圆形，坤卦代表地，象征方形。用形象的比喻，天像一口大锅(圆形)扣在大地(方形)上，这就是"天圆地方说"的由来。封建帝王为与天相应，与地相通，以求得天地之神的佑护，于是就将天坛建成圆形，将地坛建成方形。同时，按照后天八卦方位，离卦为南，坎卦为北，分别与先天八卦的乾坤二卦位相重。因此，日坛与天坛一样建成圆形，月坛与地坛一样建成方形。按照明朝初年的设计方案，日坛的祭坛是方形的，而围墙则是圆形的；月坛的祭坛是方形的，围墙也是方的。

就连各坛坛门的命名，也与《周易》有关。如天坛内主要建筑圜丘周围的四个门，就是按照《周易》中乾卦之四德："元、亨、利、贞"命名的。东曰泰元门，南曰昭亨门，西门曰广利门，北门曰成贞门。乾为阳为天为大，坤为阴为地为水，所以，天坛的面积比地坛大。

九坛中，属社稷坛诞生最早，建于明永乐八年(1410年)。《白虎通》说："人非土不立，非谷不食。故封土立社，示有上尊。稷五谷之长，故封稷而祭之。"历代都城都设有社稷坛，由皇帝主祭。各省各县都有大小不等的社稷坛。

明清两代的社稷坛在天安门的西侧(今为中山公园)，符合古代都城左祖右社的布局原则。社稷坛的地基全部是汉白玉巨石砌成，晶莹雪白，气派非凡。坛顶铺有紫、

社稷坛全景图

青、赤、白、黑五种颜色的土壤。

风水中，最常用的是五行方位。五行者，金、木、水、火、土。五行之间存在着相生相克的关系。木生火、火生土、土生金、金生水、水生木。因此，五行之间"比相生间相胜"。五行方位是风水五行的一种。而与之密切相关的，则要算五色方位。

五方	东	南	中	西	北
五行	木	火	土	金	水
五色	青	赤	黄	白	黑

五色与五行方法对照表

依此理论，社稷坛上的五色土分布为：东为青色，南为赤色，中为黄色，西为白色，北为黑色。四周的坛墙各开一门，其颜色与四方之土色相同。五色土分别代表着五方五行，象征着全国各地的领土。故此，社稷又为国家的代称。据说在坛台的黄土中央处，曾有一个两尺见方的土龛，龛内埋藏着一根长三尺六寸，见方一尺六寸的石柱。此为社主石。每逢冬至、夏至，皇帝都要到这里主祭，合祭社主和稷主。

在民间，祭祀社稷的方式是扫地为坛，上放一把土和一根高粱杆，后来演变为民社和土地庙。

社稷坛诞生后十年，在正阳门南侧建起了天地坛，配有日月、星辰、云雨、风雷四从坛，天地日月一起祭祀。到了嘉靖九年，在天地坛的大祀殿南建起圜丘坛(天坛)，于冬至日祭天；在安定门外建起方泽坛(地坛)，于夏至日祭地；在朝阳门外建起朝日坛，于春分日祭日；在阜成外门外建起夕月坛，于秋分日祭月；并把大祀殿改名大享殿，于每年正月第一个辛日"恭祀上帝，以祈年谷"，因此又称祈谷坛，乾隆十六年改称祈年殿。

天坛主要以圜丘坛、祈谷坛(祈年坛)两建筑组成，其次为皇穹宇、皇乾殿、斋官、神乐署等。

天坛共有内外两重围墙，二者在北面均呈圆形，南面均是方形，这种南圆北方的围墙叫"天地墙"，由于天坛原名为天地坛，合祭天地。只是到了嘉靖九年(1530年)，在北郊另建方泽，在天地坛内建圜丘，从此，天、地才分祭。所以，最初的天坛有祭天、地的双重作用，所以其墙也为"天地墙"。在天坛内，圜丘的四周建有方形围墙，而在圆形的祈年殿外，也有方形的围墙。

在天坛内部偏东侧，贯穿着一条长359米的南北中轴线，为砖砌高出地面的甬道，通称"丹陛桥"。在此中轴线上，汇集着天坛内的主要建筑物：圜丘，皇穹宇、祈年殿等。所有这些建筑，其造型都是圆形。天坛是圜丘和祈谷两坛的合称。现存的祈年殿是清代建筑物，在明代的大享殿地基上改建而成。它坐落在三层汉白玉石雕栏杆环绕的台基上。支撑祈年殿三重殿檐的，是二十八根巨大的楠木粗柱。中间最大的四根，叫"龙井柱"，象征一年四季，中层十二根，叫"金柱"，代表十二个月，外层十二根叫"檐柱"，代表子、丑、寅、卯等十二个时辰。大殿全部采用皇家最高等级的和玺彩绘，殿顶中央为龙纹藻井，与地面的中心圆形大理石天然龙凤纹相辉映。刚建祈年殿时，三层檐的殿顶是三种颜色，接近金顶的是蓝色，黄色，最下边是绿色。据说这代表了三个等级，蓝色圣尊是天色，黄色是皇帝的代表色，绿色是一般臣庶的颜色。乾隆十六年，修缮祈年殿时，全都改成了

天坛全景。依中轴线上次序：圜丘坛，皇穹宇和祈年殿

天坛祈年殿内景，不仅富丽堂皇，而且极富传统文化内涵。此殿为1970年重建

从天坛圜丘坛望皇穹宇，纵横交织的汉白玉栏杆雕刻精美，皇穹宇深蓝色屋顶熠熠生辉

蓝色，从而加重了"天"的感觉。这些以圆形为基调的主体建筑，都是天圆观念的外在体现。

天坛里共采用了大小十一个圆形平面。圜丘坛铺砌了三层白石板坛面。它的石板、石台阶、石栏杆的数目都是九或九的倍数。九作为最大的奇数(又叫阳数)象征着天。

登坛祭天，首先要有"天上"的意境。为此，古代建筑师进行了巧妙的设计：进坛时要经过两重门，每重门内都是茂密的柏树林。这既有利于使人产生逐步远离市尘的脱俗之感，同时又在沉静的绿意中形成了肃穆、静谧的气氛。在密林尽处，通过斜阶登上甬道，透过低矮的蓝色墙头，高起的祈年殿映入眼帘。主要建筑的蓝色琉璃瓦，加上大片的柏林，祭坛内外形成了两个天上地下的不同世界。

"九"代表天，"六"代表地。因此，"六"在地坛的建筑中运用最多。坛的上层面积为20平方米，即60尺，下层为22平方米，即66尺。

祭地始于元代，夏朝是在五月祭祀地，商朝改为6月，而周朝则为夏至。于是，在以后的每年夏季的日出之时，皇帝亲自或派人来行祭祀。届时，鼓乐喧天，拜舞频繁,"晨趋备仪卫,祀典率公卿"。

在古代,祭地神与神话传说紧密联系。据说是天地间有三皇存在,总统天地人,帝王祭地神必然要祭皇。所以,地坛内又建有皇祇室,神皇合祭,以求长治久安,长生不老。

东方被视为太阳的方向。"暾将出兮东方,照吾槛兮扶桑"。屈原《九歌·东君》为太阳而歌,东君就是太阳神。《礼记·王藻》说"朝日于东门之外"。意思是走出城的东门,面向日出的方向礼拜太阳神。明代在北京城的东城门(朝阳门)外建筑了日坛,作为皇帝祭祀太阳神的地方,所依据的,就是上述古制。日坛(原叫"朝日坛")的方形台面为红琉璃瓦,以象征太阳,清代改用方砖墁砌。每年春分,要举行"朝日"的春分之礼,也是皇帝亲自来,或派人来行祭礼。此坛建于明嘉靖九年,主要建筑有拜神坛、具服殿、神库、钟楼等。

在中华传统文化大系统中,常有双双呼应,两相对称的情况,与上述朝日东门外相对,则是祭月西门外。按照五行说,金在西方,西方者,阴始起,万物禁止。金之为言禁也。秋季称为金秋,金风送爽暑热尽。月坛又名"夕月坛",与日坛同年建成,为明清两代皇帝祀夜明之神(月亮)和天上诸星宿神祇之处。这些星宿包括二十八宿,木、火、土、金、水五星及周天星辰。月坛在京城西门(阜成门)外,每年庆秋分时,

从空中望见的地坛全貌

先农坛观耕台

由皇帝本人或者委派的人在此祭祀日神及诸星宿神祇。

先农坛又名山川坛,是皇帝祭祀农神行耕藉礼之所。这里的建筑错落有致,松柏参天,环境静谧。初建时的山川坛,合祀先农、五岳、五镇、四海、四渎、风云雷雨、四季月将等诸神。虽是合祀,但先农之神有独立的神坛,其地位也较高。按照明太祖朱元璋定下的规矩,历代皇帝每年都要在坛内举行祭农、耕藉典礼,以示劝农从耕。嘉靖年间,祭祀制度的改变,使得山川坛内建筑的数量和布局发生变化。以后该坛改名为神祇坛。万历时,于原旗纛庙与斋宫间辟神仓,同时改神祇坛为先农坛。清代,不仅皇帝亲赴先农坛行耕藉礼,而且诏令全国各地设立先农坛,把对先农之祀,变为国家的重要祀典。到乾隆年间,更是大兴土木,广植松柏,同时,大规模修缮和改建原有建筑,因此,先农坛各处功能更为明确。只是到了清朝末年,王朝没落了,也就再没闲心去修这祭天地山川的古坛。尤其是1890年,八国联军侵犯北京,又使先农坛遭受更大摧残。辛亥革命后,先农坛收归国有,并首次于1913年正月,在此开放十天,以后又作为公园,不久衰落。1949年,全坛已是瓦砾遍地,千疮百孔。十年动乱中,天神地祇坛被毁,内坛各处越发破旧。

太岁坛在先农坛东北,建于明嘉靖十一年。因太岁是值岁之神,皇帝不仅每年正月上旬吉日和腊月末祭祀两次,而且在先农行躬耕礼后,也要到此拈香。

北海公园的东北部(今北海幼儿园院内),有一处高大红墙掩映中的绿瓦大殿,这就是先蚕坛,是皇后祭祀先蚕和采桑的地方。每年农历三月的某一天,伴随着悠悠的音乐,皇后(或她派来的代表,如内廷的官员或贵妃等)在此进行祭祀先蚕神的仪式。这一仪式有一套定制,它与皇帝躬耕先农坛相辅相成,表示帝王农桑并举,以劝天下。

据《宸垣识略》记载,先蚕坛内有先蚕、瘗坎两坛,坛的三面皆种桑树。坛的东边有一观桑台,台前为桑园,台后为亲蚕殿,殿后为浴蚕河。河上有两架木桥。南边的桥,东边是先蚕神殿;北边的桥,桥东为蚕所。

"九坛"和"八庙"虽然称谓不同,但在功能上很难分清,都属于帝王祭祀列祖、列宗、神佛、历代圣贤先哲的地方。

"八庙"中的第一

位于北海北岸的蚕坛。此图为蚕坛南门,于民国年间修建

先蚕坛,正门在南面偏西处,入门即为先蚕坛,四丈见方,四面有石阶各十级。坛四周植桑树,后面有亲蚕殿等建筑

庙,当推位于天安门城楼东侧的太庙。它与天安门西侧的社稷坛构成了"左祖右社"的格局,其西北门与故宫午门前左阙门相对。进大门为太庙第一进院落,古柏成行,幽林静谧。第二进院落是准备祭品的地方。第三进院落便是太庙的主要建筑:前殿、中殿和后殿。它们都坐落在三层汉白玉台基上。前殿是举行祭祀活动的地方,中、后

殿则是供奉帝后神主牌位的地方。每年年末举行大祭，所有存于中、后殿的牌位均移到此殿，举行"祫祭"，前殿两边的房内供奉着有功的皇族成员和功臣的神位。在前殿的南面东、西两边，各有一座燎炉，用于焚烧祭品。后殿的东西两边为五间配殿，是祭品仓库。后殿供奉了满清没有称帝的四位追封皇帝：肇祖、兴祖、景祖、显祖的牌位。每年在太庙举行的祭祀活动很多。每年四月初一、七月初一、十月初一、皇帝生辰、清明节、七月十五、死去皇帝的忌辰等都要在这里致祭。此外，每逢皇帝登基、大婚、凯旋、献俘等大典，皇帝也要临时来这里祭祀。

"八庙"中的奉先殿和传心殿均在故宫内。前者是清代举行大典时进行祭祀祖先的地方；后者则用于供奉帝王、先师的牌位。清朝顺治十四年(1657年)建成。本来计划把宗庙设在太庙，但顺治帝不同意，理由是与古制不符。于是，在东路的景运门以东，修起了奉先殿。它自成院落，前后殿共七楹，凡朔、望、荐新、岁时展礼，遇诸大典则先期告祭。"传心殿"的"传心"意为表明古代圣贤之道，传承有序。其殿位于东路文华门东侧，也是自成院落，五间正殿中摆放着伏羲、神农、周文、武王、以及周公和先师孔子等古代圣贤的遗像。

景山寿皇殿，位于景山的北部，今为"北京市少年宫"。乾隆十四年，从景山的东北处移到现在正对景山中峰的地方。为数九间的正殿为主体建筑，规制仿太庙，落成后供奉清圣祖、世宗、太祖、太宗、世祖及诸后的影像。

堂子是清代所特有的满洲神庙，主要祭祀社稷海神及满洲族的祖先。其地位与太庙并重。原址在今台基厂北口路西。光绪二十七年(1901年)，按照《辛丑条约》规定，这一带被划为使馆区。于是堂子被迁至南河沿南口，今北京饭店贵宾楼址，内有祭神殿，祭祀诸神，南前方为拜天圆殿，殿外正中有皇帝致祭时的神杆石座，杆高二丈，顶挂纸幡，两旁有小石座六行，每行六个，供皇帝以外的皇子、诸王等致祭之用。其东南建有尚神殿，南有小院，内有八角亭，祀神及祭仪极神秘，汉人不得参加。每年正朔，以及季春、季秋朔日举行。

雍和宫原为清雍正皇帝即位前的府邸，后成为清帝供祀先祖的影堂。在明代，这里是太监的官房。康熙三十三年(1694年)建成，由胤禛(后来的雍正帝)使用。雍正继皇位之后，王府称为潜邸，他人不许再住，遂将全府分为两半：一半为喇嘛寺院；另一半为行宫。后行宫毁于火，寺院成了行宫，称雍和宫。雍正死后，除永佑殿成为供奉先帝的影堂外，其他大部分改为喇嘛庙，成为清王朝管理全国喇嘛教事务的中心。

文庙即孔庙，是元、明、清三朝祭祀孔子的地方。位于有名的京城国子监街路北,建于元代大德十年(1306年),明朝数次重修,清朝乾隆年间更加装饰整修。为三进院落,中心建筑为大成殿,前有二门,东西配殿十九间。大成殿为祭孔场所,供孔子像和牌位,陈列东西。正位两侧是各二配位,左为复圣颜回、宗圣曾参,右有述圣孔伋、亚圣孟轲。正殿东、西两侧分列孔门"十二哲人"牌位。每年仲春、仲秋上旬的"丁日"举行大祀,称为"丁祀"。孔庙内还有元、明、清三朝的进士题名碑188座。

历代帝王庙建于明嘉靖十年(1531年),祭祀历代一百六十四位皇帝和七十九位名臣。原址为保安寺,现址为北京一五九中学,在2003年恢复了本来面目。庙内中心建筑为景德崇圣殿,顶上覆盖琉璃瓦,和玺彩绘,殿前有汉白玉月台和碑亭,庙东西两侧有跨院。

北京的"八庙"之说很多,除上述一说外,比较流行的还有"内八庙"、"外八庙"、"小八庙"、和"大八庙"之说。"外八庙"指的是故宫外的八座庙宇,它们是"坐落在北池子大街路东的宣仁庙和凝和庙;南池子大街路东胡同内的普渡寺;西华门外胡同内的真武庙;北长街路西的昭显庙和万寿兴隆寺、静默寺,北长街北口路东的福佑寺。其中,普渡寺、福佑寺为喇嘛寺,其余为祭祀风、云神,雷神等地方。这外八庙的作用,类似于承德避暑山庄的外八庙,用来接待北方边远地区来的宗教人士,是清朝统治者对少数民族实行怀柔政策的体现。这从上述外八庙均位于皇宫东西两侧,尤其是西侧的重要位置即可看清。

北京的庙宇,除了上述的"九坛八庙"为代表以外,也还有一些堪称奇妙的小庙。比如"庙里有井,井里有庙",有井的庙是指东岳庙,该庙东跨院内有口井,直径三尺,在靠近井帮外做了一个磉,里面就是那座小小庙,庙为龙王庙,不足一尺长宽。同时又因此处为关公庙旧址。故称"庙(关帝庙)里有井,井里有庙(龙王小庙)"。在朝阳门里水关的南边,二神庙胡同东口外偏南的东城墙上,镶嵌着一座高二尺,长一尺五,横梁长一尺二的小庙,由汉白玉石头凿成,庙室一凿为三,分供三座神珍袖像。这就是旧京著名一小庙——"墙上庙"。还有"桥上庙",指皇城东安门大街上的东安桥,此桥上建有一座真武庙,祭祀真武帝君。这座建在皇城桥上的庙,其地位够显赫的。"庙上桥"指这座真武庙里神殿前的一座小石桥。由此留下"桥上有庙,庙上有桥"的奇景。"当街庙"坐落于西四北大街,石老娘胡同东口的马路中央。庙里祭祀的是蒙古族瓦剌部大将额森的牌位。此人是明英宗朱祁镇成了瓦剌俘虏之后不久,就将其放回的恩人。为谢其释放之恩,英宗为其建立此庙。"过街庙"顾名思义，就是凌驾于胡同之上，两房之间的小庙。此庙位于地安门辛寺胡同内，为小土地庙，建于乾隆年间。

北京寺庙之多，一方面说明了北京人供奉的神灵的领域很广，同时又说明，北京人非"唯一信仰者"。可以说，他们无论对佛、道、儒，及至外国宗教，都采取一种实用主义的态度。

二、关帝在京师

明清两朝，北京的城墙上共开有九座城门(和平门、建国门、复兴门为民国以后开设，详情见本书第四篇)，而每座城门的瓮城内都有一座关帝庙，并且在庙内塑有绿袍红脸、长髯的关羽神像。尽管东直门瓮城因是加修的，限于地理条件而没有地方塑像，但仍然在关帝庙中设有关圣帝君的牌位。又因为正阳门内多了一座原来就有的观音庙，所以形成了"九门十个庙，一庙无神道(未设关羽神像)"的俗谚。于是，汉朝的这位忠义勇猛的将领，担负起了"保卫"京师各门安全的重任。

各城内设关帝庙，始于正统元年(1436年)之后，各门重加修整，正阳门瓮城最先建起了关公庙。到了嘉靖皇帝时，坚持"九门者须四

正阳门瓮城内的关帝庙关帝神像。此像来自宫中，据说皇帝嫌它小，就又造了一座大的，供在皇宫内的关帝庙中，而将这尊请到了前门楼下，建庙祭祀，从而引起百姓们的蜂拥而来

面兴之，乃为全算，否则未为王制"。于是，内城各门都修建了关帝庙。

在京师，关帝庙不仅集中于城门，更散布在大街小巷。据明人沈榜的《宛署杂记》记载，明代北京城郊已有各种关帝庙51座，而且是"鼓钟接闻，又岁有增焉，又月有增焉"(《帝京景物略》)。清朝《乾隆京城全图索引》中，记载有关帝庙116座，居众庙之首。这固然由于北京是帝王之都，代表了封建统治者的好恶；另一方面，也说明北京曾是三国时代的涿郡，是刘关张"桃园三结义"发迹的故地，所以有一种故乡人祭祀故乡人的意味。明朝甚至在皇宫中的宝善门、思善门、乾清门、仁德门、平台之西及皇城各门，皆供关圣之像。清王朝也在"万园之园"的圆明园中，建造了几座关帝庙。北京关帝庙多得几乎肩并肩。像宣武门外上斜街里，就有三座关帝庙，有的一条胡同里就有两座。老北京以关帝庙命名的街巷数不胜数。比如关帝庙街(今改为南湾市口，在崇文门外)、关帝圣境胡同(今崇文门外薛家羊胡同)、关王庙(今广外滨河巷)、关王庙街(今崇文区西厅胡同)、老爷庙胡同(今西城区勤劳胡同)、老爷庙后巷(今西城区养廉胡同)、老爷庙豁子(今北太平庄黄亭子)等等。这些遍及京师的关帝庙，每日香火不断，烧香的名目繁多：祈福禳灾，保家佑身，求财源，拜把子结盟，都免不了要请关老爷出面。这些庙中，大部分是专门供奉关公的，如上面提到的广外

正阳门瓮城内的关帝庙(城楼西侧)，是内城九门关帝庙中最著名的一座

正阳门瓮城内的关帝庙正殿，此处的关帝香火格外旺盛。一方面是因为其关公像来自皇宫，从那里出来的东西身价百倍。另一方面是因为这里的关帝作用格外"灵"，有求必应。由此才招来四方香客，尤其是关帝诞辰和春节期间，显得尤其热闹

滨河巷的关王庙、正阳门的关帝庙等；有的则是兼供关公的。如三义庙(刘、关、张三位共奉)、五虎庙、七圣庙等。这些庙虽然在1949年以后大部分被拆除了，但供奉关公的观念却依然存在于民间。到了20世纪80年代，商店，特别是餐馆中供奉关公像的习俗，由南向北逐渐恢复。如今，在北京的餐厅、酒家，甚至大饭店中，经常可以看到这种场景。

在众多关帝庙中，规格最高的，要数正阳门城楼瓮城里的关帝庙。因庙处国门，背依紫禁城，左后为太庙，右后为社稷坛，地势显赫。明清时期，每年都要由朝廷举办祭祀活动。外国使节进皇宫去朝谒，出来时都要到此祭祀一番。皇帝除在祭天坛、先农坛路过正阳门时，必驻足祭祀外，每年农历五月十三，民间传说的关老爷磨刀日，朝廷也必派员前去祭礼这位将军。关于这一点，还有一个动人的传说，说是有一个春天，北京大旱，自打过了清明节，就没下过雨。在城里专以磨刀为生的穆师傅，竟连磨刀用的水都找不到。就在五月十三这一天，太阳早早地就出来了，晒得大地一片燥热，穆师傅愁的坐卧不安。快到中午了，他坐在大门口，正在收拾磨刀石。猛抬头，看到一个红脸长须的高大汉子，手提一把大刀走了过来，请穆师傅磨。因为没

正阳门关帝庙内神像前的传令兵与捧印的关平

水,穆师傅只好在磨刀石上干磨。谁知这一磨刀所发出的声响特别异常,有如轰轰隆隆的雷声。不一会儿,天上真的响起了雷声,一阵紧似一阵。紧接着"唰"地一道闪电,划破天空。乌云骤然集聚,接着,就哗哗地下起了大雨。再寻那高大汉子和大刀,却都没了踪影。这时候,穆师傅才猛然想起这磨刀的红脸大汉,不就是前门关帝庙里供奉的那位关大老爷吗?!后来,每年到五月十三前后,北京都要下一场雨,百姓都爱管它叫"磨刀雨",这正是"大旱不过五月十三"俗谚的由来。

凡是国家遭遇重大灾难(如天旱、大涝、地震等)时,也要举行祭祀活动。万历四十二年,明朝廷就曾因灾而祀过。那次祭祀活动相当隆重,司礼太监手捧帝王服饰九旒冠、玉带、龙袍及一块写有"敕封三界伏魔大帝神威远震天尊关圣帝君"的金牌,建醮三日,颁知天下。后来,这一震天动地的称号被撤销,仍是将军称谓,直到天启四年才又称帝。从此,老爷庙统称为"关帝庙"。

正阳门是京城正门,门前是繁华的商业区,所以前来烧香上供的人很多。正月初一的五更天,就有人前来求福拜神,从早到晚人流不绝。前来烧香的人中,抱着各种各样的愿望,商人求取开市大吉,秀才希望一举成名,百姓祈盼福顺平安。此处"关帝签"闻名遐迩:"灵签第一推关庙,更去前门洞里求。"每月朔望庙会之际,求福者、求寿者、求子嗣者、求功名者络绎不绝。接待香客的道士就有百余个摊位。关帝庙求签成为京师民俗一景。每逢初一、十五,不但百姓蜂拥而至,焚香燃烛,就连五金杂货铺的老板也牵着关老爷的青龙偃月金属刀,前来祈祷财源亨通。每年在农历五月十三,关老爷诞辰日,更是香烟缭绕,盛况空前。

正阳门关帝庙的香火盛,起源于明朝成祖时期。当时,明成祖亲征漠北,在大军前的沙濛雾霭中,有一神为前驱,"其巾袍刀杖,貌色髯影,果然关公也,独所跨马白"。与此同时，京城中传闻说，每天早晨都有一匹白马，立于瓮城当中，不食不动，气喘流汗，只有到了成祖回师北京之后才停止。有人说，此马即关公助战时所乘之白马，成祖闻听大喜，下令在正阳门关帝庙崇祀。

正阳门关帝庙建于明朝天启年间，黄顶白碑，树木幽青，灰墙环绕，环境怡人。此庙石碑中，一座题有"义圣忠王"四字，另三座碑文为明万历皇帝所撰。庙内所祀物品，为明宫用过的物品。庙内有民国年间的国务总理孙宝琦书"大汉千古"匾一方，张学良夫人于凤至献"灵镇山河"匾一方。庙内供有大刀三柄，大者长二丈，重四百斤。其余二刀，一重一百二十斤，一重八十斤。均系清嘉庆年间陕西某司马在打磨广定铸。每年五月初九，该庙必举行磨刀典礼一次。庙中有铁磬，重百余斤，为山西人所铸。此外还有关公乩笔书之风雨竹石刻，原在殿中，后移到客室内。有人说，正阳关帝是黄金铸的身，其实，它只是一座木雕像。原来供奉在皇宫，明世宗嫌它形体太小，便命人另雕了一座大的，把它换了下来。本想弃之，却因巫师布阻，于是决定放到国门处，盖庙继续祭祀。清朝嘉庆十五年重整时，将关老爷泥塑的青龙偃月刀替换成了长柄铁刀。

虽然正阳关帝是黄金铸身的说法不可靠，可老百姓都信以为真。1900年八国联军入侵北京时正阳门被焚，关帝庙被毁。顺天府尹陈壁负责修复工作。京城沸沸扬扬。说他借修城之机，把关大老爷的黄金塑像换成了泥胎木雕，因此发了横财。一时间要求追查的舆论传遍京城。

明朝末年，清皇太极入关，长驱直入，逼近京城。大将洪承畴出征抗清。临行前，崇祯皇帝设筵送行，亲授

前门关帝庙内赤兔马及后面的周仓塑像。此赤兔马为汉白玉雕成，以传说中的永乐帝被救故事为依据，故为白色

上方宝剑。不料洪承畴抗击清军不利，战前被擒，挣扎之后被迫降清。各大臣不敢把实情报告崇祯，假说洪战死疆场。崇祯信以为真，悲痛欲绝，挥泪草文，在正阳门关帝庙设位祭祀。接着，又在瓮城东侧修建祠堂，供奉这位忠魂。祠堂刚刚建好，崇祯知道洪承畴没死，是投降了清兵，于是，又急急令人把祠堂改成了观音庙。这就是"九门十座庙"正阳门占其二的原因。

民国初年，前门关帝庙还被附会出了一段荒诞的传说。据说张勋复辟，占领北京城之际，这位向以忠君传名的汉前将军也举起丈八蛇矛参加了效忠满清的辫子军。可惜天时不利。张勋复辟不及人心，以失败告终，关老爷也跟着白忙活一场。为什么有这一传说呢？依据是，张勋失败的那一天，前清太监去前门关帝庙烧香，见庙前那匹泥马浑身汗水淋淋，便生出了如前猜想，回去大大地讨好了清王室遗少们一番。然而，这一荒诞传说很快被人遗忘，关公在人们心目中的地位未发生动摇。

与正阳门同在一条中轴线上的地安门(即老百姓俗称的"后门")也有一座关帝庙。与正阳门关帝庙相比，这里显得规模宏大，建制齐全。有庙门、正门、前殿、后殿、庑房、斋室、祭库、治牲所等建筑。正殿屋顶上还覆盖着琉璃瓦，梁栋全部彩绘，殿内富丽堂皇。关公像身着丝大红织金袍服，周围高悬青织金云幡，前摆神桌神龛，黄绫帷幔，朱红竹帘，黄铜香炉，花瓶烛台，绚丽生辉。殿外遍植松柏，外围高墙。按照封建社会传统，为了表示对关公及其家族的尊重，这里除有关公神像之外，同时还供奉了关公父亲、祖父乃至曾祖父的塑像。这座关公庙如此宏伟，主要是因为它是明清两朝皇帝的宫观。自明朝洪武年间建成以后，不断得到扩展。每年元旦、冬至及朔望之日，朝廷都要派人前来祭祀，声势浩大。其余如关公诞生等日也有祭祀，隆重繁多，该庙的正式名字叫"寿亭侯庙"，寿亭侯是关公封的爵位。后因明英宗夜梦关羽所骑白马，故名"白马关帝庙"。

关公庙在北京不仅建得多，其称谓也多。"关公庙"、"关帝庙"在京城百姓嘴中叫得很响，但有的也有俗称，像宣武门外上斜街里的三座庙，从东往西分别为"头庙"、"二庙"和"三庙"。此外，安定门大街、西城缸瓦市的关帝庙也叫"红庙"，可能与关公的红脸膛有关。至于东直门大街关帝庙叫"白庙"，可能与地安门关公庙叫"白马关帝庙"的简称有关。为省事，干脆叫"白庙"了。宣武门外南横街的南面有座关帝庙，叫"金顶庙"。阜成门里锦什坊街有座关帝庙，居然叫"鸭子庙"，正阳门以西河沿有座万寿关帝庙，因其庙内有两根旗杆，所以被称为"双旗关帝庙"。庙内有多层建筑，清朝后期为各处商贩占用，成为正阳门的市场之一。距双旗杆关帝庙

位于西城鼓楼西大街149号的关岳庙。原为清代醇贤亲王庙。1914年北洋政府在后寝祠塑关羽、岳飞像祭祀,故称关岳庙。1939年恢复武成王庙,简称武庙。现为西藏驻京办事处。图为东院内的岳飞祠

不远,西河沿响闸处又有一座关帝庙,且此庙内也有旗杆。为与双旗杆关帝庙相区别,这座庙称为"粗旗杆庙"。在西四牌楼南大街,还有两个关帝肩并肩同坐一起的"双关帝庙",供奉的为一文一武两个关帝。这种庙在通州区也有一座。所谓双关帝庙,有的是供关帝与岳飞二人,而不是两个关帝,于元代也黑帖木儿的泰定年间重修过,有元、明、清三朝所立碑石。有的是供奉关帝,但不叫关帝庙。像广渠门内五虎庙,建于明朝,庙内原祭祀关羽、张飞、赵云、马超、黄忠西蜀五虎将,所以叫"五虎庙"。此庙在今天坛以东太阳宫(龙潭湖)附近。还有一座叫"铁老鹳关帝庙"。因该庙屋顶竖有两只大铁鹳而得名。其目的是驱逐鸟雀,以防在此建巢,有损建筑。民国三年,北洋政府在鼓楼西建了一座武庙,又称关岳庙,合祀关羽和岳飞等二十四名历史上著名的将领。这种合祀的形式还有"七圣庙",被祭祀的除关公外,还有赵公元帅、土地爷、天仙圣母、二郎神、财神爷和火神爷。北京的"七圣庙"有好几处,有的是以关帝为中心,配以龙王、药王、土地、财神、雷神和青苗神,无一定之规。而以"七圣庙"命名的街巷就有宣武区的永庆胡同、朝阳区郎家园、宣武区齐胜巷等,原来都叫七圣庙。前门外北火扇胡同的七圣庙(俗称蝎子庙、协资庙)比较著名。与此相同的还有姚斌关帝庙。叫此名的庙有两座,一座在西城姚斌庙胡同(今为民族宫南街),一座在崇文门外金鱼池。建于隋朝。这座庙内的关公像正坐,左顾,怒形于色,

视姚斌。姚斌袒衣赤足,系发于柱,勇悍不屈。另外还有七位将领皆仰视帝指,意属斌。赤兔马立于像左,长鸣仰诉。这组塑像取材于姚斌盗马的故事。其精美塑像名扬京城,神像威严生动,呼之欲出。关公神威并蓄,端坐正中,逼视姚斌。赤兔马的身上饰品奇特精美,十分华贵。有人说此超世杰作出自元代雕塑家刘元之手,也有人说为隋代原作,因为其雕塑水平远非刘元可比。北京还有几座叫"高庙"的关帝庙。大多是因为庙建在地势较高之处。前门的西珠市口高庙胡同(今为阡儿胡同)高庙最著名。此外还有崇外高庙胡同(今长巷五条)和西海南沿等处的高庙。"倒座关帝庙"位于西单安福胡同。关羽尊为帝君,享坐北向南之帝位。但此庙坐南朝北,故称"倒座关帝庙"。

在雍和宫北边有一条五道营胡同,其东口路北有一座关帝庙,东临雍和宫,其南北墙东侧紧连雍和宫西院墙。1952年,雍和宫北段原来不通的部分被打通,致使原本相连的雍和宫和关帝庙分隔于道路的东西,在关帝庙最后一层大殿以东的位置,沿大殿东山墙新砌一道东院墙,墙外的部分建筑被拆去,其中包括菩萨殿西边的配房。这样,原本对称的关帝庙为保全北京最大的一座喇嘛教庙宇的完整,变成了偏建筑。不过,这比起其他已被拆除殆尽的无数关帝庙来,还算是不幸中的万幸。

关帝庙不仅内城多,外城也多,就连郊区县也不少。拿通州区来说,有自然村563个,过去曾建关帝庙150座,可见崇祀之盛。在当年驻守通县保卫京师的部队——通州卫、神武卫较近的地方,明代建有一座规模较大的关帝庙。共有三进院落,可称全县之最。将士们效忠皇帝,敬仰关公,并祈盼以其神力保佑出师顺利。此地至今留有"大关庙胡同"。在大运河西岸,通州码头附近,建有一座"铜关庙"。因庙中关公神像为青铜所铸,世为罕有,故香火很盛。该处街道也因此简称"铜关庙街"。大运河东岸,胡各庄乡大营村北有一座兵营,是明朝初年守卫运河的军队屯垦驻地。永乐年间开始建庙供奉关公,以至附近村民也来上香,到了清朝,在关帝庙旁竟形成了一个村落,"上"与"侧"近似,所以这个村落就叫庙上(侧)村。就在大运河两岸,通州城南那处有名的"茶棚",也是因有关公庙而引人到此喝茶歇息而形成。

北京是一个严重缺水的城市,古来如此。打初春开始,就经常少雨干旱,致使稼苗因缺雨而难活。为此,每年从五月初开始,到各处关公庙进香的人逐渐增多。俗话说:"大雨不过五月十三。"这一天正是关老爷磨大刀显灵的日子。所以,每年的这一天就格外热闹,城里城外的求雨者络绎不绝,各庙整夜不能关闭。这种活动一直延续到清末民初。

关公的作用当然不止于此。在皇城的东安门内，东安桥上虽然地极狭窄，却也建了一座关帝庙，相传此庙如遇灾时，工部就可以有工程可干了。所以，工部吏胥奉之极虔(清·震钧《天咫偶闻》)。北京还有一个关公牌坊吓跑八国联军的传说。说的是朝阳门外华北第一道观东岳庙(今为北京民俗博物馆)，庙门前有一座牌坊，绿釉檐脊，遍体黄釉雕花，楼顶火焰球高耸，牌额题书"秩祀岱宗"(南面)、"永延帝祚"(北面)，据说为严嵩的手笔。此牌坊建于明万历丁未孟秋。它是北京最大的一座临街的琉璃牌坊，至今尚存。

1900年八国联军入侵北京。俄国、日本两国的军队由通州沿通惠河转过日坛，向朝阳门进犯。暮色中，他们将近这座牌坊时，只觉其有如关大老爷垂巾围肩，五绺长髯，蚕眉倒竖，凤眼圆睁，深枣红脸，一付怒容对着南面。俄国鬼子因此丧胆，不敢前进，只能绕道而行。唯独小日本仗着几分武士道的邪劲，直奔东岳庙而来，而且强住庙里。没想到，他们自打住进庙里，就不断有人拉稀，以至失去性命。附近百姓编了童谣唱道："小日本儿，喝凉水儿，喝了凉水就蹁腿儿。"

在北京建都的几代王朝的统治者，都对关帝推崇倍至。元时，每年二月十五日举行迎引护圣白伞，周游皇城的活动。是日，队首由伞鼓仪仗导引，后面即为关公神坛，为众生祓除不祥，遍布福祉。在明朝，成祖朱棣那个征战中的印象更增添了对关公的神像感觉。清王朝的爱新觉罗氏族是关外以骑射为生的少数民族，悠久丰富的汉文化，是他们建功立业的意志根源。《三国演义》中那一个个生动的形象，多样的战例，赢得了他们的推崇。清初的八旗将士最信奉关羽，每次出师之前，都忘不了带上关公像一起出征，这成为他们所向克捷的法宝。尤其是打入山海关，胜利在望之际，他们对关羽的崇拜更加增强。清世祖、太宗对《三国演义》的喜爱，都到了爱不释手的程度。太宗皇太极还命人将其译成满文，让不识汉字的满旗官员当兵书阅读。他自己更是背诵娴熟，随口而出。而且能够实际运用，以关羽重义行为教育他人。1635年，皇太极对明王朝发动了全面进攻。此时，他的后方变得空虚了许多。为了防止朝鲜偷袭自己的后路，他写信警告朝鲜国王"乘人之危为不勇"，所举的例子，就是关羽与黄忠作战，黄忠因马旭蹶子落地，而关羽未趁机杀黄忠的故事。这表明皇太极对关羽"以义为尚，不违诚信"的品格十分赞同。

到了乾隆朝，满族官员读"三国"已成风气。多年的战争经验，以及与明王朝的接触，使他们感到，仅借"国语骑射"是难以打天下的。《三国演义》的应用，使清朝的军队接连取得战斗的胜利。于是，他们对小说中那英武忠勇、义冠古今的关羽非常崇敬，在清朝建立以后，曾封关羽为协天大帝关圣帝君，把关羽作为护国之神。

关羽的名字为民间所熟悉，主要仰仗罗贯中在《三国演义》中的生动描写。其中，桃园结义、保皇嫂、过五关斩六将、走麦城等主要情节脍炙人口，妇孺皆知。影响所致，使关羽的美誉一跃而为刘、关、张之首。一部《三国演义》，竟能左右和支配上下几百年数以亿计的中国老百姓的观念，可见文学作品的魅力之大。

在京西深山中的门头沟区桥儿涧村东古道旁，有一座破败不堪的关帝庙。但庙内的精美壁画却保存至今，内容就是《三国演义》故事。全部壁画共四十八幅，位于庙内南次间的迎面墙、左右山墙之上，题材包括"鞭打督邮"、"平原县上任"、"许田射鹿"、"献帝认皇叔"、"吕布送女"、"温酒斩华雄"等，与关公有关的包括："筵宴关公"、"秉烛达旦"、"大战黄忠"、"玉泉山显圣"等。这些壁画虽然因房屋漏雨和人为损坏而受到一定损坏，但非比一般的技艺水平和鲜艳夺目的色彩，证明了它的传统工笔人物画技法的高超。《北京文物报》已有文章呼吁，保护此庙及壁画。

从魏至唐，关羽在民间的影响还没有后来那样大。只是从宋朝以后才威声大震。宋哲宗封其为"显烈王"，宋徽宗封其"义勇武安王"。元时加封"显灵义勇武安天王"。明朝万历年间更加封为"安英护国忠义帝"、"三界伏魔大帝神威远镇天奠关圣帝君"。这是关羽由封王至封帝的开始，也是他成为神的重要一步。清朝初年又称为"忠义神武关圣大帝"。

雍正三年，关羽不但被抬到与"大成至圣文宣王"孔子一样高的地位，与孔夫子并称为"关夫子"，而且其祖宗三代均被封为公爵：封其曾祖为"光昭公"，封其祖父为"裕昌公"，封其父为"成忠公"，在关帝庙后殿同享祭祀。乾隆年间，关羽又被加封为"忠义神武灵佑关圣大帝"，并将地安门的白马寺关帝庙殿顶改为黄琉璃瓦。于是，关帝庙开始享受与帝位相同的待遇。关羽本人也有了避圣讳的资格。如同清帝的帝讳一样，清王朝将满语的"羽"由别体代替。就这样，关羽这一历史人物完成了由人到文学形象，又由文学形象到神的转化过程。由于帝王的推崇，关羽地位无比显赫，不但在民间供奉为神灵，而且成为国家祭祀的神祇。甚至佛道二家也争相把他拉进自己的教门，以壮声势。如北京最著名的喇嘛庙——雍和宫的西跨院中，就有座宏伟的关帝殿，殿内正中即供奉着一尊十分精美的关羽铜铸坐像。在清朝，《钦定满洲祭神祭天典礼》中规定，关羽与佛祖如来，观世音菩萨同为大祭时的朝祭之神。同时，关羽还被佛教列为伽蓝神之一，于常见的十八罗汉旁塑关羽像供奉。在清代，位于左安门的十里河就有一座关帝庙，是佛教寺庙。此庙就将关帝作为"伽蓝护法"加以奉祀，不仅如此，每年五月，自十一日起开庙三日，"梨园献戏，岁以为帝"（清·富察敦崇《燕京岁时记》）。天台宗的经典《佛祖传统纪》卷六"智者传"中，更记载了关羽显身的故事。这表明，在此书成书的南宋咸淳五年(1269年)，关公已成为三代人共戴，儒佛道三尊的超级偶像。道教封之为"关圣帝君"，有《关帝觉世真经》、《关帝明圣经》等通俗劝善文，标榜"尽忠孝节义"的封建人生观。

明清两朝，关羽与孔子并列，被称为"文"、"武"圣人。由于民间相信关帝具有司命禄，佑科举，治病除灾，驱邪避恶，诛罚叛逆，巡察冥司，乃至招财进宝，庇护商贾等各种"法力"，所以，民间各行业、妇孺老幼对"万能之神"关圣帝君的顶礼膜拜，远远超过孔夫子。这表明，在儒释道并行的中国封建社会，关羽成为名震三界的超级偶像。

"勇武"、"忠义"是关羽精神的实质内容。忠者，忠于兵室，忠于主子。他降汉不降曹，不留恋高官厚禄，千里走单骑回归刘皇叔；义孝，忠于朋友，不忘桃园之盟，患难与共，生死相随。而且，关羽勇力过人，于千军万马之中，取上将首级如探囊取物，号称万人敌；他不仅武力高强，而且善读兵书，尤喜《左传》，讽诵皆上口，自然言行合于义。因而他几乎兼备了中国封建社会大丈夫的全部美德。以勇立功，以忠事主，以义结友，立业，立身，立名，正契合了封建社会各阶层人的心理。忠于皇家，为皇家创业，合乎最高封建统治者网罗天下豪杰为我所用的需要，所以历代皇帝不断加封他，立为楷模。

关羽生前封号并不多。在西蜀，刘备仅将他与张飞、赵云、马超、黄忠一起封为"五虎将"。在曹操营中，曹操挟天子以令诸侯，借汉献帝之口，封关羽为寿亭侯，这是他生前所获得的最高的职位。以后，历代统治者出于维护自己统治的需要，才不断给他加封晋爵。宋徽宗重视他，是因为边患较重，借此呼唤勇于打仗的将领。清朝的顺治、乾隆皇帝重视他，是因为在民族斗争尖锐的情况下，借关羽的号召力引导汉族人忠于他这个"君"。加封关公就是"治心"之术，使汉人在心理上产生亲切感与认同感。

而关羽的重义气、敢做敢为的精神又迎合了封建社会经济中的小生产者的心理。旧中国本是小生产者的汪洋大海，其中又可分为各个阶层和各种行业。上层人物钦慕关公的立业封侯；贫穷农民渴望"仗义救危，讲求信义"。关羽作为信义、仗义的代表，成为农民祈盼平安，躲避灾祸的救星，关羽的不断加封，使人们感到关羽灵威的不断加大，足以统一正、压百邪，成为能够满足他们多方面需求的偶像。

关公的信仰更存在于城镇行业团体和农民起义军当中。中国封建社会一直奉行重农抑商的政策，手工业者为奴，为商贾为贱民，即使致富了也不为那些世代为官、为仕的人家所齿。南宋以来，尽管成立了各种行会，但广大手工业者和商人却仍摆脱不了官府明抢，地痞豪夺等天灾人祸的重重陷阱。他们特别渴望能有个有威有灵、公正信义的人来为他们作主。关公首先是讲信义，千里走单骑，封金挂印，视富贵如浮云。这当中也包括了轻财的意思。更主要的是，商人期望"和气"生财，所谓"生意不成仁义在"，关公与曹操的关系正体现了这种重义气，不翻脸为仇的关系。因而，这些商人也像依赖皇帝的开明一样，依赖对关公的信仰，取得心理上的安慰和平衡。经过历代传承，这种依赖感不知不觉之中化为小生产者，尤其是手工业者与商人的稳固的文化心理。而重史的民族传统，自然形成了重视历史经验，善于从历史中寻求精神力量的习惯。

当然，人无完人。关羽一生也有走麦城的经历，这证明他不是常胜将军。他死后一缕冤魂不散，荡荡悠悠与关平、周仓之魂一直飘到荆州当阳县的玉泉山，经过高僧普净点化，稽首皈依佛门，才往玉泉山去显圣护民了。乡人感其庇护之德，在玉泉山顶盖庙，四时致祭。由此才出现了第一座关公庙。更有人批评他气量狭窄，生前官拜五虎将之首还不满足，只是因为把他与马超、黄忠封在了一起，因此发怨言还闹了一场，写信给诸葛亮表示抗议。诸葛先生擅作调解，回信说："孟起(马超)兼资文武，雄烈过人，一世之杰，黥、彭之徒当与翼德(张飞)并驱争先，犹未及髯(关羽)之绝伦超群也。"他这才反怒为喜。实际上也不过是给他戴了个高帽。

关羽与曹操曾闹矛盾，原因是为争一个女人。关羽与曹操于下邳讨伐吕布，只因关羽看上了吕布手下大将秦宜禄的娇妻。于是向曹操提出，须以得到此女作为他攻下下邳的条件。否则就不攻城。曹操答允。但当关羽攻下下邳要曹操践约时，哪知后者也为那女人的美貌所惑，以致食言。一怒之下，关羽离他远去了。这才有了他成就忠义大名的故事。

历史从来都是见仁见智的，所谓"定论"都是相对的，对待关羽的态度也是一样，有人信他，有人不信他。无论怎么说，关羽的影响都是巨大而深远的。以至关公庙的数量不仅为北京庙宇之冠，而且遍布全国。新疆、西藏等边远地区也有关庙。随着中国人的移居海外，关庙也在世界各地逐渐扎根，成为民族传统文化的一部分。

三、东城无塔

北京的塔，大多是历史悠久的文化古迹。塔本为佛教建筑，具有"浮屠"的含义。俗话说："救人一命胜造七级浮屠。"这里的浮屠就是指塔。而"浮屠"本身，又是梵文"佛"的音译。在中国人心眼中，塔就是佛的象征，佛是威力无比的化身，所以佛塔就成了人们心目中具有神威的东西。在中国，塔是除住宅以外，数量最大，形式最多的建筑。具体到每一座塔来说，有的有明显的宗教意义，而有的则仅仅采用的是宗教建筑的形式，实际上起的是风水，甚至是装饰风景的作用。最典型的可能要算北京大学内未名湖畔的砖塔了。这座塔建在未名湖东南隅的小山上，采用中国辽代的密檐砖塔形式，为风景秀丽的未名湖增添了无限风光，如今已成为北大的标记。有人赞美说，北塔有登高远眺的作用，可以饱览层峦叠翠的西山景色。还说此塔位置是经过精心挑选的。然而，这样一座美丽的装饰性建筑不过是其外形，实际上它

十方塔院内偏融法师塔。此塔遗址位于今海淀区花园路北端，今仍存"塔院"地名。此塔为七层砖砌实心楼阁式。"文革"前仍存，塔周围种有数百棵松柏，形成庄严肃穆的环境。当时的大队部曾设在塔院内

只是一座水塔。

塔的作用大致有三：其一是驱邪，其二是水口，其三是文峰。驱邪的作用比较明显，即消灾镇邪之塔，又称镇塔。清代学者屈大均曾指出了这一点。他说："塔本浮屠所制，以藏佛舍利，即中国之坟也，今多以之壮形势。"元代北京有"五镇"，即东、西、南、北、中五方向各有一塔作为镇物，并与《周易》思想相结合，按五行原理编成黑、青、白、黄、红五色，至今留有地名。江苏常熟的老县城里原有一座方塔，是为了镇牛山而修的，其风水意义在于，它与另一座方塔成为老水牛头上的两只角，压住了它的头。所谓水口塔，是在流出水的地方建立关锁，用塔来补形势。这是因为，风水理论中的西北乾方为天门，东南的巽方为地户，水的最佳流向是从西北的天门流入，从东南的地户流出。尤其是对坐北朝南的城市来说，东南方又是生气方，流出的水尤其要有所阻碍。典型之例是福建泉州的出海口处建有三重塔，以巩固泉州水口的风水形势。塔还在兴文运、昌科举方面可发挥特殊作用。按照风水的说法，必须在本村(或乡、或县、或地区)的四面选择一处吉地，在此立一文笔尖峰(即塔)，只要高过别山，此地即可形成有利于文人之环境，进而诞生科举考试中试的学子。为此，古代中国的每一个城、乡都要建塔，而且设法高出周围的城、乡。北京的玉泉山塔、杭州的六和塔、延安的宝塔等都具有这种开发智慧的功能。其原理，是因为古人认为欲出人，必要有高物，才能接天之气，从而获得灵感。

在北京，广安门外的天宁寺塔建于北魏，是全城现存最早的佛塔。门头沟区马鞍山的

西黄寺内的藏式佛塔，建于乾隆年间

戒台寺塔为唐代初年所建。还有香山昭庙的琉璃塔，为楼阁式建筑的代表。西直门外白石桥东，五塔寺内，建于明宪宗成化年间的金光刚宝座塔，是仿照印度佛陀伽耶金刚宝座塔建造的。阜成门内白塔寺和北海的白塔皆为藏式喇嘛塔。前者建于元代，后者则是清朝雍正年间的产物。它们在传播喇嘛教方面发挥了很大作用。一般来说，较大规模的寺院内多有塔的建筑。只因为时既久，寺毁而塔独存，如西八里庄的永安万寿塔(俗称慈寿寺塔)。万松老人塔大概是北京最矮的塔，在西四牌楼砖塔胡同东口。在北京地理位置最高的塔，是玉泉山上的塔，海拔高149米。北京最年轻的塔是20世纪50年代建在西山八大处的佛牙塔。

由上述所举可见，北京地区的许多塔大都建在西部，而基本没有建在东部(当然北京的东部也有塔，像通州区的燃灯塔，可那毕竟是远在城外了)，这是为什么呢？简单说，这是因为北京的塔多建在明朝之前，而那时的城市在今天的城市偏西方向，所以，古代北京有"东城无塔"的说法。尽管如此，全国第一所现代意义上的大学——北京大学，依然诞生在北京东城，是否可以说，北京大学附近的景山及山顶的万春亭也算是塔的性质建筑，并由此接到了天之气所致？要知道，景山公园曾一度作为北京大学的花园呢。二者间不能说没有因果关系。

四、三山八刹四平台(附：金陵)

"三山"何指？

说法之一：指西山中毗连的翠微山、平坡山和卢师山。翠微原名觉山，《天府广记》记载："睹翠微一带，苍石碧瓦，掩映白杨深柏中，而新柳杏花，稀烟点缀，斜分倒插以尽有深情。"据说明代曾有一位翠徽公主葬于山下，因此而得名。平坡山因山势环抱中有一平地，据说是由于当年建香界寺时被铲平，故名平坡山。卢师山因隋末唐初之时，有一卢姓僧人自江南来到此处定居，因其声誉高，后人用其姓命名。这三座山占据北京城的东西北三面，形成鼎足之势。

说法之二："三山"是指京西妙峰山、京东丫髻山和天台山。这三座山上均建有庙宇，供奉有碧霞元君天仙圣母娘娘。

以上两种说法的最大区别，主要在于前者多为佛庙所在，后者多为道教的"天仙圣母"所在，供奉的对象不同。也就是说，前者是指佛教"三山"，后者是指道教"三山",并不矛盾,只是角度不同。

按照头一种"三山","八刹"多位于其中。具体说,长安寺位于翠微山下西南隅的平地上;灵光寺位于翠微山麓;三山庵则位于三山之间,大悲寺、龙泉庙、青界寺、宝珠阁位于平坡山沿路;另一寺则在卢师山上。

"八刹"还有内八刹和外八刹之分。内八刹包括柏林寺、嘉兴寺、广济寺、法源寺、龙泉寺、贤良寺、广化寺和拈花寺。这些寺因建于内城而称"内八刹。"外八刹是觉生寺、广通寺、万寿寺、善果寺、南观音寺、海慧寺、天宁寺、圆通寺。这些寺或位于外城,或在城外的近郊。尽管如此,内、外八刹均为佛教寺庙——这

妙峰山金顶

是它们共同的特点。《北京百科全书》(第一版)的"八刹三山(寺)"条目重申了上述论点。所不同处在于,认为"三山"只指三座寺:潭柘寺、西域寺和戒台寺。另据记载,《北平庙宇通检》一书上说,"二三十年代的北京佛教寺庙,内城和近郊的合计有840多处,如果加上远郊,将有上千处"。

接下来说说四平台。在京城西部的三座山峰(即前面提到的平坡山、翠微山和卢师山)的环抱下有一块小平台,它三面临山,一面正对北京城,由北遥望西山诸峰,白云绿树,点点红墙,真是"十里青山行画里,又飞白鸟似江南"。四平台位于西山南麓,周围的三座山峰都很秀丽。它们一高两低,如同一把椅子。山上林木茂盛,险峻青幽,"八刹"就坐落于三座山峰之间,俗称八大处。这是又一说法。

综上所述,三山八刹(主要指外八刹)四平台,基本是指北京城内外、近郊区的佛道所属宫观寺庙。它与"九坛八庙"为代表的城内寺观一起,构成了北京城内外宗教建筑的主要内容。这里还应提一下京城最大的庙和最小的庙,它们是:太庙(最大),三皇庙(最小)。另有一座叫槐树庙,原位于广安门外大街。

昔日妙峰山朝顶进香的人们络绎不绝

关于北京城外的各种三山,除了应该介绍其中的诸多宫观庙亭之外,还应提到的是这里埋葬的诸多皇陵。清皇陵选择在北京附近的河北,有东、西二陵。明朝皇帝自明成祖以下者,全部葬于昌平的皇陵区,简称"十三陵"(实为十四陵)。元朝时期,按照蒙古人的习惯,基本上运回原籍,在草原上埋葬,并不立墓或坟头,所以流传下来的很少。以上三朝的皇陵都是清楚且为许多人所了解的。与之相比,了解金陵的人可能就不多了。实际上,自金代始祖到章宗的十七个皇帝及其后妃、诸王,都埋葬在北京郊区,比明代的陵墓不仅多,而且还早着四百多年,可算是北京第一个皇陵群。

那么,这一皇陵群在哪儿呢?大致说来,它位于北京西南房山区原县城的西北方,以云峰山为主的莽莽林海之中。《北京传统文化便览》指出,金陵具体位置,在房山区车厂村到龙门口村一带。在方圆六七十公里的范围内,呈扇形分布于大房山下,中心在龙门口村对面的九龙山,主峰高处俗称皇陵尖,也称主龙脉。以此为轴心,布有九条山脊,向一片平川奔腾而下,前面横列一道夹涧,有一排落水悬崖,俗称皇陵石门。从那时到现在,这些陵墓在地下沉睡了八百多年。

贞元元年(1153年),金海陵王完颜亮,由上都迁京燕京,改称中都。他选中了这里的一所古寺作为陵址。他命人毁掉该寺的正殿,在此设置了三个穴位,用于安葬金太祖、金太宗和睿宗三人。其具体位置,就在上面所说的皇陵石门。次年,完颜亮又将开国之前的十位祖先之灵迁此安葬。地点在皇陵石门迤西数公里处。金章宗末年,金陵各地下宫殿及地上建筑均已建成,有名号的帝陵共十八个,这个皇陵占地很大,周界为一百五十公里,皇陵周围设有围墙,围墙上每隔一段设有土堡,作为守卫及计

位于房山石化区迤西，车丁村龙门口的金代帝王陵遗址

里数所用。墙内共分三个区：一是帝陵部分，均建于云峰山南麓。其中，建于金代时期的景、兴、裕、道四陵的规制稍大，有相当大的地上陵园和地下宫殿。金代开国后诸帝之陵均有皇后祔葬。有的皇后先于皇帝去世，则待皇帝死后再迁灵于帝陵祔葬。二是妃陵部分，葬有金代各妃。先于皇帝去世的皇后也先葬于此，以后再迁离。三是诸王兆域部分，即皇室诸王陵园，其地为山谷，有流水及小泊。

元朝打败金朝以后，金陵因无人守护而逐渐残毁。到明代天启年间，因后金政权崛起，为了切断后金兴盛与金陵之间的所谓气脉的相连关系，

海陵王按照上京皇陵的地形，以云峰山下云峰寺作为新陵址营建新陵。图中远山为云峰山，陵寝周围有墙，中有御道和享殿。墙外有流水和猛虎，正前方为龙门口

金陵墓穴宝顶遗址

金陵地上建筑被明朝皇帝下令全部拆毁。直到清朝建都北京城，金陵才重新受到重视。清顺治元年(1642年)，清睿亲王多尔衮率军抵北京后不久，就特地派人前往云峰山拜祭。接着，又开始大规模修整金太祖和金世宗二陵，并设立了守陵户共五十户，春秋两季前来致祭。乾隆时期进一步整修此二陵，为郑重起见，乾隆曾亲至房山谒睿陵，遣大学士阿克敦祭兴陵，足见对金的敬重胜于其他历朝历代。后来，清廷修撰《满洲八旗世族通谱》，乾隆又下特旨，将完颜氏列为第一。

如今，这里还遗有柱础、建筑基址等。1986年开始调查，在龙门口村山坡上发现一通高约两米，宽约1米的金代石碑，碑上刻有"睿宗文武简肃皇帝之陵"十个填朱涂金粉大字。睿宗即金世宗的父亲。同时还发现了一段御道，展示了当年拾阶而上直通主陵的一条神道。台阶上，为线刻莲花图案。在残存的御道附近，还发现了若干残断的汉白玉栏板和石阶，并遗有大量的汉白玉、青石及花岗岩等建筑构件，有浮雕浅刻人物、行龙、虎兽、牡丹、忍冬草、寿桃等文饰，极为精美。还有龙头滴水、残龟首及刻有莲花、几何纹的大、中、小各式汉白玉柱础、绿琉璃瓦当、妙音鸟等。

第八篇　凤楼宫阙

一、紫禁城：个人简历

　　位于北京城正中心的故宫博物院，原为明、清两代的皇宫，又名紫禁城，是中国现存最大、最完整的宫廷建筑群，也是中国最大的国家博物院。明、清两朝，共有24位皇帝在此执政(其中明朝14个，清朝10个)，执政时间从1421年到1911年，将近五百年。

　　故宫占地72万多平方米，总建筑面积15万平方米，共有大小院落数十座，房屋九千多间。这些建筑沿南北中轴线排列，并向两旁展开，左右对称。故宫的建筑落成后，虽几经战乱、火灾重建和改建，但基本布局变化不大。现存的建筑多为清初所建，且经多次维修。皇宫分外朝和内廷两部分。外朝是皇帝处理朝政、举行各种典礼的地方。外朝的面积不仅包括从乾清门前的横街到午门，而且包括午门前的端门、天安门、直到大清门(明朝叫大明门，民国后叫中华门)。在外朝，主要以太和殿、中和殿、保和殿为中心，称前三殿，其两翼为文华殿和武英殿。

　　内廷是皇帝办事、居住和后妃、太后、太妃、皇帝的幼年子女居住的地方。从乾清门往北，直到神武门，故宫内的这一大片地区都算是内廷。主要建筑有后三宫、御花园和东六宫、西六宫等处。后三宫包括乾清宫、交泰殿和坤宁宫；东六宫包括景仁宫、延禧宫、承乾宫、永和宫、钟粹宫、景阳宫；西六宫分别是永寿宫、太极殿(启祥宫)、翊坤宫、长春宫、储秀宫、咸福宫。此外，内廷还有斋宫、毓庆宫、奉先宫、皇极殿、宁寿宫、养性斋。

明、清两朝，为了修建故宫耗费了巨大的人力物力。仅明朝万历三十七年(1609年)重修前三殿，赴川、广、云、贵等地采木一项，就费银930万两。最初修建时，投入的工匠有十万人，夫役上百万。

在上述介绍

空中俯瞰所见的紫禁城全景图

中，有一个重要问题似乎被漏掉了，即紫禁城的始建年代。下面就来谈谈这个问题。之所以把这个问题放在最后说，是因为这个看似简单的问题却很难用一两句话来说清。道理很简单：对此，长期以来说法不一。一般的说法，是说它始建于明朝永乐四年(1406年)。此说的根据是《明实录》上的记载。永乐四年闰七月十一日，文武群臣请建北京宫殿，以备巡幸，永乐帝从之。此说之外，当有十四年说，十五年说和十八年说几种。十四年说，是根据永乐十四年十一月十五日，永乐帝复诏群臣议营建北京宫殿的记载；十五年说，是根据永乐十五年永乐帝至北京，御奉天殿(清朝更名为"太和殿")，接受群臣朝贺的记载；十八年说是根据永乐十八年十一月初五日，永乐帝以明年御新殿受朝贺告天下，宣布紫禁城宫殿落成的记载。

为何关于紫禁城始建年代这样一个很重要的问题，其说法如此不确切呢？概括起来说，明代北京宫殿的建设，是一个动态的发展过程。事实上，北京宫殿的建造，在永乐年间共有三次。

明朝洪武三年(1370年)，朱元璋分封诸王，以四子朱棣为燕王，次年，下令将元大都城内，太液池(即今中海、北海)西岸的宫殿群(简称西宫)改做燕王府。洪武十二年完工后，次年，朱棣住进此府。

朱棣成为永乐皇帝之后，北京与南京并列为都城。但在北京却没有南京那样的皇宫。于是，才有了永乐年间文武群臣请建北京宫殿，以备皇帝往来之需，永乐皇帝接

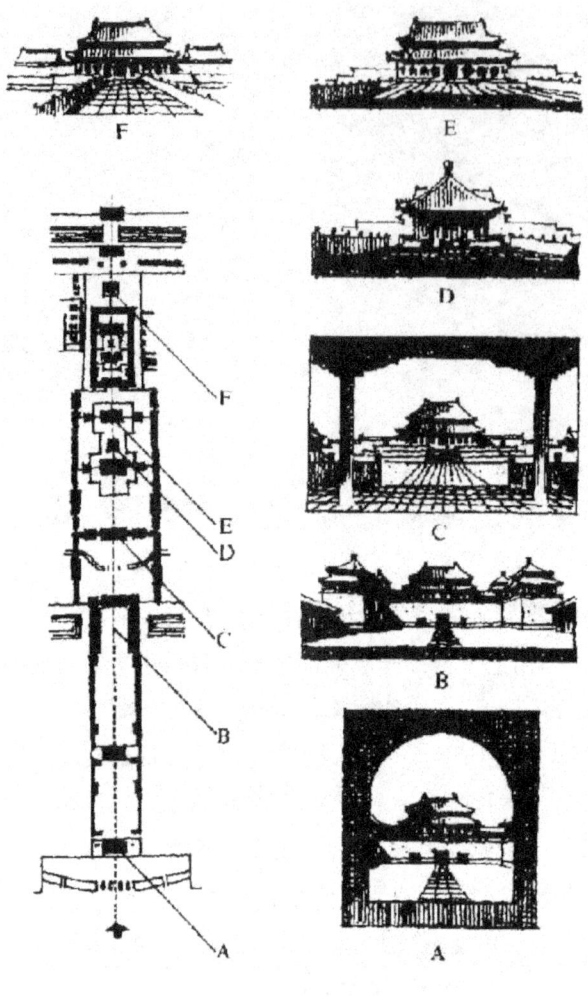

紫禁城中轴线上宫殿的空间序列组织

受这个意见的记载。次年五月兴工营造，到永乐七年三月，永乐皇帝到北京之前完工，这时所盖宫殿，实际是利用太液池东岸的元大内改建的，尚不能算日后所见的完整的紫禁城。因此，这里的叫法为"北京宫殿"。

这种"凑合"式的建法，主要原因是当时的财力不足。因此，建设紫禁城皇宫就成为一个长期的、逐渐完善的过程。这个过程中的一个重要任务，就是彻底拆毁元大内(包括元西宫)，真正按汉族传统文化心理建造一座反映当代统治者的理想，表现奉天承运、敬天法祖主题的皇宫。这也正好反映了明太祖朱元璋的主张。因为早在明朝成立之初，朱元璋曾一度想在北平建都，利用元代的宫殿作为皇宫。事实上，这种"利用"是很有限的。因为，元朝的皇宫是元朝统治者根据自己的特殊需求进行规划的，与汉族皇帝的要求相差很大。元大内前朝大明殿与后殿及中间工字廊虽然可以改为奉天三殿，但后寝延春阁却很难改成理想的乾清宫。至于东、西六宫则根本没有。另外，还存在着朝寝不分，内外混杂的不符合礼制的问题。

既然在京建皇宫的决心已下，那么，一切准备工作就在进行之中。这包括派大臣到四川、湖广、浙江、江西、山西等地去采伐木材，在北京、山东开窑烧砖瓦等等。永乐十二年，开始拓挖南海，为皇宫的南移做准备。这一工程的实施，标志着重建紫禁城规划的最终确定。

准备工作共进行了十年。永乐十四年十一月十五日,朱棣再次召集大臣研究建造紫禁城之事,并最终确定下来。

要想建新宫,必须拆旧宫,包括永乐初年改建的奉天三殿。可皇帝上哪儿办公和居住呢?最好的去处当然要算当年的燕王府了。好在皇帝是南京、北京两头跑,并不是老在北京。永乐十四年(1417年)六月,营建紫禁城的工程正式开始。这次施工共用了四年多的时间,于永乐十八年九月初四日(1420年10月10日),紫禁城宫殿基本完工。十一月初四日,永乐皇帝宣布紫禁城宫殿告成,次年正月初一,御新殿受朝贺,同时正式以北京为首都,南京作为"留都"。

二、皇宫处处显易理

以上介绍了故宫(紫禁城)的基本情况,这些材料在一般的关于故宫的介绍中都有体现,这里的关键在于,透过紫禁城巨大的身影,探求其内在的本质特征,由此了解一些关于传统文化的方方面面。换句话说,就是只有把故宫放到中国传统文化的大背景中去考察,才能获得其深刻的文化内涵;同时,又可以把故宫当做一个窗口,由此形象地了解中国的传统文化。有了这些双向的探求,相信读者可以获得一些比较特殊的感受。

先从紫禁城的起名说起。为何选择这里开始呢?这是因为,中国传统文化极重视名,认为它是事物内在本质的外部体现。中国字的最初造型就说明了这一点。不仅如此,中国传统文化还认为,一个名字的产生就等于为该事物立了一个"相",从某种程度上规范着或预示着该事物的未来发展。这正是测字方术得以产生的文化前提。有鉴于此,说紫禁城从名字说起,就显得顺理成章,且格外重要了。

"紫禁城"名称的由来,与古代天文学有关。这个问题,在本书第二章中已有介绍。总之,封建帝王把自己居住的皇宫比喻为天上的紫宫,是在幻想着四方归顺,八面来朝,江山永固。那么紫禁城作为与天上紫星相对应的地面建筑,其位置具体怎么定呢?据说选中央的方法,是在夏至那天,用八尺竹竿立于日下,影达一尺五寸的地方,即为天下中央。古人认为,中央之地,天地之气和合,顺风雨之所调,总阴阳之所交,是天下为一的大吉之土。如此说来,这中央之地,就是用大竹竿选出来的。另

龙椅扶手前部的龙，在细部上真是一丝不苟，是水平极高的艺术品

龙椅的扶手上都是龙，怎么扶？显然，它的象征价值胜过了它的实用价值

龙椅靠背上的龙，精致已极

龙椅下部台座上的雕龙

把自己比喻为"真龙天子"的皇帝，其用具上装饰最多的就是龙

外一方面，作为皇帝居住的地方，必然是禁卫森严之处，一般人难以进入。这一禁止一般人进入的紫宫，就可称为"紫禁城"。这就是紫禁城的名称来源和基本涵义。习惯上，人们把前朝的皇宫称为故宫，民国以后，紫禁城作为前朝的皇宫，自然有了"故宫"的称谓。

紫禁城所体现的中国传统文化不仅仅体现在天文学知识的运用上。拿紫禁城宫殿的设色及营造来说，还与中国古代的阴阳五行理论密切相关。故宫外朝的三大殿建在一座平面呈"土"字形的三层基台之上。三台南北通长230米，通高8.13米。前、后台上分别坐落着太和殿和保和殿，中间台上为中和殿。按"五行"原理，在木、火、土、金、水中，土居中央。把三台建成"土"字形，是表示这里是天下的中心。三台的中心为中和殿，它正是"风水"中的"龙脉"上明堂的位置。明代所建的紫禁城在元大内旧址上稍向南移动了150米。这主要是因为两朝"龙脉"不同。元代取西山龙脉，明代取北郊黄土山(即明朝十三陵所在的天寿山)龙脉，引到京城内，元、明两条龙脉不可能，也不应该重合。二是实际需要。明朝紫禁城加修了护城河，这样，就要与太液池拉开一段距离，以免二者连在一起。为此，明紫禁城也需要东移一些。故宫的建筑大多为黄琉璃瓦，而墙的颜色为朱红色，这是为什么呢？这是因为黄色在五行说中代表中央方位(其依据见第七篇中关于社稷坛的介绍)，中央属土，系万物之本。红属火，火主光明。红、黄并用表示帝王之居的至尊至大，为天下中心。可以说，红墙黄瓦已成为皇宫的标志。就皇宫外面的皇城，其墙体也是红色，上覆黄色琉璃瓦。在明代，明朝的"明"字为光明，为火；红色宫墙的含义也是火之红色，可见两个火到了一起。再加上明朝皇帝姓朱，朱者，赤也，赤为火。红墙又表示明朝天下姓朱。除孔庙等少数坛庙之外，即使贵如亲王，其王府也不能使用此二色。

另外，宫中一些次要的建筑，也有用绿瓦或黑瓦的，以表示其地位比黄瓦者低的等级。比如东华门内的文华殿，最早的瓦就是绿色，因为这里不是皇帝使用的地方，而只是太子的读书之所。嘉靖年间改为黄瓦，这是因为它成了皇帝召见翰林学士和举行经筵讲学的地方。既然归皇帝使用了，那么琉璃瓦自然应为黄色。建于乾隆三十九年(1774年)的文渊阁，因收藏《四库全书》而需避火患，所以墙用青灰色，瓦用黑瓦，黑色代表水，从而具备了克火患之功效。可见，颜色的使用是有严格规定，不可逾越的。

外朝(又叫前朝)地位高于内廷，而南为前，从火主大。所以外朝在南面(前面)。而北为后，从水主藏，故做寝居场所。东边从木从春主水，所以文治的宫殿、设施在东侧。从金从秋，主杀的西侧，则是兵刑、武备性质的宫殿、设施。最典型的是文华殿(文)在东侧，武英殿拱卫着紫禁城中的前三大殿，在西侧。同样，紫禁城正南方左祖右社的设计也体现了五行理论。太庙歌颂着祖宗的阴德，有益于延益子孙，从生，在"木"之位，当然在左(东)；社稷为国家的代称，包括了全体人类，属收，应金之方位，故设于紫禁城之西。

阴阳五行在紫禁城中的体现在于，视任何事物均为阴阳的组合关系，二者必为一阴一阳，阳为主阴为次，依此确定其地位和规模、色彩等。比如外朝相对于内廷来说无疑是为主的，因此，外朝的建筑要比内廷的高大、**巍峨**一些，而后面则为阴，就要小一些，以舒适实用见长，以区别于前面的高大、气派。阴阳表现在数字上，单数为阳，双数为阴，因而前朝各殿面阔进深为单数开间，内廷进深多为双数。作为内廷之冠的乾清宫，与内廷的其他建筑相比为阳、为大；但与外朝的为冠建筑太和殿来比，却要为阴、为小了。在外朝，保和殿规模不如太和殿，所以，尽管它与内廷比为阳，可与太和殿比仍为阴，可算是阳(外朝)之阴(与太和殿相比)。坤宁宫在内廷中不如乾清宫，所以为阴(内廷)之阴(与乾清宫比)。乾清宫与坤宁宫之间为交泰殿，因其处于乾(天)、坤(地)之间，故为乾坤交感，渴望太平之意。到了清代，坤宁宫成了萨满教祭祀鬼神之所，更可算是阴(内廷)之阴(阴间地府)了。在故宫中轴线的最后部分，御花园中，有一座天一门。天一生水。门名"天一"，是在呼唤克火之水。这个名称的得来，在明嘉靖年内几次大火后，重修钦安殿时，嘉靖皇帝题此，以命名南墙门，而钦安殿内供奉的则是玄武神。玄武是掌水之神。所以二者意都在防火。

《周易》对"中"、"正"格外推崇，视"居中得正"为纯至精美之境界。孔子认为，有德而道行"既正且中"为大人之标准。这一思想在等级观念方面的体现，就是视受命于天的皇帝刚健中正，为一国之主。为此，皇帝坐朝理政的地方——皇宫，就必须"居中正坐"，以显示皇帝的威严。强调"中"、"正"的另一意义是，依此来平衡阴阳，以利万物和谐。中轴线的设置有利于在其左右对称安排建筑，而这条线上的皇帝之位坐北朝南，既有中正的地位，又可以做到东西平衡，成为一种理想的布局。可见，无论是皇城还是皇宫，都以"居中设正"和强调平衡，作为设计的核心思想，从而力求在布局上加以体现的。

紫禁城中的外朝三殿和内廷三殿是皇宫内最重要的宫殿，是皇帝举行重大活动的地方。外朝三殿的名称和东西两侧大门的名称，以及内廷三殿的名称和东西两侧大门的名称之中，都有"和"、"乾"、"坤"这样的字眼。这体现了《周易·象·乾》所说："乾道变化，各正性命。保合太和，乃利贞。"即乾道(天的法则)随时都在变化，当中孕育生成的万物各按其本质规律确定其生命和本性，保全宇宙的太和之气，保持自然界的和谐。可见，这些建筑的命名方面，也是在遵循《周易》所指出的原则进行的。

故宫建筑与传统文化的关系，还体现在数的运用上。这除了前面提到的双数、单数的运用之外，更表现在许多建筑与"九"这个数目字的关系上。比如，天安门的地楼为"九"槛重楼，故宫四个角楼的结构是"九"梁十作柱。皇家建筑物大门上的门钉是纵"九"横"九"。九龙壁上有"九"条龙，等等。作为阳数(单数)中的最大者，

冬天，紫禁城东北角筒子河内窖冰的人。他们把冰一次次划小，以便拉上岸去入窖，以备皇家夏天使用

"九"有着崇高的地位，称为"极阳数"，象征着天。另外，"九"还含有吉祥之意。因此，古代皇家建筑多用"九"或"九"的倍数来建造，以象征皇帝的至高无上的地位。

传说紫禁城内的房间共有九千九百九十九间半。为什么不是一万间，而恰好是九千九百九十九间半呢？据说玉皇大帝方可享用一万间这个整数，作为天子的皇帝，当然不能同玉皇大帝攀肩膀，于是，只好建九千九百九十九间半，以仅比玉皇少半间的数字，来表示自己在玉皇之下的地位。所谓的半间房，是指文渊阁尽端的两根柱子之间，其距离只有标准距离的一半，即五尺，故为半间房。这就是文渊阁楼下西头，作为楼梯阁的半间小屋。实际上，这间小屋之所以造得特别小，是出于布局美观的考虑。

传说归传说，实际情况并非如此。故宫内的房间数应为八千七百零四间，这是对故宫平面布局及实际情况调查的结果。当然举出此例并不等于说故宫内用"九"之处均不可靠。相反，只是说明凡事都有例外，且其中富含传说之意而已。实际上，故宫中用"九"之处还是很多的，前面所举的大部分例证都可以说明这一点。

图中三殿依次为太和殿、中和殿、保和殿,是紫禁城前朝部分的主体。其台基显然为一"土"字形,按"五行"学说,"土"为天下的中心,位于"土"这个中心上的,正是皇帝的金銮殿。尤其是中心的中和殿,正是风水中讲究的龙脉上明堂的位置,为方形格局。为政之道,崇尚和谐,中和、太和、保和,加上周围的太和门、协和门、熙和门,六者皆以"和"命名,在易学中六是阴学的称乎,六为顺,与上述"合和"相应,与皇城之门的"六安":天安门、地安门、东、西安门、长安左、右门一起,构成"内和外安"的内涵

三、一座人像的后背

　　现代科学技术的发展,使我们有可能从空中卫星拍摄下地面的一些情况,从而使人们看到在地面上不可能看到的整体景观。遥感卫星拍下的故宫建筑图片就是这样。这幅从空中俯瞰故宫平面照片表明,假如把紫禁城72万多平方米面积上的八千多间殿宇楼阙作为点连成线的话,便可以清晰地显现出一个人的坐像轮廓图。从大清门(即明代的"大明门"、民国后的"中华门")到景山的两千多米深的空间内,十五重建筑布列在宫殿的中轴线上,使得宫殿整体秩序井然,似一尊正襟危坐的大佛的背影。

　　对此有人说是巧合,有人说是附会,还有人说……。无论持哪一种说法,但有一点是共同的,那就是,人们无法否认,紫禁城作为一座古代建筑群,它具有多方面的象征意义。所象征的对象,就是中国智慧体系中与大自然和谐的倾向。

图为紫禁城的正门——午门。城楼峙北面南,两翼为南北排开的廊庑,称"雁翅楼",南北两端各有云亭一座,与城楼形成五峰杰出之势,称"五凤楼"。这种城门的夺人气势为皇家宫殿所独有

中国传统观念中,始终将天、地、人三者视为一个整体。古代礼制中的祭天、祭地就是具体表现。与之相适,地球上的人只有自觉地追求与天、地的和谐,才能更好地生存和发展。正是基于这一认识,中国人主张人与天、与地,乃至人与人之间的和谐。认为对对方的威胁,有可能破坏和谐,最终威胁到自身。这一观念在建筑文化中同样体现了出来。因为建筑既然被称为"文化",就必然凝聚着每一时代,每个民族的智慧、情感、意志,凝聚着特定民族的思想观念和思维方式。《周礼·考工记》关于建都的基本格局,尤其是"左祖右社,前朝后市"的规划,基本上体现了中国建筑之道中"风水"的理想原则,即与自然和谐、天人合一的境界。在元大内基础上建成的明代紫禁城,完整地体现了中国文化的宇宙观、道德观和思维方法。尽管后人可以借口史无记载而否定"故宫是一座人像的后背"和"故宫似一尊正襟危坐的大佛的背影"的说法,但无法否认作为建筑文化典型代表的紫禁城,与中华民族传统的这种内在的、有机的联系。这也正是我们从上述说法中所应获得的真实启迪。正如梁思成先生所说:中国古代建筑的核心思想,"四千年来一气呵成"。这里的"气"就是指

"一种大自然调和之谦德和一种诗意的幽情",二者共同构成了中国伟大建筑的核心和灵魂,并贯穿于所有古代建筑,贯穿于整个中国古代建筑史之中,而且"为任何文化所不得"。在紫禁城的设计思想当中,寻找与建筑因素的特殊关系,应用人对自然的观念寻求道的思想,成为最基本的追求目标。这当中,人与建筑物和自然,都处于一种特殊的关联之中,与日、月、天、地贯穿一体(通过神秘的"气")。这些建筑物被中国智慧之"道"纳入了有机的自然观,成为"以象制器"的典范,即以这个"象"达成人与天的衔接。"可以赞天地之化育,可以与天地参(三者配合为一)矣"(《中庸》)。故宫的人为建筑物纳入了这一体系,最后摆成一个包含阴阳(如紫禁城的外朝和内廷两大部分中,外朝为阳,内廷为阴;内廷宫殿多用偶数,外朝主殿布局多用单数等),一气呵成的"人像",当这一人像与外城共同构成了个"昌"字时,其传统文化的色彩就更加鲜明了。最后,需要指出的是,由这种思想追求所建立起来的宫殿建筑,其目的,仍在于为封建皇权思想服务,成为他们利用的工具。

四、顶在太监头上的御用"厕所"

参观故宫,可以见到各种使用功能、各种样式的建筑。按功能分,有皇帝办公的、居住的、玩乐的……;以对象分,除皇帝之外,还有属于皇后的、妃嫔的、子女的,甚至包括太监、仆役的……。尽管这么多房子有着不同的样式、不同的功能,但它们似乎都缺少一项最基本的功能:入厕。人吃各种食物,有进就有出,厕所就是出处,《西游记》中所说的"五谷轮回处"。孔老夫子说:"食色性也。"而入厕就是这"食"的必然结果,属于人的本能,非但不应忽视,反而应该格外受到重视。

但是在故宫却不是这样。如果走遍故宫的任意一个角落,也许不难发现几处带有冲洗设备的现代化厕所,但却根本找不到当初封建时代的厕所样式,一处都没有。是1949年以后给改了吗?显然不是,也没必要;要么就是当年皇宫里压根就没盖厕所?倘真如此,上至皇上、太后,下至一般太监、仆役,这么多人每天都是怎么解决"出口"问题的?

探索这一问题,不仅仅是出于好奇,更主要的是,它从一个侧面,反映了特定时代的风俗,以及相联系的社会政治、经济文化背景。

吴十洲所著《紫禁城的黎明》在谈到紫禁城无厕所的原因时指出,这是因为明代的某位皇帝在入厕时遇上了刺客，单人对强敌，自然寡不敌众，处境危机。后来，为了避免因此给皇帝带来的麻烦，皇宫内就取消了厕所。不仅如此，就连皇帝吃饭时，也要在菜肴里放一块银牌(因为银器一遇上汞等有毒物质会立刻变黑，从而起到预防的作用)，并且建立了尝膳制度，以防止别人的暗害。

上文分析了厕所在皇宫内被取消的原因，但并没能进一步说明皇宫内如何解决"出口"问题。实际上，皇宫内(至少是清代)的每个殿堂都辟有净室或更衣室，宫女、太监的下处也不例外。所谓净室，就是化妆、方便的地方。与今天的方便处——厕所不同，当时的净室内并没有固定的马桶或蹲坑，也没有净手的水池，只有一个便盆。当然，随着使用者身分、地位和财力的不同，便盆在形制、质地、作工上也是千差万别的，就质地说，基本分为金属的、木制的、瓷质的。后者比较普遍，好处是便于清洗，且经久不坏。这当中，最讲究的要数慈禧太后所用的了。这是一只檀香木制成的便桶，比一般磁盆略高，可以坐骑在上面，类似南方人使用的马桶。桶外雕刻着一只壁虎，全身布满细碎的鳞纹，四个爪子是便桶的四只脚，仰起的脑袋贴在后背上，嘴巴张开，那是放手纸用的。前把手是壁虎的脖子，后把手是壁虎的尾巴，清洗的时候抓住两个把手，把壁虎来个底朝天。便桶的肚子为圆葫芦形，便于装泄物，且不易四溅。桶口为椭圆形，上面一只同样是椭圆形的桶盖，桶盖的中间雕着一只螭虎，那是连接便桶和桶盖的纽子，既实用又美观。据说这件壁虎形的檀香木便桶颇得慈禧赞赏，很可能作为随葬品，在她死后被焚烧了。在宫内，慈禧还有一个银制的便桶，形状也是椭圆形，上面也有一个盖儿，不过下面多个抽屉，抽屉自然是装大小便的，目的是用罢不用清洗全桶，只需清洗抽屉就行了。这个银便桶放在一个长方形的木架中，桶的底下用棉花垫着，木架的外面包着黄绫绸布，高贵华丽。

皇宫内各处净室所用便盆，无不放有木炭灰。其来源是宫内用于取暖、烧水做饭所用的大量木炭。这种木炭灰经过高温燃烧后，既轻又干，极适合于吸收异味和水分。便桶(盆)里装着每天积攒的炭灰。大小便一进桶中，立刻被轻飘而干燥的炭灰裹了起来。事毕之后，把便桶端出去，双手翻过来一倒，炭灰裹着屎尿，一下子就滚了出去。然后用水冲洗干净，再在空桶里添上新的炭灰，以备再用。经炭灰处理后的脏便物，每天定时运出宫外，不得滞留。因此无论冬夏，宫内绝无臭气，蚊蝇也很少。

当然，作为掌实权的太后，慈禧是不用一般人所用的炭灰的，而是改置一种香木的细末，既蓬松又散发着阵阵幽香。污物一入内即被包住，而且香味也覆盖了臭气。

慈禧使用的便桶有个雅号："官房"。其来源可能是民间的"茅房"。因为民间的厕所比较简陋，仅以茅草覆顶，围以碎砖矮墙，简称"茅房"。慈禧拥有至高权势，入厕处当然不能称茅房，于是改称"官房"。她每次大小便之前都要咳嗽一声，或者轻声说一句："我想上官房。"于是，身边的宫女立即传官房的太监(因为慈禧所用便桶不放在寝室内或身边)，由官房的太监把壁虎形的便桶用黄云龙套包裹好，端端正正地顶在头上，送到慈禧的内室门口，打开龙套，把里面的壁虎形便桶交给慈禧贴身的宫女，再由宫女捧进内室，在地面铺好油布，把壁虎的四只爪子稳稳当当地放在上面，再在壁虎的嘴里塞进叠得方方正正、熨得整整齐齐的白绵纸，躬腰说一声"老佛爷请"，然后退出内室，拉撒完了，慈禧再咳嗽一声，或说声"净手"。于是，就有三个宫女同时快步进入，一个双手捧着一盆清水，请她洗手，一个双手捧着一方毛巾，请她洗后擦干，第三个进去捧那只装满大小便的壁虎便桶，三人鱼贯而出，移交给等在门外的官房太监。官房太监也是三个，一个接过水盆，一个接过毛巾，第三个接过便桶，依然用黄云龙套包好，顶在头上撤走。

由于慈禧的食欲格外好，一日两顿正膳外还要加三次丰盛的点心小吃，而且每次吃的都不少。因此，她的肠胃常犯毛病，入厕的次数也就多。这种病态的新陈代谢不时需要使用官房，闹腾得宫女、太监不得安宁。

与慈禧入厕的繁缛比起来，皇帝的方便却少有详细记载，拿养心殿的净房来说，它只是寝宫内西头的一间小房。养心殿是一个平面呈"工"字形的建筑，前朝后寝，中间以穿廊相连，便于皇帝往来，殿前在明间和西间接建有抱厦，而东间窗外却是敞开的。明间天花中央为盘龙藻井，表示它是皇帝理政的大殿。养心殿后面是皇帝的五间寝宫。正间正面是坐炕，东次间设宝座、条案；西次间有紫檀大龙柜、坐炕，东西两梢间靠北墙设炕床。东梢间的炕床更为精致，是皇帝和皇后同居时使用的。卧床通体镶小银镜子，床上铺着明黄毯、大红毡等皇帝的特殊用品。西梢间是皇帝与妃子同居时使用的。净房就设在这边。好在历来皇帝与皇后同居的时间，远不如与妃子等人同居的时间长，次数多，这边设净房，正好说明了这一点。净

慈禧方便用的"官房"之一

房又分里、外间。外间为一卧床，床前为碧纱隔窗，床帐上设有香囊。净房内有便盆，为银质，上面有软垫，用法如前述。直到现在，故宫博物院文物库内还保留有清代银的和其他金属的便器。其用料之昂贵，质地之优异，远远超出现代化卫生间的水平。

时间到了民国初年，鹿钟麟奉命来催促仍在这里的溥仪限时搬出。一位曾参与接收紫禁城的故人记载道："陆续向外搬东西的时候，一个宫女提着一个黄布包袱走了过来，委员会的人照例要检查，那个拿包袱的人似乎以为诧异，但不能不打开。这是一张方形，高不满尺的矮楠木小机，书匣式的提箱，抽去了侧面的板盖，里面分为上下两层；上层放手纸，下层放一个绿釉瓦盆，还有一个同口圆大小的厚纸盖儿；箱子外边黄布包着，我想，站在御沟北马路边看热闹的北京人，假若看见了必定要说里面是什么宝贵东西了。"（刘北汜选编：《琐记清宫》一书）

由上面的叙述可以看出，过去的紫禁城中也有用于入厕的净房。只不过里面的洁具不是固定的，而是移动的而已，这有些与南方民居中可移动的马桶相似。然而，二者的关系仅仅在于"相似"，而不是相同。因为，二者在产生背景方面有本质的区别。拿清朝的统治者来说，他们来自草原，是一个马上民族，择草而居的生活习性，使他们不可能像汉人一样，在自己的四合院中建有固定的厕所，只能是随地解决。讲究一些的富人或统治者，为了显示身份，也为了自己的方便（例如冬季避免到房外入厕时所受严寒）而改在室内解决。于是，便盆便产生了。这一习惯，一直延续到入主中原，成为全国的统治者。

这一习惯对民间也产生了深远而广泛的影响。尽管早在元代，北京城就有了一条主次分明的街巷，把整个城市连起来。但直到清代，街道上的卫生仍然令人厌烦和疲倦。有人讽刺说：大道通衢皆臭气，黄沙如粉满天飞。人们把垃圾随意地倒在外面，尿盆屎罐也在街道上倾洒冲洗，加上牛马猪狗的粪便，使得"重污叠秽，触处皆闻"（《燕京杂记》）。著名学者吴稚辉甚至写文章说"万事不如屙野屎"，以此作为潇洒自由的表现形式。而且，这种小处随便的人不在少数。以至于康有为在给皇帝的上书中，专门提到此事，认为有碍民生。

客观地说，上文关于北京街道的脏秽描写有些偏颇，至少城里的街巷中还不至于此。不过，四合院中的茅房有些简单而已。它们一般只有半截碎砖头墙，或秫秸墙，刚及人胸。人进去方便，猫腰躬背，像藏猫一样，把自己隐藏起来。这主要是为了人们入厕时的隐匿心理。所以，无论从进厕所的藏猫似的动作，到猫儿溺一般的生理功能，使人自然地与"猫"一字联系起来，所以，茅房又称"猫房"。这种"猫房"一般只设于院子里，大街、胡同里很少设公共厕所。仅有的一些公厕也由粪霸开的粪场子设立，只为收敛粪便方便。这些公厕基本为露天的，周围仅有矮墙，内挖六七个坑，坑里埋上小缸，缸前用砖砌尿道，一砖宽的槽，定期有人掏粪，卖给郊外农民。这些公厕一般不分男女，只有一处。习惯上这是为男人安排的，女人很少，甚至基本不用。当时的公厕不设女厕。以矮墙上的腰带为标志，一见墙上搭腰带，说明里边有人，这样的茅房一般只有一个坑，为防异性进入而做标志。

走笔至此，想起一个关于上厕所的笑话。说的是一个顽皮的小男孩，为了惩罚他那说话不算数的爸爸，就在爸爸的饭碗里掺了巴豆，害得爸爸拉肚子。与此同时，小男孩又把妈妈的一条腰带搭在厕所的矮墙上。于是，爸爸一次次地往茅房跑，可每回去，都看见墙上搭着女人的腰带，误以为有妇女在上厕所。如此反复了多次。终于忍不住巴豆的泻力，大大地出了一次丑。

五、皇宫撷萃

紫禁城是一个说不完的话题。即使仅从规制一方面来谈，也远非这数千言所能概

紫禁城的东门——东华门，其门洞也是外方内圆的

括。好在是漫谈，取舍明确，不硬做面面俱到的整体论述(这方面的专著很多，笔者不必画蛇添足)，只采撷与规划有关，且有趣，同时颇富知识性的内容加以介绍，夹叙夹议，述一家之言。此外，予取言别人所未言，提供给读者一些值得进一步深思的线索。这里，再将与上述话题紧密相连，却又难以独成系统的内容合为一篇，作为主要问题后的"闲话"，既可作为主题的补充，又可作为独立欣赏的趣闻轶事。

(一) "金城环带"金水河

从午门进入紫禁城，迎面就是一条金水河，上面建有五座汉白玉石桥。这条金水河的引入路径，是严格遵照风水中的"水格"行事的。它由西北方的天门(乾门)引入，从东南方的地户(巽方)流出；同时，为体现风水理论的"环抱有情"意象，河水在武英殿、太和门前凸成"金城环抱"之势，这与天安门前金水河的南凸"金城环抱"之势相同，所体现的是人们对滚滚财源的向往心理。同时，还在客观上改善了空间布局。金水河两头接护城河，全长约两公里。河虽短，却上有源头(即引自北京西郊玉泉山之水)下有汇流。这下流具体情况是，北海过来的水源经护城河，自墙外西北角

位于紫禁城内午门与太和门之间的月牙形金水河

楼偏东的一石砌券洞进入宫内。再从城内西北角的马神庙内露出地面，由西转南，经城隍庙东南角向南，再往东，经武英殿前，流过断虹桥，后暗流到太和门前院(即有金水桥处)露出，河身渐宽，再向东，穿过文渊阁，再折向南，由城东南注入外护城河。建金水河还有一现实目的，就是防范火灾。既然水来自玉泉山，水源自然充足，用于救火取之不尽。而且每次皇宫失火，抢救时都用的是这里的"金水"。同时，它还是宫内排水泄雨的下水道。紫禁城北高南低，宫内各处的雨水通过各种排水渠道排入暗沟，流入金水河，顺河排出宫去。因此，历史上虽有下大雨的记载，却无故宫雨水阻塞的险情。

需要指出的是，这种人为制造的"环抱有情"风水，并不一定就能形成有"情"的气氛。相反，历史上，在此发生的无情事件一件接着一件。明朝的武宗皇帝无后，所以，他死之后由其堂弟嘉靖以著王身分承袭大统，称世宗皇帝。在此之前，世宗过继给了孝宗，武宗就是孝宗之子，武宗世宗自然成为兄弟。世宗登上皇帝宝座之后，为了光耀门庭，准备为其已死生父追尊为皇考。在中国封建社会，嫡长正传为国之本，世宗立自己的生父为皇考，自然不符合皇统祖制，受到众大臣的反对。

首辅杨廷和首先上疏阻谏，世宗不听，杨廷和辞官还乡，不苟于朝。接着，尚书、侍郎、都御史等大臣共二百多人，在皇城左顺门(即今太和门东朝房中间的左顺

午门"五凤楼"内的广阔庭院及金水河上的五座石桥

门)跪成一片，高呼高皇帝、孝宗皇帝，声达大内。世宗多次派司礼太监前去劝阻均告失败。时至中午仍相持不下。世宗大怒，令锦衣卫把翰林学士丰熙、吏部郎中余宽、兵部郎中相世芳等八人逮捕，声称请愿事件为此八人煽动。动手时，遭到杨慎、王元正带领的一批朝臣的抗议，他们撼动宫门，金水桥畔大哭之声连天。这更激怒了世宗，传旨将参加请愿的五品以下朝官一律拘拿入狱，余下的较高级官员均已高龄，随后散去。次日，世宗对参加请愿的人进行审理，共有一百八十多人受到廷杖，有的大臣还被"再杖"，打死十七人，另有数十人至伤至残，许多人受杖后被罚谪外。这次廷杖对大臣们的惩治之厉，以致过去很长时间之后，有人还在梦中梦见挨打的可怕场面。

这次冲突虽然以嘉靖皇帝的暂时胜利结束，但它也开始从根本上破坏了自己的"初本始基"，这也成为明王朝开始走向没落的明显标志。

明朝末年，李自成攻破了北京城，末代皇帝朱由检上吊自杀。然而，李自成坐在金銮殿上还不足两日，就被东北而来的清军打败了。撤离北京时，李自成既无可奈何，又愤懑无比。为此，他把气出在了紫禁城上，一把大火，宫内的主要建筑半成灰烬。就连金水桥上的汉白玉石，也被熏得黑褐斑驳。最倒霉的是以大殿重檐栖身的燕群，大火使它们无家可归，只能在荒凉残破的庭院里上下翻飞，茫然不知所措。

(二) 故宫内的古木

汪曾祺先生活着的时候，曾多次赴香港参观访问。他望着那一座座高耸入云的水泥森林，不由地想起了北京的古树。他觉得，那才是最有生命力，且最富历史感的存在。在中国古代，古朴典雅的国槐，是宫内必植之物，所以，国槐又有宫槐之称，十分珍贵，是国之瑰宝。在故宫，最著名的有武英殿断虹桥边的"紫禁十八槐"，排列成荫。在东侧的英华殿，由于主要是宫内搞

绿荫掩映中的故宫西南角楼

清朝末年，紫禁城午门东侧的护城河(今劳动人民文化宫后河)畔绿树葱郁，荷花盛开

佛事的地方，所以种有两棵佛门圣树菩提树，其中一棵是著名的九莲菩提树。这棵菩提树主干弯曲，沿水平方向生长，在其横干上又向上长出12个大枝来，它是北京的古菩提之最。相传为明万历皇帝的生母慈圣李太后所植。李太后自称九莲菩萨化身，说常在梦中受九莲菩萨传经。

与这种稀有树种相比，御花园里则以苍翠碧绿、虬蟠古朴的柏树为多。其中天一门内的连理柏久负盛名。它由两棵古柏组成，其双柏相对斜向生长，然后扭结缠绕在一起，内部的木质已融为一体，成为忠贞爱情的象征。园内还有"遮荫侯柏"、"驼峰柏"、"凤凰柏"、"大肚罗汉柏"、"十八罗汉柏"等，也都气宇非凡，各有特色。在御花园里，还有被称为北京"龙爪槐之最"的蟠龙槐和古楸树、白皮松、龙棘等名木。尽管如此，紫禁城内的大片大片地方却是光秃秃的，除黄瓦红墙外，竟无一棵树木。有人说，这是因为皇帝上朝时，为了看到殿下的很多大臣，故意不要树木，以便观察清晰。这虽有一定道理，却并非根本。至少在明代，紫禁城内各处还是有树的。那么，为何到了清代反而光秃了呢？这与一次农民暴动有关。话说1812年，宛平宋家庄(今大兴县宋家庄)人林清，响应秘密反清组织的号召，以黄村为中心组织起一支农民武装。这年九月十五日，他在不知河南滑县的另一支农民武装已被镇压的情况下，仍然按原计划起义，攻打东华门、西华门。起义军高举"大明天顺"战旗，手拿武器，攻入西华门，杀到隆宗门。这时，由东路进攻的义军受挫失利，已进入西华门的义军腹背受敌。他们爬上大树奋力断墙，有的砍折树枝，准备火烧隆宗门。这时留守大臣率领军赶来，义军很快被消灭。事后，嘉庆皇帝一直心有余悸。深怕这类大祸重降面前。于是"传旨伐树，不复植也"(金梁《光宣小记》)。打这以后，故宫里的古树就所剩无几了。可这样一来，郁郁葱葱的绿冠与金顶红墙的相映成辉也就没有了，剩下的人为建筑又年老失修，一时间，苍老衰败之境充人眼眶。

(三) 水晶宫

紫禁城内没有一座西洋建筑。这一点不像圆明园，可以西洋楼、大水法等调剂建筑风格。然而，如果清王朝推迟哪怕一年半载灭亡，说不定，还真有可能在紫禁城中诞生一座西洋建筑。

清道光二十五年(1845年)，紫禁城的延禧宫被大火烧毁。据堪舆家分析，北宫地处八卦艮位，必遭雷火。为此，只能在此建一座"水殿"。这座"水殿"到底什么样呢？此时的端康皇太贵妃(即珍妃的姐姐瑾妃，光绪死后宣统尊为此称)提议建一座水晶宫。根据这一要求，水晶宫被设计为三层，地上两层，地下一层，每层九间，宫四角还各有一亭，共计三十九间。它们以铜做栋，玻璃为墙，四望空明，夹层置水，水中养鱼。最下一层地板也以玻璃做成，俯仰其中，池中游鱼一一可见，荷藻参差，青翠如画。东、南、西、北四面开门，殿中为四根盘龙铁柱，最上一层面积缩减，平面呈八角形。殿四面出廊，四角与六角亭相连。六角亭一门开在正殿内，与正殿相通，一门开在回廊上。地面一层和地下一层主要用汉白玉石砌筑，上刻精美图案。意想不到的是，武昌起义爆发，国民革命成功，清王朝在顷刻间被赶下了历史舞台，施工中的水晶宫也被迫停下来。这时，部分石雕已经完成。建筑上层铁架已搭成，只是屋顶尚未完工，墙体玻璃也未安装。殿的四周本凿有水池，拟引金水河水灌入，使整个环境成为水晶世界。至此，这一设想终于定格在一片工地上。就连端康皇太贵妃题写的匾额"灵沼轩"也很快不知去向。

第九篇　城市安全

一、北京的城隍爷与城隍庙

城隍是神话中守卫城池的保护神。中国古代的城市，一般用土来筑城墙，城墙的四周都挖有护城的堑壕，有水的称池，没水的称隍。所以，这种护城的壕沟就叫"隍"。周代的腊祭八神中有水(即隍)庸(即水沟)，守护城池的神——城隍也就产生了。另外，古人认为凡与人的生活密切相关的事物皆有神在，他们挖城壕是为了保护城市人民的安全，所以，城隍便很自然地成为神化的对象。

南北朝时，南梁大将侯瑱和任约率兵攻打郢城(今湖北江陵县北)，北齐守将慕容俨以城隍神鼓舞军民，终于坚守住了城池，等来援兵，破了南梁军队的围攻。从此，城隍庙的修建也从南方扩展到了北方。唐以后，城隍不仅是城池的守护神，还被视为阳间的地方官吏。城隍神也往往是人鬼充任，春申君、文天祥、纪信等人曾分别被奉为杭州、苏州、镇江的城隍神。明太祖朱元璋册封城隍神爵位，规定所有府、州、县皆建城隍庙，规格与本地官府相同。朱元璋之所以如此钟情于城隍庙，据说是因为他自幼家贫，出生时就在土地庙里，所以对土地的"上司"城隍神极为崇拜。由此，城隍爷的地位步步高升，城隍庙也遍及全国。

北京作为元、明、清三代的都城，自然也少不了城隍庙的建置。仅清末时，在城内就有七八座城隍庙。这样，在这些区域内存在着一阴一阳两个衙门的格局，分别统治着此岸世界与彼岸世界，精神世界与物质世界。所谓阳衙门就是一级官府，如大兴县衙门；所谓阴衙门就是大兴县城隍庙。

位于西城成方街的都城隍庙大殿后身

城隍庙之多，主要在于其作用之大。虽然最早的城隍爷只是负责守护城池，保卫安全，但日后他所承受的工作，其领域越来越大。个中原因，在于道教将其纳入自己的神仙体系之中，成为很重要的道教俗神，其权力随之逐渐扩大。诸如年成的好坏，人事的吉凶，以及惩恶扬善等等，都成了他的分内之事。其官职也越来越高，成为东岳大帝麾下，位居土地爷之上的阴间王朝的中层官吏，即城市的阴间行政长官。既然管事如此之多，老百姓自然地对他增加了一份敬意。据说道士给死人超度时，也要先向城隍报告，征得同意之后才能进行超度。不少城隍庙里的城隍爷两旁，都有判官、牛头、马面、黑白无常等鬼卒塑像，加之一些描绘地狱景象的画面渲染，造成阴森恐怖，鬼气逼人的气氛。

据史书记载，祭祀城隍的仪式，在每年的五月二十八举行。届时，将城隍载入神舆，用八人抬的敞篷"亮桥"抬着。藤子编的城隍神像着乌纱、官袍，扮成古装文官模样。此行称为出驾。其后由人扮的牛头、马面、判官小鬼、罪犯等尾随其后。这些善男信女发心许愿，舍身献神，名为"助善"。而"死囚罪犯"则表示"惩恶"。在北京，城隍出巡的日子分别是，春天的清明节、秋天的七月十五，冬天的十月初一。在民间，这些节叫"鬼节"。城隍选择此时出巡，一是求雨，二是驱灾惩鬼，三是百姓还愿。城隍出巡是一件大事，府一级的要坐十六抬大轿，县一级的坐八抬大轿，跟随的队伍很长。各种香会也跟着凑热闹，如秧歌、高跷、五虎棍等，鼓钹喧天，边走边舞，热闹异常。所到之处，往往是万人空巷，观者如潮。据说有时跟在神像后面，装扮鬼神的人，借机抢夺生意人的商品，被抢者不但不恼，反而认为是吉利事。城隍出巡期间还要举行庙会。在今地安门西大街路北宛平县府旁有一座宛平城隍庙，它最后一次举行庙会是在1949年灯节，也是全北京城城隍庙举行的最后一次庙会。以后，此庙改为民居，于20世纪60年代拆除，如今仅剩下了山门及院内正殿。

此庙会在每年的正月十三至十七日举行，仅在晚间开庙，共五天。十五为正日，谓之正灯。这一天，山门及东西两厢均悬排各式纱、绢或玻璃彩灯，上绘传统故事，以及各种花卉、动物等。烛光或电灯光的色彩艳丽，形象生动。城隍像端坐在佛龛内，峨冠博带，气度不凡。供桌上摆满了水果、糕点等供品，香炉内火焰明亮，烟气缭绕。善男信女除焚香跪拜之外，更以资金不等之数捐香钱，以祈求平安。

城隍庙庙会最热闹的情景要属点"火判儿"，此为一泥塑判官，足登官靴，双肩抱拢，浑体黄泥本色。体内，成一炉膛，炉内填煤，傍晚生火。先是七窍生烟，黄昏后火势始旺，熊熊火焰自判官的眼、耳、鼻、口七窍喷出，长可盈尺，故称"火判儿"。每年灯节前塑制，节后即拆。灯节期间每天傍晚生火，午夜后停熄。五天庙会共需柴煤逾千斤，均由附近

宛平县城隍庙内的"烧火判"，每年正月十三至十七日庙会期间，每晚掌灯时最热闹，在正院内泥塑判官，腹中填煤，熊熊喷火，遍体通红，一晚上要烧200斤煤，由周围煤铺捐献

各煤铺捐赠，以图发利于市。

都城隍庙是北京修建最早、规模最大的一座城隍庙，它诞生在元代，原是金代的一座古刹，元至元十七年(1280年)改建，天历二年(1329)正式改称都城隍庙。它位于西城区复兴门内成方街(闹市口胡同的西边)。都城隍庙初建时称佑圣王灵应庙，明永乐年间重修后改名为大威灵祠，清朝才始称都城隍庙。由于朱元璋封南北二京的城隍为帝，所以称"都城隍"。经过明清两代的几次重修，已具相当规模。正殿内有城隍及城隍夫人塑像。正殿前楹有清代雍正皇帝御书颁赐的"永右畿甸"匾额，及"保障功隆，俎豆千秋修祀典；邦畿地重，灵威万国仰神明"题联。正殿后楹悬有清代康熙皇帝御笔书赐的"神依民社"匾额，及"灵巩天垣，和会九州风雨协；极崇国祀，盈宁后稷社万安"题联。原正殿后有寝殿，悬有清代乾隆皇帝御书的"福荫黄图"匾额。后殿内原有两个特大的朱漆木桶，大可容水数十石，是明朝万历年间造的浴盆。道士吹嘘说，这是神沐浴所用，其水洗眼后可去目疾。正殿两庑是十八司。因都城隍是天下城隍的总头领，所以前面的阐威门两旁塑有全国各行省城隍的十二尊立像。明代全国有十三行省，因陪都南京位于江南省，故该省城隍单独立庙。此外，庙内还有治牲所、井亭、燎炉、碑亭等很多建筑。恰如文献所誉："丹青尽饰，状如王者居"，赫然巍焕，气魄很大。

每年的五月十一日，太常寺都要在这里举行祭祀城隍的活动。因此，这里的庙会也很有名。每到这个时候，烧香祝福的、凑热闹逛庙的，以及贩货售物的，把庙里庙外挤得满满当当，热闹非凡。西起庙门，沿城隍庙街向东，直到旧刑部街，长达三华里。日久天长，这里演变成为购物观光的场所。其中，古今图书、商鼎汉镜、唐宋书画，乃至闽楚绸缎、滇 珠宝、帝京小吃等等，应有尽有，分类列市，琳

都城隍庙中的城隍爷(杨椒山)像

琅满目。最盛时曾长达近十里。都城隍庙内的香火也极盛。除享受人间的供奉之外，每年旧历五月初一，还要接受大兴、宛平县城隍的朝拜，即所谓城隍出巡。届时，狭窄的街巷内人多拥挤，事故频发，以至有了"闹市口常闹事"的说法。这座在明、清之际就有的庙市，于光绪初年因大火烧毁了庙宇而大受影响。后来仅修复了正殿，以应春秋祭享，渐趋衰落。接受朝拜的地位也由江南城隍庙所取代。

江南城隍庙位于都城隍庙向南不远的宣武区南横街东口路北。这条街上一排有三个庙，西边的是三官庙，东边的是东岳天齐庙，中间的就是"京都城隍威灵公庙"，简称江南城隍庙。此庙也建于元代，后在明、清两朝重修。在民国十年以前，这里历年都举行城隍出巡活动。江南城隍庙城隍出巡一直到民国十几年还在继续，轰动了南城。这里还流传过一个城隍娶妻的故事。有一回三个姑娘在观看城隍出巡时开了个玩笑，说其中一位姑娘被城隍老爷看中要娶她。正说着，一阵狂风刮起，把姑娘的手帕吹向了城隍爷的宝座，正好落在城隍爷的手里。姑娘回家就吓病了，以为城隍爷显灵，真要娶她为妻。姑娘死后，其父母重新做了嫁妆，陈列在城隍庙里，40年代末时还有人见过。

江南城隍庙周围是妓院密集的八大胡同。其东南部又是下等妓女集中的天桥。所以，这些饱受凌辱的妓女们，常常来这里向城隍爷哭诉不幸，祈求保佑。妓女死后，常被埋在江南城隍庙南边的南下洼子，这里成为无名妓女的义冢。逢年过节，妓女们自怜本身，来此祭奠一番。《道咸以来朝野杂记》记载："十月初一日，江南城隍庙庙期，亦妓院中人烧寒纸之候也。"

为什么叫"江南城隍庙"呢？如前所述，朱元璋曾封了南北两个城隍庙。因此江南城隍庙是祭祀江南省(具体说就是明代的陪都南京)的城隍。这也表明了南京作为陪都的特殊地位。此庙规模中等，庙内供有城隍爷和城隍奶奶像。除正殿外，还有寝殿、七十二司庑殿和东西跨院，后面还有戏楼。本庙城隍专门负责江南游魂事宜，凡南方人死在北京的，都要到这里来报到领凭，由城隍发给一张盖有大印的"路条"。否则，游魂就回不了江南。该庙庙会的会期为每年的清明、中元和十月朔望三天。清末都城隍庙焚毁后，大兴、宛平二县的城隍出巡改至此庙，会期又加上了五月初一一天。辛亥革命后，由于该庙位于南街，做小买卖的逐渐增多，庙会改为每月的初一、十五两次。

西城共有三座城隍庙。一座在地安门西大街(如前述)，称宛平县城隍庙；永佑庙城隍庙在府右街北口路西；另一座在新华门路北一带。它们基本上都建于清朝年间。

江南城隍庙山门

东城也有两座，一座位于东单东总布胡同东口，建于明朝万历十八年(1590年)，民国八年因妨碍交通而拆除。另一座叫大兴县城隍庙，在东城区大兴胡同内，也创建于明代，与建在此处的大兴县衙一起，成为县级城隍爷。今庙宇完整，为居民杂院。

宣武区的另一座城隍庙在莲花胡同。

就连紫禁城内，也建有一座城隍庙。位于西北角楼下，供奉宫城之城隍，建于雍正四年(1726年)，至今保存完整，曾为文物出版社的排字车间。每年三月、九月、十月、十二月供用玉堂春富贵花一对，朔望在此供素菜。每岁万寿节、季秋，皇帝派遣内务府总管各一人致祭，祭品系内务府庆丰司所供之饩羊。

在北京城郊各县，也都建有各自的城隍庙。各地城隍爷并无统一名姓。就北京来说，起先的城隍是杨椒山。这位明代的清官曾因揭发奸相严嵩的罪恶，被迫害致死，受到百姓的崇敬，尊为城隍。于谦因保卫北京城有功，也曾被奉为城隍。

进入民国，提倡现代文明，视城隍信仰为迷信，于是下令废除了各种神灵，包括财神、瘟神、送子娘娘、龙王、文昌帝君及城隍神等。虽然信众仍有不少，但香火大不如前，庙会、城隍出巡也从此收场。

二、栅栏

提起老北京的城市安全，与百姓关系最直接的，一属城门，二属栅栏。城门要按时关启，进城晚了或出城晚了都不方便。栅栏也是一样。

北京在街巷设置栅栏，是在明代弘治年间，当时是为了防止盗贼，并便于追赶。

到了清代继续保留了这些栅栏,并又有所增加。《乾隆大清会典》记载:"卅九年准奏外城各街道胡同设有栅栏甚为严密,交五城不时稽查,务令以时启闭,栅顶似钉木板,书写街道胡同各名。"光绪年间,北京内城外城的大街小巷共设有1746处栅栏,其中,内城有大小栅栏1100多座,外城440多座。栅栏门在起更后就要关闭,城门晚上都要关,但是在半夜时还要再开一次,因为上朝的官员们要在天亮之前就要到达朝门外去候着。老百姓有事出城,如果回来晚了,也只好等到这个时候再回家。清朝时规定:"京师内外大小街巷设立护门栅栏,有作践损坏者交刑部治罪。"

各旗满、蒙、汉军所辖"汛"及其栅栏数字表

满蒙汉旗别	汛			栅栏		
	满	蒙	汉	满	蒙	汉
镶黄	53	22	17	94	29	27
正白	51	20	14	90	35	31
镶白	46	13	12	80	35	18
正蓝	45	19	15	87	45	15
正黄	55	18	18	91	30	41
正红	38	14	10	79	36	14
镶红	48	13	10	96	23	39
镶蓝	50	15	10	97	24	34
总计	386	134	106	714	257	219
	626			1190		

尽管城门和栅栏的关启对百姓来说多有不便,但它毕竟有利于城市的安全。具体负责这一工作的,是直属都察院的巡视五城御史,此外还有负责全城警卫的禁军。负责防守的八旗步军按"汛"(相当于现在的公安派出所管片)界驻守、巡防。每"汛"(也就是管片内)设有一定数量的栅栏。这些栅栏大多设在街巷口。这些八旗步军除担负防守职责外,还兼管消防等多项事务。各"汛"之间怎样划分呢?其地界与八旗的居址是一致的。但在同一族内,满、蒙、汉军的"汛"守地界,与其居址又不完全相同。各旗所辖的"汛"守地,以及地界内的栅栏数量不一,一般是满八旗除守防居址地界外,还可涉足蒙、汉八旗的守地;而蒙八旗除防守自己的居址地界外,还可涉足汉八旗的管界。而汉八旗则只能防守在自己的居址地界上。也就是说,满八旗的实际权力大于蒙、汉八旗;而蒙八旗的实际权力又大于汉八旗;汉八旗是实际权力最小

的。满旗统治者的这一规定，反映了他们头脑中，各族间的亲疏、远近。这与清初的强制汉人留辫子一样，表现了满族统治者的权威。每汛设步军十二名，每座栅栏设步军三名，栅栏相距甚近者，则兼管。

当年北京有几个著名的大栅栏，如西长安街的六部口以东便有。但其中最有名的是前门外的大栅栏。在明朝，这里并无大栅栏这个名称，只有廊房头条、二条、三条、四条。到了清朝顺治年间，皇帝因为汉官民与满族贵族杂居而经常发生争端，所以下令，让汉旗官民和商人都要搬到南城去。为了内城宫阙禁绝喧嚣，戏园子也都迁到了前门外一带。

由于当时的廊房四条是商业的一个集中地，商贾富户深怕那些巡视的官兵巡历不周，盗贼作祟，于是修了一座较之别处为大的栅栏，从此，这条街也就叫成了大栅栏。清末，由于商业、服务业的发展，栅栏逐渐被废弃。

如今，北京城里许多地名还与栅栏有关。除了上述著名的大栅栏以外，在西四大院胡同与白塔寺之间，还有一条"三道栅栏胡同"，等等。

三、京城"五镇"

在京师，上点年纪的人都知道早年间北京设的五大"镇物"。

什么叫镇物？简单说就是震慑之物。震慑谁？当然是妖魔鬼怪。人们对好多来自自然和社会的现象不理解，以为是妖魔鬼怪在作祟，于是，想方设法地找一些东西来震慑住它们。

"镇物"之说源于"阴阳五行"学说。《千镇全书》、《百镇全书》、《桃花镇全书》和《鲁班经》等，都是运用这一理论，讲述通过下镇物来转祸为福的办法。

震慑的办法有很多种。其中主要是物镇和符镇两种。物镇有石头、石敢当、兽面牌、倒镜、八卦镜等等。过去北京一带有几项镇物，为民间所常见。一为山海镇，二为石敢当，三为八卦太极图，四为门前镜，五为一善牌，六为影壁。此六项为镇宅之物。佛教中的塔，是为了某一地方的环境风水而专门设立的一种镇物。苏州的文峰塔就是为了振兴苏州的文镇物，据说效果出奇，以至苏州世代才子辈出。北京玉泉山诸塔也是镇物，是根据五行中"西方庚金，金生水"之说而设，为风水龙脉之镇。

符镇是另一种主要的震慑之物。这种符号实为一种禳解文字。用神、煞、鬼、斩、灾、异等字的变体，结合道教的一些符咒，外加五行、八卦和抽象图案，使人感到似曾相识，却又捉摸不定，进而产生神秘感。

传统的五行学说，用五种不同的物质：金、木、水、火、土来概括世间万物的来源，用它们的相生相克来解释世间万物的衍生。五行学说在汉代得到进一步发挥，成为五个方向的代表：木居东，金居西，火居南，水居北，土居中央。因五行的属性不同，又分别代表不同的颜色：土为黄，木色青，金为白，火为红，水为黑。

北京的"五镇"也是依据五行的原理产生的。按照这一原理，北京五大镇物分别设在北京城的东、西、南、北、中。简单说，东方属木，就用木来镇；西方属金，就用金属来镇；北方属水，就用水来镇；南方属火，就用火来镇；中央属土，就用土来镇。这金、木、水、火、土究竟代表的是什么具体东西呢？下面就要说明。

东方所用的木质镇物，是一根粗大的金丝楠木。周简段所著《神州轶闻录》(民俗篇)上说："东方甲乙木，用木来镇。'镇物'是广渠门外黄木厂的金丝楠木。"这段话说的又对又不对。所谓对，是说它后半句指定金丝楠木是对的；说它不对，是因为他说的放木头的地点有误。至少在很长时间里，这根金丝楠木并不在广渠门外。为什么这么说呢？

永乐年间，明朝定都北京，开始大兴土木建城、修皇宫。为此，于永乐二十年(1422年)在北京的东南郊，也就是崇文门外建起了神木厂，任务就是加工木材。明朝成书的《京师五城坊巷胡同集》的崇北坊中有"神木厂大街"地名。而近年出版的《明北京城复原图》上，崇文门大街以东标有"神木厂大街"之名。当时的神木厂大街东起铁辘轳把，西止崇文门大街。可见，至少是在清朝建立以前的一百多年间，神木厂并不在广渠门外。只是到了清朝在京建都以后，神木厂才由崇文门外迁到了广渠门外。《宸垣识略》记载：神木厂在广渠门外二里许，又记"明永乐时神木尚存"。而清代成书的《京师坊巷志稿》和《清乾隆北京全图》上，原来的神木厂大街也改为花儿市大街了。

据说在广渠门外的神木厂里，作为神木的这根金丝楠木有70多尺长，6.7尺的直径，两人合抱都抱不过来。为了利于储藏，还专门为它盖了一座房子。这座房子有7间，内部相通，没有隔断。巨大的金丝楠木就放在房子中间，并派有专人看守。后来，由于连年战乱，加上年代久远，装这根楠木的房子倾颓不堪，漏雨透风，致使金丝楠木逐渐腐烂掉了。

那么，这根金丝楠木为什么叫"神木"呢？有人说，这是因为它是镇物。表面看来好像是这个道理，实际上不是。在封建时代，帝王皇上为了加强自己的统治，总是千方百计把自己同神联系起来。如宣扬"君权神授"，皇帝是"真龙天子"等等。好像这样一来，他们的统治就代表了上天的意志、神的意志。在神木问题上也是这样。这根金丝楠木固然珍贵，可它只不过是一种稀少的木种而已，远远说不上与神有关。它之所以成为神木，实际上靠的是讨好皇帝的那些人吹捧起来的。

永乐四年，受皇帝之命，当时的工部尚书到四川去采伐木材。四川的大多数山区人迹罕至，有大片的原始森林，很快就找到了好几株大树。就在把这些木材砍伐下来，准备投入江中，使其顺流而下时，"奇迹"发生了。据说这些巨大的木头尽管投入江中的声音大如打雷，但居然连一棵小草都没伤着，真是具有了神力。于是，大臣们就上奏说，这是因为国家将兴，吉兆在发挥作用。皇上听了这话当然高兴，便封这几株木材为神木，种植这几株树的山为神山，还专门派了官员前去为其建立祠堂祭奠。这几棵神木到了北京当然也不能轻易使用，就当神一样供奉起来，直到北京城和皇宫建城也没舍得用。

关于这根神木的故事，还另有一个版本：说它不是金丝楠木，而是"樟扁头"，是明永乐时建造紫禁城剩下的。周长2丈多，长6丈余，本质游檀色，有叠云卷浪花纹。层叠细致，指击之声清脆。卧在地上，仿佛一条巨龙。明正德年时，曾开设神木千户所，也就是说，派1千人来看护神木。明清两代均视此木为神，不仅修亭安护栏保护，而且每年派官祭祀。亭为五间连体，罩在大木上，亭额"东方甲乙木"五字，南面的琉璃厂碑亭中有乾隆御制的《神木谣》，称赞它是东方之神，掌管春天，给人们带来万木葱茏。到了20世纪50年代，神木厂已成菜地，神木虽朽却依然存在，琉璃碑亭、石碑、神木护栏依然。只是周围百姓经常来锯木头，取其神力治病。因此，零星碎木遍地。以后建成乐器厂，神木被开成木材，做了办公桌。

在我们这些后人看来，这神木能否真的有神力不说，仅就其选择镇物时，以它作为东方的木的代表本身，就的确极具典型性，说明办这事的人是极有眼光的。

西方所用的金质镇物所谓何指？历来说法不一。其中，有代表性的为二种：西部金顶妙峰山和西部大钟寺的金属大钟。还有一种说法，认为其"金"指的是"红山口演炮"。理由是，每年的秋季，八旗士兵都要在红山口举行操练演炮，以使长期不用的大炮能够得到保养，同时锻炼士兵的操作能力。因红色属火，火光金，所以它算西方的镇物。

至于选择金顶妙峰山作为西方的镇物，主要原因是因为每年妙峰山香会著名，远到周围省份，甚至吉林、浙江等地都有人前来朝拜，可见其名远扬。而直接原因，在于金顶妙峰山的"金顶"上头。这座"金顶"就是高踞于山顶的那座娘娘庙。该庙创建于明朝末年，康熙年以后香火逐渐兴盛。当年的建筑曾遭日寇残毁，在"文革"时期被彻底荡平。如今的建筑是1986年开始重建的。显然更加庄严瑰丽。庙内的东配殿供奉的是观音塑像，前面的对联是"金顶现金身，莲花座上熏风薰；妙峰瞻妙相，杨柳枝头甘露香"。

为什么娘娘庙又有"金顶"之说呢？有人说，是因为庙顶的琉璃瓦，在朝霞初启之际，沐浴在一片阳光之下，熠熠生辉，放出金光，所以称为"金顶"。也有的说，是因为清朝康熙年间，供奉的娘娘曾大显圣灵。于是，皇上钦赐了"金顶妙峰山"之名。(此传说见周沙尘著《古今北京》一书)。据说，"金顶"之有效还曾把慈禧太后召引了来，为其子同治皇帝发痘求平安。现存的慈禧所赐"慈光普照"匾牌，就是那次书写的，至今还挂在正殿的廊下。由门头沟广播电视局编写的《京西风光》中载有《妙峰山的香会》一文(作者石际)，其中明确指出："到慈禧太后听政时，北京的五顶之外又添了金顶，"即庙里修了莲花托金顶，后驰名远近而称"金顶妙峰"。此文将"金顶"的产生年代后移至清朝后期，而且具体记述了"金顶"的具体表现，作为实地考察的结果，似乎有更大的可信度。

不过，与这种说法不同，另有一些人认为西部大钟寺的大钟才是西方作为"金"来起镇物作用的宝物。为此，他们自有自己的理由。明朝建都北京，其三大工程中，除了建皇城、修天坛之外，就是铸造这口大钟，可见其地位重要。这口铸于560多年前的大钟，有6米多高，直径3米多，重46吨。钟内外共铸汉文经咒16种，梵文咒语100多种，共23万多字。经文几乎全是佛、菩萨、尊者、神僧的名号。经文字体婉丽典雅，是明初馆阁体书法艺术的代表作。钟上铸有如此多的文字，当然不是为了让人看的，而是想借助钟声宝物远播来传扬佛法，使其发挥更大的威力。难得设计者的良苦用心和铸造者的精湛工艺。

到了清代，清世宗对此钟十分重视，专门为它建了一座两层的钟楼。钟楼上圆下方，象征着天圆地方，钟声传扬天地之间。悬钟的架子由粗大的木梁柱制成，主柱上三根横梁，巧妙地将力过渡到主柱上，分摊到更多的断面上。由于结构合理，两百多年来毫无倾斜、歪闪迹象。20世纪80年代以来，每年除夕夜举行的敲钟活动，成为人们祈求来年幸福的重要内容。

综合上述关于西方主金之镇物的选择，似乎是公说公有理，婆说婆有理。何况，这个问题本身就没有一个评判是非对错的标准。笔者无能，更不想掺和进去，只是把各家之说均录于上，供有兴趣的读者参考而已。

南方属火，所以要由火来镇。巧的是，在北京城的正南方，永定门外大街路西的铁路南侧，有一座被称为"烟墩"的砖台，正好可以承担此任。

烟墩上因镌刻着《御制皇都篇》和《御制帝都篇》，记述的是北京作为幽燕之地的历史，所以又被称为"燕墩"。

燕墩是一座下广上狭、平面呈正方形的高台，台高9米，由墩台西北角的一座石门处可上，内有石阶，共45级。台顶正中是一座正方形的石台，台上立四方石碑一座，高约8米。碑下面是须弥座形的碑座，四周浮雕有云、龙、菩提珠、菩提叶等纹饰。束腰部使用高浮雕技法雕出24尊小神像，袒胸跣足，跌坐于波涛之上，形态各异，技法精湛。碑脊雕成形似中国建筑上常用的四角攒尖顶，垂脊上各雕一条奔腾的龙，飞向中心的宝顶。碑身南北两面的上述"两篇"，用满汉文字分别镌刻，由乾隆手书，可称为叙述北京的地理名胜、风土人情的史记篇。

也有人说燕墩之所以形状像烽火台，当初就是为起镇物作用而建的。因为永定门这里没有长城，燕墩建于清朝。

北方属水，所以用水来镇。最早用于镇物之水，指的是西城积水潭的汇通祠。这个庙最初名镇水观音庵，清乾隆二十六年改名汇通祠，院中有乾隆立碑。

积水潭，原名鸡狮潭。这是因为汇通祠的土山上有一个巨石矗立着，相传为陨石。石上有鸡形、狮形相对，鸡形较清晰，狮形较模糊。鸡狮潭的名字即由此而来。后又称为"鸡石潭"，"积石潭"，以致称为"积水潭"。积水潭不仅包括汇通祠前的那片水面，而且也包括前海、后海和西海，是三者的总称。在元代，这里是南来船舶的水运码头，被称为"北京的海港"。北京人食用的大米，主要通过这条水路运来。以后，水路废弃，湖面淤塞，变得越来越小。在如今的北二环路以外，曾发掘出元代积水潭的岸边砌的石头。同时，这种石头还在地安门商场地下发现过。水道淤塞以后，这里也就由水运枢纽改为广植荷花的游览胜地。当时的积水潭"明湖滉漾，大似江南水国"，如盛夏到此，"一望芰荷芦荻，间与凫鹥鸥鹭，上下沉浮，薰风腾凉，心清香妙，恍如置身海上神山"。正因这里风景极佳，于是一些豪门贵族在水边建起不少园林别墅，著名的有：镜园、漫园、湜园等。1949年以前，积水潭已成为一片污水坑，夏日蚊蝇成群，残破不堪。以后盖起了游泳场、医院等众多建筑，水面也经过挖泥筑堤后变得清净多了。

过去，北京城有"四水为镇"之说。意思是在东、西、南、北四方，各选一片有代表性的水面，作为北京城的保护之物，既可供应城市用水，又能起到运输、娱乐、观赏等多方面的作用。这"四水为镇"的"四水"是：城东北地安门西边的后海，城西南宣武门外的太平湖，城东南崇文门东面的泡子河(今已不存)，城西北德胜门西面的鸡狮潭。这四水的特点是都紧抱一座城门，成为护城河的重要组成部分。

关于北方用水来镇的水面，又一说是万寿山的昆明湖，此说也很盛行。万寿山原来不过是一座高粱河畔的小山。金代在此建行宫后才建起了金水池，并加高了山峰。元时，一位老人在金山挖出一个刻有花纹的大石瓮，金山就改为瓮山，金水池称瓮山泊。到了清代，乾隆为了给他母亲做六十大寿，将瓮山改为万寿山，并将瓮山泊拓展，改名为昆明湖。从此，这里成了皇家禁苑，普通百姓无缘涉足。英法联军、八国联军都曾在此掠夺和摧毁。只是因为慈禧晚年的大部分时间都在园中度过，所以才屡毁屡修。1924年开始，正式辟为公园。

昆明湖原为一天然湖泊。元代为增加槽运用水，引昌平神山泉水等沿途流水入湖中，使之成为大都城内宫廷用水的蓄水库。明代，湖中植荷，岸边种稻，并建有寺庙、亭台，成为一处风景区。乾隆年间，经过疏浚形成现在的规模。按照汉武帝在长安开凿昆明池演水战之典，命名昆明湖。湖上主要景色有西堤六桥、东堤、十七孔桥及南湖岛等。全湖面积220公顷。如此重要地位、如此大的水面，当然要比积水潭气派多了。于是，昆明湖在清代末年取代积水潭，成为京城北方的镇物。

中央属土，中央的镇物是景山。景山聚土为山，当然属土；同时，它又坐落于北京城中轴线南北两端的正中，属中央。由于这两个难得的因素，景山才理所当然地成为中央的镇物。

金世宗大定三年(1163年)开始修建以琼华岛为中心的大宁宫时，曾把开挖"西华潭"(今北海)的淤泥填堆起来，形成一座土山。到了元代，这座土山逐渐成为皇帝的御苑。修建大都时，曾将景山纳入了总体设计当中，并在此修建了高大的延春阁，作为举行佛事活动或进行道教的斋醮仪式，举行宴会的地方。在阁殿的北面，还广植花草树木，开辟成专供帝后游赏的"后苑"。当时，这里曾建有金殿、翠殿、花亭、毡阁，苑内还开出一片耕地，作为皇帝参加农业劳动的地方。

明成祖定都北京，于永乐四年(1406年)开始营建北京宫殿。尽管明初北城南缩五里，其建筑的位置南移，但这里仍然是明宫殿的规划设计范围之内。按中国传统的风水理论，"青龙、白虎、朱雀、玄武天之四灵，以正四方"《三辅黄图》，这四个星宿

早春的清晨，当初升的朝霞泛出红云，北京城从睡梦中醒来。此时的景山还未从夜幕中退出，为了方便晨练的人们，公园里亮起了路灯，起早的人们陆续来到公园。京戏演员首先来到最高的万春亭里，向着远方光亮，开始练嗓

各有部位，景山值于紫禁城之北，属玄武的位置，应该有山。于是，把拆除旧城的渣土和挖紫禁城护城河的泥土压在延春阁的旧址之上，便形成了一座相当规模的土山，取名"万岁山"。由此可见，万岁山的建立不仅符合传统风水的要求，而且还期望借此压住前朝的风水，巩固自己的江山。所以，这座山又被称为北京城的"镇山"。

具有讽刺意味的是，尽管景山"镇住"了前朝的风水，却并不能保证自己的江山永固。就在崇祯十七年(1644年)，李自成的农民军直捣北京。三月十八日夜里，就在农民军已经攻进内城的情况下，崇祯试图从安定门逃出京城未果。他在太监王承恩的搀扶下登上万岁山，只见全城烽火连天。他自觉已走投无路，遂自缢于山坡上的古槐树处。王承恩随之缢死。《明季北略》中记载：崇祯自缢时装束不整，以发覆面，身穿短夹衣，光着一只脚。想留下几句话，一时又找不到纸和笔，只好用手沾着自己的鲜血，在衣服前襟上写了几句话。内容是什么，历史记载不详。

李自成占领北京后，派人用柳木棺材装敛了崇祯的尸体，运到了他的祖坟——昌平的明陵。农民军令昌平州出钱葬崇祯，但州里无一钱。于是，在崇祯年间当过守备，后弃官还乡昌平的王政行的倡议下，十位当地士绅聚资将其草草埋葬，墓地与早死的田妃合一，称为思陵。

到了清朝初年，景山经过两朝建设，已成为满山苍翠，浓阴密布，花木香飘的清

幽山林。顺治十二年(1655年)，顺治皇帝将"万岁山"改名为"景山"。典出商朝人曾采伐"景山"松柏，为武丁建造宗庙，并岁时祭祀的故事。因此带有永思、追念之意。"景"还有"高大"的意思。《北京形势大略》说："景字从日，言日在京也，所谓天无二日，民无二主也。"乾隆十六年，在景山上还以"万春亭"为中心，两侧各有两个相对的亭子，构成了一幅美丽和谐的景观。"山形五台(五座山峰)，应天五气(五方之气)捧日也"。景山有五峰，"峰各有序，踞其颠中曰'万春'，左曰观妙；又左曰'周赏'右右曰'辑芳'；又曰'富照'"。

清朝以前，景山与紫禁城皇宫连为一体。如今神武门与景山之间的马路是民国年间打通的

20世纪50年代的景山顶上，道路狭窄、残破，路边还盖有看山人的简陋住屋

无疑，景山顶上的这五座亭子，生动地体现了"景字从日，言日在京"的意境。不仅如此，它还体现了易学象数的原理。在这五座亭子中，居于中央位置的万春亭地位最高，规模也最大，高三层，纵、宽各五间。"三"、"五"皆为阳数(单数)，而且

在"一、三、五、七、九"五个阳数中,"五"居中央。纵、宽各五间,即"二十五间"。"二十五"为五个阳数之和,象征着"景"字中的京上之"日",即皇帝天子。同时,"景"字还说明了"日"下之"京",即京都。这里,"万春亭"体现了"景"字的两层涵义:一层是说,它建在北京的中轴线上,象征着天子得居中,有正位之尊;同时,它又是北京的最高点,象征天子的权力在万人之上的最高地位。"万春亭"象征居中、得正的天子,会永世流传自己的政权。

五亭中,最西和最东侧的"富照"和"周赏"二亭,为二层檐六角柱式,内侧的"观妙"(东)和"辑芳"(西)二亭为二层檐八柱式,均为阳(双)数,借以象征其臣民八方来朝、众星拱月的气势和威仪。由此,形象地体现出君臣、主从、上下之间的隶属关系。

五座亭子中原各有佛像一尊。其中四尊被八国联军掠走,剩下的一尊因过大,不好拿,被他们砸毁了。可笑的是,他们听说景山原叫煤山,土下面为闭城时临时烧火准备的煤。为了取煤,他们凿了横、纵两口井,结果什么也没找到。进入民国,尽管景山被开辟成了公园,但仍然受动乱的影响,常有军队进驻,成为临时营地。他们还在山顶修建炮垒,严重损坏了文物古迹。1949年以后,景山才真正成了人民公共的花园。如今登景山,放眼四望,北京城尽收眼底:南面的皇宫巍峨壮丽;北面的钟鼓楼高耸雄伟;西面的北海有如仙山楼阁;北面的高楼大厦初展现代气息。这种绝佳的气势及周围美丽的皇家园林,令多少中外游客流连忘返,陶醉其中。

"五镇"作为历史上保证城市安全的重要措施,更多地体现了人们寻求保护的心理,至于在实际形势下究竟能发挥多大作用,似乎应算另一回事了。

四、信炮、五虎杆与石别拉

在北海的白塔山顶上,清朝时曾在这里安放着信炮,即用来发信号的铁炮。什么时候发信号呢?当然是北京城,尤其是皇城受到威胁的时候。这种威胁可能来自城外,也可能来自城内。所谓来自城外,比如来自国外的八国联军、英法联军,来自国内的,如李自成农民军、义和团等;来自城内的,主要是像武装袭击紫禁城等。虽然这类事件并不是经常发生,但毕竟事关重大,不能不防。

为此,特安排了官居五品的信炮总管一员,八旗各旗兵丁一人,负责看守。不仅白塔山，就连内城九门也各设炮五位，标有号杆五杆。当紧急情况发生时，以发炮的声音为信号。同时号杆上白天悬旗，夜晚挂灯。旗为龙旗，分为蓝、红、黄、白、黑五色，灯笼也分五色。相应地，在东、西、南、北四面城门上，也备有五色龙旗、五色灯笼。若敌人自东面而来，那么，白天挂蓝旗，晚上挂蓝灯笼。白塔山上也是一样颜色的旗或灯。假若敌人从四面来，那么白塔山就挂除黄以外的四种颜色的龙旗或灯笼。若城内有变，则

北海琼岛上的白塔及五虎杆——报警的信号。20世纪50年代拆去，90年代又恢复

挂黄色龙旗或灯笼。与此同时，放二十一响炮。一处放炮，别处炮声皆应。官兵们一听炮响，马上各就各位，准备器械，全城的二十四处都统，及各旗官兵也必须按原定地点集合，听候指令。

白塔山上的信炮也不是炮手们想发就发的，一般要得到来自皇帝的亲自指示。届时，有专人持有"奉旨放炮"的金牌来到白塔山顶，守炮官员见到金牌时才敢下令发炮。遇到紧急情况，来不及报告皇上，等其下命令时怎么办呢？凡遇这种情况时，也可由守炮官员下令开炮。这一条不仅适用于白塔山顶的信炮，九城守城的信炮都可以这么办。一处炮响，另处立即举炮相应。与此同时，号杆上也要相应地挂起旗帜或灯笼作为信号。

这种挂旗帜或灯笼的号杆，被称为"五虎杆"。为什么叫"五虎杆"呢？这是源于道教对雷部诸神统帅的称谓。据说雷声普化天尊手下统领着五位雷神：天雷、水

雷、地雷、神雷和社雷。人常说的"五雷轰顶"就是指的这"五雷"。这是表示比泰山压顶更沉重的打击。信炮为了传播悠远，声音自然很大，就像"五雷"一样。而"五虎杆"上的信号，正好帮助显示了炮声的悠远。另外，从古代的军队组织来看，《周礼》规定以五为基数和倍数编制西周的军队。具体讲，即以五人为伍，又以二十五人为行，所以后来当兵出身又称"行伍出身"。《三国演义》中常说的五虎将，也正是基于这一编制。所谓"五虎将"，是指帮助刘备打天下的五位将领：关羽、张飞、赵云、马超和黄忠。刘备称霸天下的本钱，就是因为有了这五位虎将。所以，在民间，"五虎"已成为一种武力、勇悍的象征，像"五虎鞭"、"五虎拳"等等。

在陈文良任主编的《北京传统文化便览》中，解释"五虎杆"的含义说，它是专为防变所用。按照阴阳五行的理论，木、火、土、金、水五种物质，分别产生青、赤、黄、白、黑五色。以这五色龙旗分配各城门守卫。如敌人白天从东进攻，东直门、朝阳门的号杆首挂青龙旗，白塔山上的号炮也随之挂起同色龙旗。如果敌人从四面八方同时进攻，白塔山上便同时挂青、白、红、黑四色龙旗。如果城内有变，则挂出黄旗。联想到八旗军队在北京城的布防情况，五虎杆与五行说的这一解释，无疑是有一定道理的。但另一个问题随之而来：五虎杆并非白塔山上独有，在各城门处也有。从方位上看，它只偏于一隅，五方与五行的道理已无法解释五虎杆的含义了。

在这方面，与宣武门有关的一个传说，似乎有一定的道理。据说宣武门瓮城内有五火神墓，又名"五虎墓"，俗称"五人墓"，说的是燕王扫北时，麾下有五虎将，名叫火仁、火义、火智、火信、火礼，五兄弟作战勇敢，智谋非凡。他们曾造出巨型火炮，大败元军于柴沟堡，为明军的最后胜利立下汗马功劳。

由于功高盖主，为燕王猜疑嫉恨，朱棣在北京称帝后，将火氏五兄弟骗至宣武门瓮城圈内，突然将内外城门紧闭，切断五兄弟与外界的联系，将五虎将残害在瓮城内。手下人挥泪将五兄弟掩埋在瓮城内，用砖砌成五座坟墓，并在城门楼旁竖起了五根长杆，以民间风俗为五人招魂，并按时祭奠。

依此传说，五虎杆成为五虎将招魂的旗杆，这种窄长、垂直悬挂的旗子名叫幡。有人会问，这五根五虎杆为什么是红颜色的？这又与中国神话中的五方神话传说有关。信炮的发射离不开火，故信炮与这五神中的火神有关。火神叫祝融，兽身人面，是黄帝的后裔。祝融在传说中常常充当杀伐的角色。大神鲧为了平息滔天洪水，偷取了天帝的息壤，不幸这事让天帝知道了，他就派祝融杀死了鲧。信炮既然与火神有关系，那么，和它同属一个作用的五虎杆自然也应该是代表火的红色了。这就是五虎杆的基本含义。据说它在明代就有了。

其实，当时对于威胁城市安全的现象不仅要报警，同时，还安排有军队不时地出动巡察。这在元宵节等临时性的活动期间尤其重要。元宵之夜，官兵为维护秩序，每夜有巡城御史，以十数盏大红灯前导，衙役高声喝道，威风凛凛，对于酗酒寻衅，有伤风化等事进行处理。

1905年9月23日(光绪三十一年八月三十日)，那桐、世续一大早就来到北海山顶，向这里的刘管带和两翼二尉传达了慈禧太后4天前的谕旨，将白塔山上的信炮交神机营存储。至此，白塔山顶的信炮制度被取消了。(详见那桐当日日记)

在皇城内部，为了加强内廷防御，又于皇宫内各门安有"石别拉"，又名石海哨。其形同花头球状，内空，顶端有一小空。平时，此物安于宫内各门石阶栏杆柱顶上，一遇紧急情况，即由侍卫亲军用牛角状喇叭插于孔内，用嘴吹响，其声呜呜如海螺声，可传到宫廷内外，用来报警。

这种球状物报警创于何时，如何吹法，这一点始终是个秘密。在古代也只限于旗籍曾经充任亲兵或护军的人知道，此外还有久值内廷的侍卫太监。据《燕京今古琐闻录》记载，清朝顺治皇帝初到北京城时，命侍卫府在内廷各门安"石别拉"，分内外前三围。乾清、坤宁、广寿、慈宁宫等的"石别拉"称为内围，又叫"大内班"，宿卫内的护军掌管。神武、东华、西华各大门的"石别拉"叫外围，又叫内班，也是宿卫内护军掌管。乾清、景远、隆宗、养心等门的"石别拉"，由侍卫亲军掌管，叫后围，又叫"外围外班"。"插进"孔内的牛角状喇叭，为三寸长的小铜角，今人用牛角做饰物就是那时流传下来的。

五、"乌龙"水会

1903年，官办的消防组织在北京产生。该组织隶属于京师警察厅，名为消防科，实行军事化管理。消防科聘请日本教官，授以先进的消防技术，并购置必备的消防器具。消防科址在户部街，并在珠市口、东四、西四等地建有警钟台。台高十五米，台下为值班室，台上顶端小阁里派人瞭望，昼夜轮班值守。所属分队驻扎于内外城扼要地方，遇有火警，随时出动。不过，这种消防队只管官衙、官商，百姓失火却不管。他们把救火变成生财之道。当时流行着这样一句话："警铃一响，黄金万两。"消防队一到，明抢暗偷，敲诈勒索，趁火打劫，甚至出现"现场议价"，救火讲金条。一般商铺或普通居民失火，则根本无力请消防队。即使他们到场，如果议价不成，也是拖延坐视，任其焚烧。因此，那时一家失火，殃及一片的情况时常发生。

光绪二十六年(1900年)，前门外大栅栏就发生了一场严重的火灾。《都门纪略》记载道："祝融虐焰上千霄，金店银楼一律烧。百万商民齐束手，市尘景象太萧条。"大火之后，大栅栏地区重建时，商贾富户中的有识之士，有感于强压消防组织之必要，鉴于当时尚无官办的公共消防组织，于是纷纷投资建立水会，充实消防设备。过去北京城最繁华的商业区，应属正阳门外大街和大栅栏、观音寺一带，以及内城的东四牌楼、西单牌楼和地安门外鼓楼前等地方。在这些地方都分别成立了本地面的水会。

水会的发起，一般是由一些大户商家牵头，然后串联附近铺户共同协商成立，选出会首主持会务。水会要制订共同的防火公约，再按铺户大小，分等级出钱，作为筹备经费。各铺户除交纳筹备经费外，还要按公议每月再交纳一定数目的会费，作为水会的经常费用。

水会成立后，会首只担一个名义，实际工作都转交给当地商团兼管，或在自己所辖地段内设一水会驻地，平时工作落在三个人身上：一个执管水会的各种账目，一个执管水会的必要技术和救火工具，再一个是伙计，负责水会的日常杂务，特别是当有火情时负责召集人。当年地安门外大街路东的一条窄胡同内，就设有同济水会的驻地。在胡同口树立的一座雕刻极为精致的木制小牌楼上，就刻有"同济水会"四个字。这个水会的会首就是通兴长、乾泰隆、聚盛德等几家殷实的大买卖家儿。

水会的灭火工具以水车为主，再配备一些激筒、挠钩、梯子、水桶、灯笼等。水车为长方形大木柜，外有铁皮包着，内设水槽，盛有清水。水槽两边有若干个压水装置，形同压水机。水由水龙带引出。水车起先是由人抬着走，有十几人抬的，有几十人抬的。后来开始装铁轮。水车的木柜上插有一面长方形旗帜，上有本会名称及标志，另有四面小旗分插左右。大小旗帜多为红色或杏黄色，上绣黑绒字。首都博物馆藏有一辆晚清时的水车，呈方形，车身前后左右安有铁环，用来拉车。车内可装水一立方米，由四人操作。左边的杠杆压下，右边的杠杆起来，右边的杠杆压下，左边的杠杆起来，这样反复压下升起，就可激水腾空，扑向火场。车身中央正上方有一个出水口，用来接水龙带，扬程可达15米。车身饰有古铜雕花，制作精良，系广东消防车厂与外商合作生产。

水会驻会的固定人员，担负着发出报警信号，召集成员救火的重任。一遇火情出现，主要通过鸣锣传知各铺户。然后，在会首的带领下前往救火。会首在前，白天手执小旗，夜晚高举灯笼跑步引路。另有一人边鸣锣边呼喊："×街×号走水啦——！"后面救火人群多数无灭火工具，拉着水车紧跟在后，浩浩荡荡。

水会的成员由商铺的学徒和一些小贩组成，平时各务本业，临时由水会召集，穿上特制的"号衣"，到现场救火。火灭后凭着"号衣"领救火费。一位叫隋少甫的老先生，从18岁起就在琉璃厂的平安水会当助善员(一种组织中不取任何报酬的固定成员)。可见，救火人员中也有这类不取报酬的助善员参加，而且也是固定成员。

凡是失火现场，均有人员把守，防止坏人趁火打劫，一切闲杂人等严禁进入。各水会出入火场，均以本会旗帜或灯笼为凭证，无人阻挡。救火过程中，如果是灾情初起，火势不大，经过大家奋力扑救，当然收到一定实效；倘若火势凶猛，再遇大风，迅速蔓延，致使救火人员无法接近，则人们只能你泼一桶，他泼一桶，根本无济于事。加上水会人员多是临时组成，平时缺少训练，况且设备简陋，也的确无力承担扑灭大火的重任。

尽管如此，水会的收费依然相当可观。一场小火，也需要付出三四十两银子。火灾过后，受灾户为了向大家道谢，还要举行宴会招待。如果损失不大，认为是"不幸之中的万幸"，那就更需要大摆筵席款待了。当然，这还得是大买卖家儿，虽遇火灾，却是百足之虫死而不僵，或者是未伤元气。至于小商户们遭此一难，则根本无力再行恢复，也就更说不上招待参加救火的人们了，只有挨门挨户叩头慰劳道乏而已。

各辖区的水会除负责本地段的消防任务外，还要主动协助辖区以外的消防工作，这也是义不容辞的义举。另外一些大商号庆贺新张开业，或是官宦、富商人家举行红白大事，由于灯火通明、宾客云集，因此极易出事。为此，主人也要邀请水会前来相助，以防不测。水会为了便于日常值班和昼夜巡逻，除雇用附近少数闲散人员为固定消防员外，主要指派本地段看街的为当然消防员，因为他们对本地面情况极为熟悉。

在北京历史上，前门大栅栏地区是一个火灾频发地区。这里的店铺和居民住户比较集中，而且木结构的建筑及纸糊门窗占多数，所以最怕失火。因此，以前门大栅栏为中心的北京南城的水会最多。如同仁堂独资兴办的普善水会就是成立最早、设备最先进的水会。它的组织较为庞大，管理较为严格。水车安车轮，最早也是从这里开始的。小车每边的压水装置为八个甚至更多，水龙嘴粗，喷出的水柱又黑又粗又高，扑火效能特大。一次宫中救火，就曾请普善水会前往，结果很快将火扑灭。慈禧太后得知此事，大加赏识，封为"乌头"。现在，前门东侧的鸾庆胡同，当年普善水会驻地的墙上，还有砖刻的"普善"二字。

以后，崇东水会、公义水会、义善水会等相继成立。就连八大胡同的妓院也成立了水会，名为同善水会。其址在前门外大李纱帽胡同火神庙内。同治十三年(1874年)正月，迁至王广福斜街。其保护范围，就在前门外廊房头条、大栅栏、观音寺街、琉璃厂一带，可见实力之强。前面提到的，如今收藏于首都博物馆的水车，就属于同善水会。

南城的水会所以有名，究其原因，可能与这里频发火灾，以致人们救火救出了经验，同时也与曾帮紫禁城救火而受朝廷赞扬有关。

关于水会兴办的目的，当然是为出钱的主人服务的，虽然商号附近的民居失火时，水会也去扑救，但那是怕火灾牵连到自己。同时，也可以获得好名声。如果距离商号较远的贫民区失火，水会就不会那么慷慨相救了。在清代，通州在漕运的鼎盛时期，也曾创办过水会。最初的创办者是南省的粮帮，水会设在东关、北关的寺庙内，如募义水会设在东关的灵官庙，坎善水会设在北关的三官庙；光绪初年又在北街创办了永善水会，旧城南门创办了清真水会，以及同善、济善、义善等水会和助水会。由上述诸水会中所含的"善"字可以看出，它们基本上属于自发的互助组织，并不在于盈利。就连各会的会员，也分为"文善"、"武善"和"助善"。其分工，"文善"负责敲锣、提灯、挑圆笭和稽查、维持秩序等二线工作。"武善"是救火的主力——抬唧筒(救火机)，掌握龙头喷水、上房救火、扒火道等。"助善"则用自备的手推车和油布制的水桶供水。

报警的地点在鼓楼，方法是"前三、后四、左五、右六"，即火场在南就连续鸣锣三响，在北就鸣锣四响，在东就连击五响，以西鸣六响。各水会听到警号，立即鸣锣集合，不分昼夜，无故不到者受罚。首先到达火场的水会会头，就是此次救火的总指挥，选定基地，白天以督旗为号令，夜间以警灯为号令。后到者要主动前来联系，听从指挥。会员救火时不准搬动家具。如果某一会员系受灾户亲属，则要事先声明，并摘去标志退出水会，方准协助灾主抢救财物。非水会人员一律不准进入火场。

火势扑灭，水会撤离时也极讲秩序。首先按各水会距离火场的远近，远者先退，近者后退。撤离时，每会首先要集合队伍，检点人数，收拾器材，再敲锣三响，门旗在前，唧筒在后，其他人员依次排列，大纛旗督后顺序离开。离火场最近的水会，要留下几人看守火场，防止死灰复燃。

灭火完全是尽义务，不收失火人家的任何酬谢。受灾者一般惯例，在事后送几斤糕点，略表谢意。相比之下，通州的水会更具民间色彩。而且，水会所在办公地——各庙，平时还供奉龙王和火种，从而更显出其宗教意味。

六、守卫京师的"北门锁钥"——北京地区的长城

(一) 封建统治者为什么要在北京地区修筑长城

北京地处华北大平原北端，古人以"北枕居庸、西峙太行、东连山海、南俯中原"说明北京地理位置的重要，自古就是兵家必争之地。古代，从华北大平原北上，只能沿太行山东麓进入北京。继续北上，出西北的南口，经关沟、居庸关至内蒙古高原；出东北的古北口至承德；沿燕山南麓东行，出山海关至东北平原。

(二) 北京地区的长城是怎样修筑起来的

长城，作为重要的军事防御工程体系，早在先秦时期就已出现在西北部，即燕国的北长城。燕国以蓟城(北京的前身)为首府，为了在群雄割据之中保护自己，于是筑了两道长城。其中的北长城，就有一段经过今天的八达岭附近。秦、汉长城都未经北京。但到南北朝时，北京再次成为长城经由的重要地段。北方许多少数民族利用东晋以后的大分裂局面进入中原，建立小政权。以后北魏逐渐统一北方，与南朝对峙。但与此同时，更北的草原上又崛起了契丹、库莫奚、柔然等少数民族与北魏对抗。为此，北魏开始修筑两道长城。其中的南长城就从现在的居庸关附近，向西经平型、北楼、雁门、宁武、偏关而达山西。

明朝永乐皇帝像，正是他将明朝的首都由南京搬到了北京，并开始在北京大规模修建长城。如今见到的北京地区长城，多为明代所建

长城上的双面垛口，可抵御从这边或那边的来犯之敌

明朝是在北京修建长城的第四个朝代，也是工程最大，布局最完善的时期。明代自洪武元年(1386年)即开国的第一年，便命徐达修筑居庸关等处长城，以后连年不断，直到隆庆年间形成高潮。万历年间，开始修建内长城，特别是对明朝皇室陵寝之北，怀柔一带的长城大加修缮，直到公元1600年前后，用了两百多年的时间，才基本完成整个工程。为了修建长城，付出了无数的人力、物力和财力。特别是在八达岭地段施工期间，因为地形险要、工程难度大、质量要求高，其耗费尤其巨大。据万历十年(1582年)的一座修长城的纪实碑记载，当时用了几千名官兵和更多的民夫，半年才修了7丈多远。为修造怀柔县铁矿峪段长城，山东左营春防军士共三千多人，用了近两个月的时间，才修墙65丈。至于以后为补修、复缮而耗费的人力物力财力，则更是无法计算。

(三) 北京地区长城的防御作用

明朝把长城划分为九个防御区，简称九镇。北京段长城大部分归蓟镇管辖，延庆等少部分归宣府镇管理。蓟镇范围西起居庸关，东至山海关，其西临宣府镇要冲。宣府和居庸关、古北口等地是蒙古人南下的要道，军都山、燕山长城是京师的直接屏障。鉴于它的特殊地位，所以修得格外精心，布局也特别严密。

为了加强边防实力，徐达不仅迁军都山以西军民充实北平卫府，而且开垦良田一千三百多顷，作为修筑和守卫长城的物资供应基地。隆庆元年(1567年)，在浙江一带抗击倭寇的戚继光奉调北方，出任蓟镇总兵。上任伊始，他首先巡查塞上，提出建立长城敌台，对长城两侧的山坡进行铲削，再用石块砌筑重城(也叫马栏城)，城上设关口和空心敌楼。敌楼两侧再构筑多道障碍，形成步步为营的格局。这样，整个长城组

土木堡遗址。明正统十四年(1499年),蒙古瓦剌部首领也先率兵攻打山西,明英宗在太监王振的怂恿下亲征,但因其昏庸一再失去战机,最后在土木堡(今河北怀来县境内)被瓦剌军活捉

长城上的铺房楼,也叫望楼

成了一个城关相联、敌台相望、重城护卫、烽火台报警的防御体系。

当时，守边士兵纪律松弛，戚继光又请求调入他在浙江训练的精兵三千到蓟镇。时值大雨，"戚家兵"在雨中自晨至傍晚直立不动，北方边军大为惊骇。从此，守军将士自觉遵守纪律，城有攻守之地，兵无暴露之苦，两千里敌楼雄壮，声势连接，蓟门防御工事及军容军纪皆为诸边之冠。

(四) 北京地区长城的总体情况

北京现存长城，主要是明长城。它源于山海关，从平谷县的将军关进入京界，从东至西横跨平谷、密云、怀柔、延庆、昌平及门头沟等六个区县，沿北部山区的燕山和军都山内侧山脊而行，呈半环状分布，怀抱着北京小平原。

怀柔县的旧水坑是长城在北京境内的分布结点，简称"北京结"。以此为界，可分为东西两个体系。北京结以东以单层布局为主，只有个别地段有不同年代修建的重复墙体。个别关隘附近还有环状城墙，以加强关口的守卫功能。北京结以西，则经常出现两层或多层城墙，结构明显比东部复杂。尤其是在延庆盆地的北部和南部，军都山的中、东南部，出现三层甚至更多的城墙，从而组成层层布防的防御体系。由此可见，抵御来自西北草原的军事威胁，是北京地区，乃至明代整体长城防守的重点。这

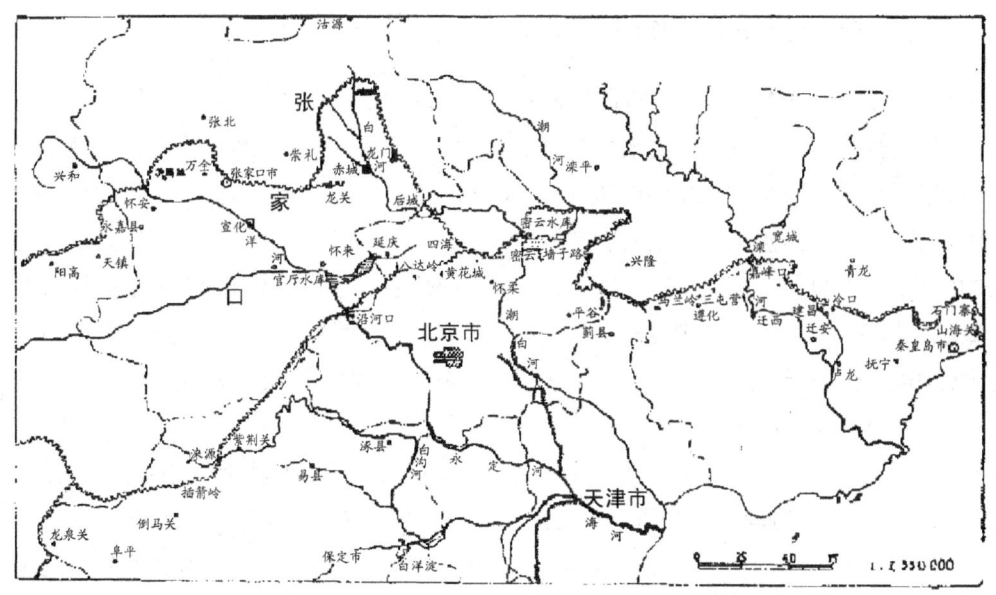

明代北京及周边地区长城走势示意图

是因为，草原上的诸多少数民族生产力水平低，受自然条件限制较多，为了生存，也为了扩大地盘，他们经常侵扰长城关内以农业为主的中原地区，掠夺粮食、财物和人力。他们大多以牧业为主，被称为马上民族，游动性大，来去不定。所以，防御起来更加困难。只是到了清朝定都北京以后，本来就是来自草原的满族成为全国的统治者，当然不必再以西北草原为患；同时，康熙以后的清朝皇帝，对少数民族大多采取怀柔政策，来自草原的威胁大为降低。

综合北京地区历代长城修建的总长度，共计1258华里，全线共有城台(包括墙台、敌台、战台等)827座，关口、城堡71座。这是近年来通过航空遥感技术，进行科学测量的结果，数据比较准确。北京地区的长城绝大部分分布在山区，长城随山势起落转换，高下左右，千姿百态，景观壮丽。除了城墙以外，还有千变万化的众多敌楼和烽火台、关城，以及驻军的城堡等。这当中，还有少见的圆形敌台，分布在禾子涧和南石城，生动、别致。怀柔县半城子以北，还发现一座方形敌台，上筑有波形屋顶，这是目前北京地区新发现的唯一一处。在密云县鹿关附近的长城过水建筑，也是非常罕见的。延庆县境内有一座九箭窗敌台，大概是北京地区最大的敌台了，是为储备粮草、军械和操练士兵而建。这些因地制宜、形式多样的建筑，构成了北京地区长城完备的军事工程体系。

(五) 北京地区长城的两大防御体系

在历史上，金、元、明、清诸王朝都曾在北京设都。这当中，金、元和清朝的统治者都来自漠北和东北，因此很少考虑由北方来的威胁。而明代则必须设法凭借太行山和燕山山脉，建立起长城防御体系。太行山和燕山都是天下的大阻，可依此存有空隙。当时于北京西侧太行山上设紫荆关和倒马关，又于军都山上设居庸关，就是所谓的内三关，由此构成北京地区长城防御中的西部体系。在燕山山脉设有松亭关和山海关。古北口、喜峰口、冷崖也是设关的重地。这是东部体系的组成。上述关隘再加上太行山和燕山的自然险势，对于巩固北京北部防务，起到了决定性的作用。

1.居庸关及八达岭

太行山是一座南北走向、逶迤千里的巨垅，隔开了山西与河北两个省。这中间，有八条沟通东西的沟谷，被称为"太行八陉"。其中，最北的一条因两侧高山耸立，峭壁悬崖，所以被称为"冷陉"。这就是关沟。著名的居庸关及其下属关城就建在这里。居庸关关沟不仅是由北京，而且是整个中原地区去西北高原的必经之路。同样，

居庸关关城俯瞰。左侧为关城，图中方形土台为云台，右侧远处为关城出口，图下部为公路。因公路不再穿城而过，因此，前去八达岭参观的游客多与居庸关失之交臂。如今，整修过的居庸关关城上又建起了城楼

由西北南下中原，这也是最重要的路线。自古以来，无论中原开发西北，还是北方民族南下牧马、逐鹿中原，都要先据守这条关口。在和平时期，中原谷物、布匹输往草原，西北牛羊与中原交换，莫不由此出入。关沟，这条由西北至东南的一条斜谷，不仅仅是北京西部的军都山和北部的燕山的外界，更是北京最重要的交通要道之一。

居庸关在封建时代曾有过不同的名称。三国时称左西关，魏称军都关，北齐改称纳款关，唐代称居庸关、蓟门关和军都关。到了辽、金、元、明、清各代，一直称居庸关。据文献记载，秦始皇修长城时曾"徙居庸徒于此"，故而改名。"庸"是指贫苦的雇佣劳动力，"徒"则是被判罪而服劳役的人，意思是说，秦始皇为了修长城，发遣大批贫苦的雇佣工和服劳役的犯人迁居于此。其实，秦筑长城时并未由此经过。

在汉代，居庸属于上谷郡十五县之一，但它并不是长城线上的重要关口，而只是县与县之间的一个关口。因为秦始皇时期修筑的长城，还在北面较远的地方，经过今

张家口、围场、赤峰一带，并不在居庸关附近。北魏以后，于公元496年修建"畿上塞围"，东起上谷，西至于河。这个"塞围"即北魏的南长城，这才是居庸关修筑长城的开始。"累石为城，崇垣峻壁"（《水经注》）。北齐天宝六年(555年)，自幽州北夏口(即南口)，为关口的入口处，至恒州(大同)，修筑了一条长达900余里的长城，东至山海关。从此居庸关与其相连，成为长城的一个重要关口。辽代以幽州为陪都，号称南京。辽代的太后、皇帝常自南京出居庸关，北上草原牧猎。因此，居庸关内外还有许多关于萧太后的传说和遗址，如延庆的萧太后城、居庸关西的上、下花园等。金人攻辽，也是先破居庸关，然后再攻取燕京。具有戏剧性的是，金兵攻打居庸关，正巧悬崖上的山石自然崩塌，直砸得辽朝的守兵死伤无数。于是，居庸险关瞬间成坦途。金朝时期，这里布有鹿角蒺藜百十里，派有精兵把守。尽管如此，仍然没有挡住进犯的蒙古人。元太祖知悉，"从此而北，黑林中有间道，骑行可一人，终夕可到"，于是，太祖令人轻骑前导，军卒口衔木板，以防出声暴露。自暮入谷，偷偷轻装前进，黎明时已到平地，疾奔南口，金鼓催兵，杀声四起，兵如天降，金人溃不成军。

元以北京为大都，居庸关是自大都去上都的关门御道，又是与山西北部进行物资交流的要路，所以，对居庸关的修筑格外精心。元代居庸关的中心在今居庸关的云台。其南北有两个大门，作为关门。居庸关实际南北共10里。元人不仅建关口，还在关城内建有寺院、花园和帝王住宿的行宫。

明朝洪武元年(1368年)八月，明军进占元大都，元顺帝和后妃、太子以及部分蒙古大

石景山模式口法海寺内塔门。正跨于该寺前通衢之上，实为过街塔，建于明代，门上为喇嘛塔，其形类似于北海白塔。居庸关云台实际也是过街塔

臣从健德门仓惶北逃。当时在蒙古仍号称"大元皇帝",并时刻伺机南侵复辟。为此,朱元璋开国之初便派大将徐达修筑居庸关处关隘。

居庸关辖区包括整个四十里关沟。其纵深很广,为关四重(南口关城、居庸关关城、上关关城、北门锁钥关城),重要的隘口有多处,如古石佛寺、青龙桥东、正瓜谷、黑豆谷、化木梁、于家冲等。"仙枕石"上有一段刻石文字,记载了一次两万渗入之敌被消灭的故事。虽然长城全线都是择险而筑,但像这样的纵深四十里的关险,是十分难能可贵的。明朝之所以把宗庙建在十三陵,一方面是因为这里地形风水出

长城上的障墙。当敌人攻上长城时,守军可以障墙为掩护与敌人继续战斗

色,另一方面也说明这里对北方防务可靠。

四十里关沟不仅具有军事防御功能,而且还具自然的山水之美,是二者的有机融和。自南口进入关口,只见悬崖夹峙,巨涧贯中,道路出于涧之上,涧随山转,宽约半里,深远莫测。在北段环顾,偶见樵径鸟道,深险幽僻。循路而上,七里路可达东园。这里景物清旷,岩壑间景象雄秀,数转而后益觉幽深。约四五里后临近居庸关关城。关城建筑傍山起伏,总长十四里。在跨间地段,原有铁栅水门,早已无存。1971年在内蒙古东汉墓发现的"居庸关运筏图"壁画,不但有关城,还有舟渡。水门之下还有"居庸关"三字。其水门跨度为百余米,水门券门虽已倒塌,但基址尚存,山泉

长城上的滚石孔。平日排水，战时滚雷

终年不断。当大水来时，过沟仍需渡船。居庸关除水门外还有陆门。北关扼险，工程峻绝，其周围之桦木峰、九仙山、妙沟岭、烧锅峪和银洞崖等，回环成势，各以其雄峻相拱卫，再上行四里，为三桥子村，有大银杏，浓荫及亩。再一里四桥子村，村内多杏林，涧中有巨石称"仙枕"。又二里至上关，又二里始及三堡。这三堡位于涧中三岔口处，涧东一脉斜出，分涧为二，此即古人所说的"侧道偏峡"。因其倍增深山大泽之不尽感与沉雄气。循主岔北行，可直通八达岭，沿东岔北行二里，则为弹琴峡。此峡在修京张公路时，地形受到一些破坏。其水源来自石佛寺崖中，崖中林麓甚黝，夏日多花岗岩裂隙水，诸水汇而出涧，南折、下泻，穿往于石罅，上下隐现，湍急相击，濠濮间潺潺有声，故名弹琴峡。其附近之石佛寺崖口处，两山相对，横嶂如门，两山上之长城高悬，在谷口处斜向下垂，相对如钳，高城流水，溪光云影，意增幽绝。谷中果树繁茂，水石清晰，烟树相望。沿主岔上行四里至青龙桥，为一小型山间盆地，位临沟谷中四岔交会处，有老火车站及大西沟新站，有詹天佑先生铜像。此处谷底标高已升至550米，与近山峰顶高差不足百米，空间开阔，气象高爽，已无坠壑深幽之感。复上行北口，在八达岭城关的"北门锁钥"及南北敌楼上环顾，视野无限，群山如海，叠翠如浪，蜿蜒曲折。一线长城，雄险达于高潮。

由八达岭走出谷地，登上海拔600多米的平漫地带，再前行，向北可去延庆、赤城、沽源以及坝上草原；往西可去张家口、包头、内蒙古高原，又可至晋北之大同及五台山等地，取其四通八达之意，故称八达岭。八达岭段长城素有"五最"之誉，即：北京地区保存最完好、工程质量最佳、结构最严谨、形势最壮阔、气魄最雄伟。有人形象地说，八达岭长城是龙体姿态最美的地方。

如果说，北京像打开一边的盆地，那么，关沟就是从盆沿搭向盆地的一道斜梯。

而八达岭就是盆沿斜道入口处。此处居高临下，高屋建瓴，由此观居庸狭谷和小平原，如坐平地而观井。草原兵马自坝上南下，至张家口走下第一层阶梯，至此又临第二层阶梯。一旦突破八达岭，守卫部队便只有在沟谷中消极抵抗，而不可能与敌人展开大规模战斗。要想守住居庸关，必须把住这一带战斗前沿，御敌于关沟之外。所以古人认为"居庸之险不在关而在八达岭"。

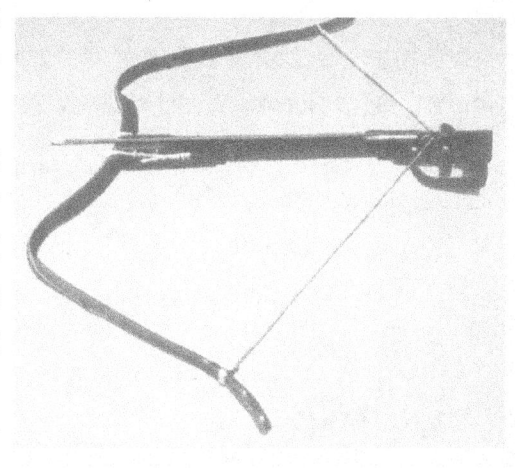

战国时用于射击的弩。它是一种由弓发展而来的远射兵器，是一种装有控制装置、可延时发射的弓。它由弓和弩臂、弩机组成。在长城防守战中，双方均可用弩进攻敌人

明代特别注意这一带长城的防御工程，对关城和长城、敌楼的修建格外认真。八达岭关城建于明朝弘治十八年(1505年)，万历十年(1582年)重修，面积达五万平方米。关城城台高大厚实，下部为十余层花岗岩条石砌成，上部砌大城砖。城台宽70余米，厚17米，高7.8米，是八达岭最壮观的城台之一。城门洞顶砖石发券，宽3.9米，高5米。门洞安装双扇大门，门内有门杠顶柱和锁闩。平时，大门洞开，行人商旅自由出入；战时大门紧闭，禁止通行。关城东门门额上书"居庸外镇"；关城西门门额上书"北门锁钥"，"北门"系指京师的北大门，"锁钥"自然是指此关的重要性。关城顶部为长方形城台，四周筑女墙垛口，为守城士卒搭弓架炮用。城台两侧各建敌楼，成拱

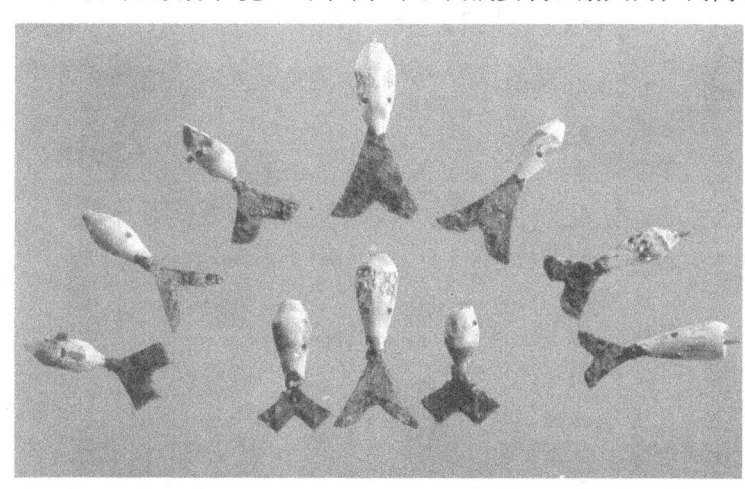

辽代鸣嘀。弓箭的一种。后部铁质，前部木质，上开小孔，射击后能发出声响

卫之势。从关城城台到北10楼，城墙曲长1863余米，有敌楼10座，相距最近的才三四十米，最远的500米，从关城城台到南7楼，城墙曲长1176米，有敌楼7座，相距最近的不到40米，最远的400余米。由此可见长城敌楼密度之大，防卫之严。

八达岭长城的兵力部署，根据地形缓冲，按城垛配备兵丁。极冲处，每垛4—5人；次冲处，每垛2—3人；稍冲处，1垛1人。空心敌楼住官兵60人；30人守台，设台长一人；30人守垛，分为6伍，每伍设1垛长。其中，空心敌楼配佛朗机小炮8架，每架子铳9枚；神枪12根，神箭30支，火药300斤；铁顶柱8根；雷石大小备足；号旗一面，本梆锣鼓1具；柴米人给一月。此外，还有其他配备。

八达岭关城以西二里许，有一岔道村，原是八达岭的前哨军营岔道城，嘉靖三十年(1551年)建。城墙上有马道，外侧有垛口、瞭望孔、射击口，墙高而坚。西门外有练兵场，东西两山顶上各筑堡垒一个。周围山上筑有6座烽火

长城空心敌楼内景。从平面看，内部结构可分为田字、吕字、目字、品字等形式。楼门设计也别具匠心，许多地方入敌楼后上下改变，左右盘旋，难以出去

台，驻有守备，把总及兵丁近八百人。古人云："守岔道，所以守八达岭，守八达岭，所以守居庸关，守居庸关，所以守京师。"可见岔道城的重要战略地位。

明初，在今延庆地区就有五卫官军，即隆庆卫、居庸关卫等。这些军营后来都演化为村名，可见当时驻军之多。今延庆县境内，营、城、堡、司、口的村有120多个，以"营"为村名的有63个。八达岭以及居庸关的层层设防，节节控制，前后呼应的防御体系，真正称得上是十分完整的。

2. 古北口、金山岭及司马台

由北京出发前往承德，在北京市密云县与河北省滦平县的交界处，公路破长城而过，两边敌台映入眼底。这便是明代古北口路所辖古北口关、金山岭和司马台长城。这里的山势缓急多变，许多地方的长城构筑在悬崖绝壁之上，惊险奇妙，鬼斧神工。

长城修建采取了因险制塞的方针，无论军事上攻防计划的严密，敌楼墙体设计的多样，都达到惊人的程度。

北京地区的长城分为东西两大体系。如果说，居庸关、八达岭长城是西体系的代表的话，那么东体系的代表自然要属古北口了。不仅如此，在燕山山脉南北沟谷中，几处重要关隘里边，古北口也是最险的。

位于密云县境内的长城双层空心敌楼。这里是士兵、器械的集中地，上面有铺房便于住宿，下层有纵横的拱道，前后回旋，结构复杂

古代幽燕地区是汉族与北方少数民族的交会之地。燕山以南为汉民族传统居住区；燕山以北的承德地区和再向北的草原坝上地带则是游猎民族、游牧民族长期生活的地方。中原政权常在古北口设关据险，阻止少数民族南下。

隋唐时期，北方的契丹和奚族开始强大起来，经常越过燕山与幽州政权作战。为此，唐代便在古北口设"奚关"，驻兵把守。石敬瑭割让燕云十六州，幽州成为辽代的陪都，从此打破长城界限，燕山南北融为一体，古北口成为由燕京通往辽中京(今赤峰市宁城县)、辽上京(今赤峰市巴林左旗)的必经之路。辽宋和好，宋朝使节自古北口前往上京。金人攻辽，也是自古北口入塞。以后的蒙古人南下，也走的是这条路，以及居庸关。

古北口一带长城建于北齐天保六年(555年)以后，但当时只是低矮的土石结构。只是到了

宋代旋风车砲，采用杠杆原理抛掷石弹的重型远射武器，射程可达百米。火器发明后,也用来抛掷火球等火器

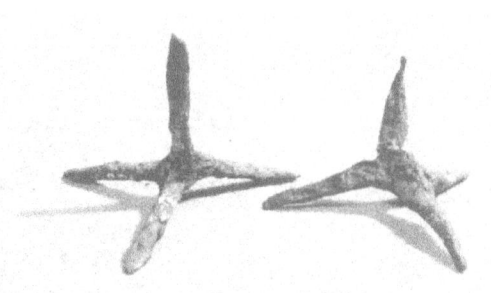

金代铁蒺藜,守城战具,从城上下投,用以迟滞敌军人马前进

明朝建立,徐达大修北方长城时,才将此处归纳其中,一并修建。洪武十一年(1378年),在此设守御千户所。两年后又改为密云后卫,共有关隘18处,绵延95里。古北口、金山岭和司马台正处于这段长城的中部。

古北口形势险要,处于峭壁如削的峡谷当中。潮河自塞外来,奔腾湍急。关外有古城川,林木苍郁,气候温和。但再向北,又有群山起伏,大岭挡道,山道曲折,千回百转,达岭即达塞外。

古北口关城踞于山顶之上,南控大开岭,北依高山尖,西到潮河川,周长四里多,开有三座城门,城呈三角棱形。明朝有诗人诵古北口说:"诸城皆在山之坳,此城冠山如鸟巢。至此令人思猛士,天高万里鹰弓稍。"

古北口是万里长城上战事繁多的关隘之一。后梁乾化三年(913年),晋王李存勖的大将刘光浚进攻燕蓟,曾攻克古北口。宋宣和三年(1121年),金兵在古北口打败了辽兵。南宋嘉定二年(1209年),蒙古兵也曾打下过古北口。

进入明代,古北口的战事仍然不断。不但退回塞北的元朝统治者伺机反扑,时时骚扰,而且明王朝中后期的统治日益腐败,为敌人入侵提供了可乘之机。弘治十年(1419年),蒙古鞑靼小王子向古北口大举进攻,京师震动。次年,明朝皇帝派右副都御使巡抚顺天,整饬蓟镇边备,他建议东自山海关、西抵居庸关,增筑塞垣,复缮城堡270处。古北口防区是这次修整的重点。明朝嘉靖年间,北方蒙古俺答部落日

轮流装铳、进铳、放铳的过程示意图

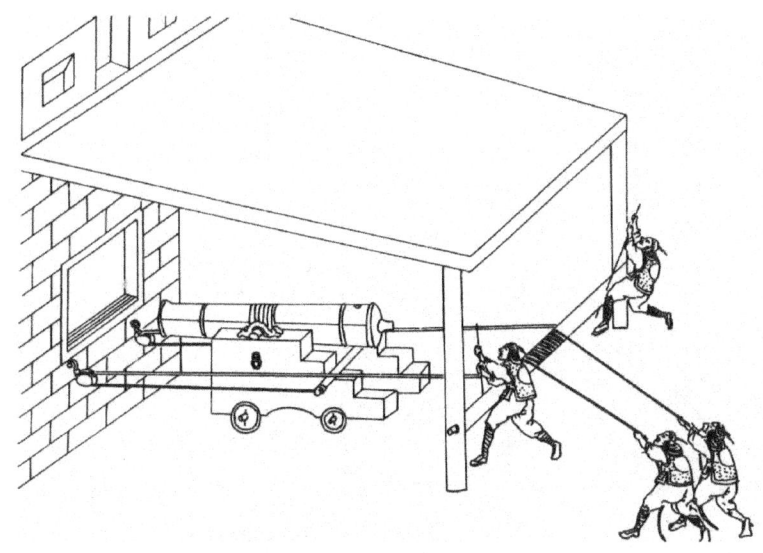

大炮用滑车绞架图。利用滑车绞架控制大炮进退，装弹药时退回，施放时推出炮眼，即省人力又便捷，架在炮台上

益强大，但生活物资贫乏，俺答汗一再要求通贡互市，要求以牛羊换取内地的粮食、布匹。而嘉靖皇帝居然蛮横地拒绝了。于是，俺答汗兴兵大举进攻古北口，京师告急。不久，俺答汗再次率军直捣古北口，选精兵从侧面破城墙而入，大掠数日后退去。四年后，俺答汗又第三次掠古北口。

隆庆年间，明朝经济有了转机。张居正采取务实的民族政策，与俺答汗达成协议，在张家口开放马市。从此，双方基本和睦，达四五十年，史称"隆庆议和"。

与此同时，张居正调文武双全的两广军务、抗倭名将谭纶北上，全面负责京师北部防卫。接着，谭纶又引荐戚继光与之共理蓟镇军事。他们共同制定防守计划，以备攻战。古北口、金山岭、司马台长城，正是在这一背景下精心修造的。

清朝以后，古北口关城和边墙开始败落。后来，由于此地是由北京去承德的御道，败瓦残垣有碍观瞻，朝廷才拨款修缮。不久，又遭大水，新垣复圮。乾隆只好说"今中外一家，余堞本无轻重"。借此给自己找了个不再修缮的台阶。民国时期，关城及附近长城砖瓦被农民拆去盖房，以至只留有残基一线，略见当年形迹。

在古北口外东部的小山上，建有一座杨令公庙。尽管杨令公并未在北京地区作战，而且这座庙居然是由契丹人修建的，契丹正是当年杨令公与之作战的对手。

这事不能说不奇。究其原因，一方面是因为杨令公是一位历史上有名的爱国将领，在镇守山西雁门时作战英勇，深受当地人民爱戴。古北口虽在辽宋时期为契丹人所辖，但这是南北交流的重要通道。契丹人特意在宋朝使节必经的古北口外修建这座

杨令公庙

庙宇，正是为了表示辽宋和好以后，双方如处一家之情。另一方面也说明，那些威武不屈、保家卫国的民族英雄，不仅受到汉族人民的崇敬，而且也受到各族人民，甚至包括当年的对手的敬仰。

杨公庙建于辽代，现有建筑大多为明清时期遗物。庙内有前后两座殿宇，塑有杨令公及八个儿子的彩像，以及佘太君的彩塑像和八姐、九妹的立像，成为后人勉怀民族英雄的丰功伟绩，表达和平、友好、交流等美好愿望的场所。

金山岭位于古北口以东20多里处的山势平缓地带。正因地势平缓，容易成为敌人偷袭长城，包抄古北口的地段。为此，在修建长城时格外精心，造成其他地方少有的奇妙格局和独到之处。在墙体方面，在城面马道的上下坡处筑有阶梯，以利人马上下；在墙体两面均设射孔，而且增加数量，可以利用立、跪、倒卧三种姿势射击；为了打击近距离登城的敌人，还大量设置滚雷孔，以使石雷从墙根直接滚出，既不使自己因为投雷而暴露目标，又增加了杀伤力；改直角形垛口为内外八字形，把火器置于垛口上时，可以左右摆动，扩大射击面积；大量设立障墙，即使敌人攻上来，守城士兵仍可步步为障，节节抵抗。此外，还在长城主体以外加设重墙（又称马栏墙），以阻击敌人的马队。

在敌楼方面，这里的敌楼大部分两侧都突出墙外。以利于南北两面作战。敌楼多设于长城转折处，距离很近，甚至仅有五六十米。这样，突出墙外的箭窗可以侧面射击登城敌人，不同地点的敌楼又组成交叉火力。

金山岭长城不仅建筑技术高超，而且除其便于实战之外，还具有很高的民族特色的艺术美。那数不清的瞭望孔、射击机、吐水口，被设计成桃、箭头、偃月、刀把、扇、方钩、锯齿和漏斗等许多花形。各地修城民工和士兵分段包干，在金山岭展开了技艺比赛。敌楼内部布局有田字、日字、目字、品字等各种形式。楼门设计也别具匠

金山岭地区长城垛口下用于滚石雷的圆孔

心。为了迷惑敌人，敌楼门常变向而设，并不在面对城墙的正面。有的虽正面设门，却没有登楼阶梯，仅用木梯上下，可以临时撤走，以断敌人来路。入楼后上下反复，左右盘旋，找不到出口。大金山楼为砖制仿木建筑。各种房屋仿木物件由青砖磨制而成。敌楼内部券顶也有平、圆、穿窿等多种形式。

如今，历史的硝烟已经散去，金山岭长城成为人们游览的胜地和欣赏建筑艺术的场所。

在金山岭段长城中，司马台部分以雄奇险绝著称。其最险要的地段在老虎山附近的天梯、天桥、仙女楼和望京楼一段。司马台关城东北，有处高耸的山峰，两壁如削，有如利刃倒悬。若在长城其他地段，这种地势常不筑墙体，而以天然石壁代替。而这里，却在如刀尖的山脊上，以石为阶，修筑墙体，阶梯宽仅尺余，且斜度达70°度以上，几乎是直上直下。从山底上望，阶梯直上天际，故称"天梯"。天梯南面皆峭壁万仞，登天梯需手足并用，身体紧贴北墙，躯体不能转侧，甚至双目不敢回视。登上天梯即达峰顶。但若想到达对面的仙女楼，尚需过一座"天桥"，即一段单体墙。该墙两面皆绝壁，过天桥如走天上悬索。通过尚且如此困难，当年建长城时的艰辛，真是难以想象。

天桥东端的仙女楼，直接建筑在山石之上，以磨砖砌成。外形仍为敌楼，但内部砌有八角藻井，四边有四个石柱。楼门的石柱上还刻着两朵并蒂莲和一只仙桃。看上去精巧、细腻、秀丽，融军事工事与仙居玉宇于一体。仙女楼对面是老虎山主峰，著名的望京楼就在这里，但从仙女楼无法直达望京楼，只能绕行20里，到山的另一侧攀登。望京楼如在天际，连绵的燕山群峰伏于脚下，长城环绕山间。这里连飞鸟都少见，唯有白云悠悠，飘浮谷间。由于此处地势高出南部群峰，据说可望见北京城。

仙女楼和望京楼的修建，完全出于控制制高点的军事需要。可以说，这两座敌楼是最好的瞭望台。此外，这里还有许多妙趣横生的天成奇景。如惟妙惟肖的石龟石，连通长城的神牛洞等。

这里的长城脚下还有一处温泉，四面由长条青石砌壁，

司马台长城最险处，两侧是万丈悬崖，墙宽不足一米，人过时需手脚并用，提心吊胆。真不知当年修建时该何其艰难

底部以方砖铺成。这些方砖，与长城砖一致。据说当年修长城的士兵很多人生了皮肤病，后来发现了这处温泉，在里面洗澡，这才消除了顽疾。这里的温泉长年温度在35℃以上，所以造成周围特有的小气候。山峦、树木格外葱绿，自然植物生长茂盛。

1977年因修水库，这

司马台长城仙女楼(近)与望京楼(远)

里的温泉与水库溶为一体。同时，司马台关口也被淹没。关口两侧山腰处，各有一座空心敌楼尚存，但均已残损。如今，塞内的河水自远处流来，穿过长城注入水库。两岸杨柳夹道，草木丰美，有着边塞地带少有的和暖。司马台水库不仅库水清澈碧透，而且比别处水温高，即便在最冷的冬季，也从不结冰。这条河流两侧所发现的温泉不止一处，游人到此，洗一个温泉澡，顿感疲惫尽消，心旷神怡。司马台水库又被称为"温泉湖"。司马台长城自水库划为东西两段，西段与金山岭相接，东段为其特色之所在。这里山势突然陡峭起来，由水库沿城而上越走越陡，到处是绝壁峭岩，怪石横生。有些地段不仅人难攀越，即便是山羊、野鹿也难以涉足。前面提到的司马台长城最险要的地段就在这里。

司马台长城被誉为"长城的精华"，充满神奇魅力。它不仅有八达岭长城的壮阔，慕田峪的雄伟，金山岭的精巧，而且有独特的绝险工程，堪称鬼斧神工。

(六) 康熙如是说

作为后人，我们在肯定长城在军事上所发挥的巨大历史作用，并为我们的祖先在

长城上的哨楼，用于监视敌情的土堡。此图中的哨楼规模较大，兼具防御功能。它共有三部分：下为底座，中为空心券室，外包砖墙，供士兵驻守，存放粮食、武器。上面为台顶，供瞭望远处

修建长城中所表现出的聪明才智、顽强精神所深深震撼的同时,又不能不认识到,长城毕竟是一座人工修造的军事工程,它的作用毕竟是有限的。后五代时,燕云十六州被割让给"契丹",长城的一部分已不在中原王朝境内,所以两宋不断遭到辽、西夏、金和蒙古的打击,并且灭亡在北方游牧民族之手。明代不仅时刻面临北方少数民族的威胁,首都又迁到了前线,所以,再度大规模整修长城。这在相当程度上延缓了清兵入主中原的步伐,但并不能最终阻止后者多次地"毁边墙而入"。决定战争胜败的关键,还不在于军事工程的完备和精湛,而在于战争的是否正义,以及人心的向背。在这方面古人早有断言:"此城非不高,兵非不多,粮非不足也;国法不行,而人心去也。"的确,就连历史上修长城最盛的明代,也没能因此挡住李自成农民军的滚滚而来。他们从宣化、怀柔,过居庸关而入都城,并无樊篱之限。这是因为守城的明兵早已闻风丧胆,顾自逃命,致使天下雄关成了一座死城,丝毫不起作用。有鉴于此,清朝灭明之后,经过多次争议,最后还是决定不再修长城。康熙在兵部等衙门奏议修复古北口一带长城的奏折上批道:"帝王治天下自有本,原不专恃险阻。秦筑长城以来,汉、唐、宋亦常修理,其实岂无边患?明大修长城,最终灭于我。"后来,康熙还写了一首诗,讥讽秦始皇修筑长城。诗写道:"万里经营到海涯,纷纷调发逐浮夸。当时费尽生民力,天下何曾属尔家。"同时,清廷还制定了一条专对少数民族的怀柔政策。其中,修建避暑山庄就是具体措施之一。在避暑山庄东西两面的河谷阶地之上,建有11座喇嘛寺庙。这是清朝统治者团结少数民族的重要建筑。他们不断邀请蒙古、哈萨克、布鲁特等少数民族上层人物前来见面,进行安抚,及时解决双方存在的问题。由此不仅解决了

慕田峪关城,由城墙、敌楼、城关、烽火台等建筑组成,关口处三个楼台相连,中心为空心,两侧俱实心,此结构为其他关口所少见

许多通过武力无法解决的问题，而且节省了大量的人财物力，有利于广大人民休养生息，安居乐业。虽然此时仍然有来自北方或西北的威胁，而且，中央政权与外蕃蒙古的矛盾曾经相当激化，但是，清朝统治者毕竟找到了作用类似长城而更大于长城的更佳办法。于是，康熙才说道：过去秦朝人大兴土木，修筑长城。我朝对蒙古有恩，因此而形成的防线比长城更加坚固（《清圣祖实录卷151》）。清朝皇帝利用怀柔政策笼络蒙古人，特别是漠南蒙古，使他们不仅自己不与中央为敌，还可以帮助中央政府去对付更外边的威胁，这时的长城，才真正失去了它们的军事意义。

七、来自人类自身的威胁

讲到威胁城市安全的因素，不仅有来自人为的战争，同时还有来自大自然的惩罚——当然，这在本质上仍然属于来自人的威胁。所不同的是，这一威胁不是来自敌人，而是来自我们自己。这既是威胁城市安全的重要因素，也是解决起来的一个难点。

北京地处华北大平原西北端，春季干旱多风。当强劲的西北气流途经干旱的沙漠地区和植被稀疏、黄土裸露、水土流失严重的黄土高原时，遂将沙尘卷入空中，甚至形成沙尘暴天气。好在北京的西、北部，由太行山和燕山环抱。许多年以前，群山上树木葱茏，森林连绵不绝。明代甚至把这些森林当成了天然屏障。尤其是居庸关的林障邃险，更增长了关城的雄壮声势。那时，军都山到燕山之间的几百里群山之中，几乎种满了松树，稠密而茂盛，其间只有很窄的山间小路，往往只能容一人通过。

然而，由于在辽代以后的数百年间，北京作为都城，大兴土木，蠹起了无数的楼阁房屋，而这些木材，几乎都是从周围的山上砍伐的。不仅如此，就连城里人冬季取暖所用的木炭，也是拿这些山上的松木烧制的。在明代，北京附近的易县建有柴厂，经常有数千人在那里采薪烧炭，以致山上的林木砍伐殆尽。源于山西溯县以南的　河，在流到北京时称为卢沟河，其水浑浊而多含泥沙，这正是因为太行山和军都山森林被破坏的结果。

蒙古高原有许多沙漠区。西北风起，沙尘随风飘扬，甚至飞沙走石，危及人们的正常生活。军都山、太行山等山上森林稠密茂盛时，沙尘受到阻拦，还不至于过多地飘到北京城内。但当这些山上的森林植被破坏以后，这些风沙失去阻挡，于是，北京城内的风沙也越来越多了。北京城多风沙的另一原因，还在于城内外遍地堆积的垃圾。1949年以前，北京有较大的垃圾场31处，如和平门、顺城街、台基厂头条东口、皇城根迺兹府、太平仓、二龙路、天安门城楼以东、骑河楼等地。这些大大小小的垃圾山，一遇大风，秽土被卷起，散布屋宇院落，飞扬于街市。《京师偶记》记载道："京师多大风，风尘相遭，对而不相识，人畜之屎陈杂。"《燕京杂记》上也说："京城街道，除正阳门外，绝不砌石，故天晴则沙深埋足，尖细扑面，阴雨则泥污满道，臭气蒸天。"

北京地区有风沙的记载可追溯到唐代。当时的著名诗人陈子昂，在登临蓟丘时不禁惊叹于"胡沙飞且浑"的可怕景象。元顺帝年间，北京曾有刮风刮了一个多月的经历。那一次，来自西北的狂风昏尘蔽日，飞沙扬砾，让大都人吃尽了苦头。到了明代，尘沙飞扬的日子逐渐多起来。其中，嘉靖二年、三十年，通州及北京城曾有二次大风扬尘蔽天昼晦的记载。神宗万历年间又有两次，崇祯年间有一次。另外，北京城附近地区，像成化年间大城县的风沙和正德年间安东县的风沙也给北京城带来了很大影响。到了清代，北京城及其附近地区发生风暴的次数则更加频繁。直到今天，风沙仍然是威胁北京城的重要灾害。据估计，北京平原地区受风沙危害的土地面积达110多万亩。

在北京的历史上，很多有识之士都为绿化山林付出了辛苦。在密云水库的中央有一座小孤山，1958年水库没修以前叫大树山。这是因为清朝康熙年间的兵部尚书范承勋，在来密云游玩时，看到这里山顶光秃，与对面的穆家峪东山上绿油油的松柏树林形成强烈反差。于是，他亲自带领随从，从附近山上移来九棵松树，栽在山顶。以后，他又常来浇水，以至九棵树生长旺盛。如今，虽然村落淹没水底，但山头上依然有一片松林绿色苍茫，引人入胜。乾隆五十二年(1787年后)，乾隆皇帝曾在圆明园里的山高水长楼前参加植树劳动，并留下了一首种树诗。后将诗题碑留念，这通碑完好无损地矗立在未名湖畔，成为北京最早的植树碑。进入民国后，在石景山模式口的蟠龙山上，也有一座植树碑。它记载的是，1923年至1924年间任京兆尹的冯玉祥部的刘梦庚将军，响应冯玉祥提出的"为国植树，造福后人"的号召，于清明节和当地百姓共同种树，绿化荒山的活动。近几年，北京地区由点、带、网、面相结合的绿色海洋正在逐渐形成，争取通过绿化造林，使北京的森林覆盖率从目前的7.5%，提高到28%，城市居民每人拥有的公共绿地，从现在的3.5平方米，提高到10平方米。

第十篇　从"城"到"市"

现如今，人们在提到北京时，几乎都说"北京市"，而不再提"北京城"。写信时，也已习惯地写上"北京市××区"。由"北京城"到"北京市"，虽然仅仅是一字之差，但它所代表的却是时代的变迁。

有人说，历史就是在潜移默化中，从我们身边所发生的微小变化中发生的。的确，祖祖辈辈叫惯了的"北京城"，是何时，何地，由谁改称"北京市"的？这恐怕没有谁能说得清。然而，北京因此而发生的变化却是实实在在、有目共睹的。

北京，正在潜移默化之中快速地走向现代化的未来。此时此刻，往日的荣耀与辉煌，留恋与经历都将化为过去，北京的未来却像黎明前的大地，那么模糊，却又那么充满希望。

一、天生丽质难自弃

北京是座充满魅力的城市。"北京属于那种城市，它使人强烈地感受到它的文化吸引——正是那种浑然一体不能辨析、不易描述的感受，那种只能以'情调'、'氛围'等等来笼统描述的感受——从而全身心地体验到它无所不在的魅力；它亲切地鼓励人审美创造，不但经由自身的文化蕴蓄塑造出富于美感的心灵，而且自身俨然有着'心灵'，对于创造者以其'心灵'来感应和召唤；它永远古老而又恒久新鲜，同时是历史又是现实，有无穷的历史容量且不乏生机，诱使人们探究，却又永远无望穷尽……。"

(赵园：《北京：城与人》)

　　以往的北京，是一座田园式的城市。它对于那些生长于乡土中国，身体里充满了农民的血的中国知识分子，绝不像西方现代城市对于西方知识分子那样互不相容。即使到了20世纪末，21世纪初，传统的中国知识分子仍然保持农民般的纯朴。善良和勤劳这种美德像一种无形的气体，弥漫在整个知识阶层，以至于形成为一种"精神品质"。反过来，它又影响着长久(或暂时)居住在(或路过)这里的人们。北京，是最具这类"精神品质"的城市。

　　关于北京的魅力，萧乾讲述过一段最足称奇的往事：1940年，他在伦敦见到英国作家哈罗德·艾克敦，此人在30年代曾在北大教过书。虽然他已离开北京多年，但是他一直交着北京寓所的房租。他不死心呀，总巴望着有回去的一天。其实，这位年过八旬的老人，在北京只住了短短的几年，可他在自己的回忆录中，却用很大一部分篇幅介绍北京和在北京的经历，这也是全书最感人的部分。使他迷恋的，不是某地某景，而是这座古城的整个气氛(萧乾：《北京城杂忆·游东街》)。在这里，北京已经使一位英国老人着迷了。

　　美国作家哈里森·索尔兹伯里在他的《捕捉新北京的故都余韵》一文中写道："北京给我留下的印象是一座神秘莫测、色调微妙、差别细微的城市。它灰中泛青，褪色的围墙内，檀香木清香缭绕，在朱门绣阁间飘浮。我似乎还能听到深宅大院里的绸衣窸窣声、泉水溅泼声和走在石板地上拖鞋的噼啪声——我想，这都是如同蜘蛛网一般匀称精美的文化所发出的声音。"(徐广桂译自1985年2月10日《纽约时报》)

　　法国学者保罗·巴迪在介绍老舍小说法译本《北京居民》时，也说到北京的魅力："……这魅力来自北京那些最狭窄的胡同，类似本世纪转折时期他出生的那个胡同；这魅力来自古都大马路尽头那些雄伟的城门楼子，来自……"(《读书》1984年第5期)

　　北京的富于情调、亲切近人，不仅仅是偶来中国的外国人的个人体验，它更是难以计数的众多中国知识分子陶醉其中，如同乡土一样的认同感的主要原因。这是因为，北京的性情(或称为"城市性格")与他们有着一种本质的、内在的联系。

　　郁达夫曾深情地回忆道："中国的大都会，我前半生住过的地方原也不在少数。可是，当一个人静下来回想起以前，上海的热闹，南京的辽阔，广州的乌烟瘴气，汉口武昌的杂乱无章，甚至青岛的清幽，福州的秀丽，以及杭州的沉着，总归都比不上北京的典丽堂皇，幽闲清妙。所以，在北京住上两三年的人，每一遇到要走的时候，总只感到北京的空气太沉闷，灰沙太暗淡，生活太无变化；但是一年半载，在北京以外的各地去一住，谁也会重想起北京，再希望回去，隐隐地对北京害起剧烈的怀乡病来。"老作家师陀在他的《〈马兰〉小引》中也说到了这种感觉，并进一步阐述说："不管他日后离开它多远，他总觉得他们中间有根细丝维系着，隔的时间越久，它越明显。甚至有一天，他会感到有这种必要，在临死之前，必须找机会再去一趟，否则，他要不能安心合上眼了。"

一位佚名诗人以写恋人般的笔调，写了一首题为《痛爱北平》的诗。

三年不见伊，
便自信能把伊忘了。
今天蓦地相逢，
这久冷的心又发狂了。

我终夜不成眠，
萦想着伊的愁、病、衰老。
刚闭上了一双倦眼，
又只见伊庄严曼妙。

我欢喜醒来，
眼里直噙着两滴欢喜的泪，
我忍不住哭出声来，
"你总是这样叫人牵挂！"

昔日的城墙外面都修有护城河。尤其是在朝阳门、东便门一带，河沟交叉、舟船往还，成为行人方便的交通工具。加上两岸的丛丛杂树和高耸于蓝天下的古城楼，成为老北京独特的风景

以上这些非北京籍的文学家以北京为故乡，根本在于北京属于他们情感上易于接纳的"具城市之外形，而又富有乡村的景象之田园城市。"(郁达夫：《住所的话》)与欧美人士通过接触中国文化的小零碎(瓷器、檀香木、绸缎装饰品等)来领略中国人的历史文化不同，中国知识分子与北京情调的这种暗合，更多地源于深层次的文化意识。这里有人与城之间的客观一体的契合；有透过极俗常的生活，对一种文化精神的把握；有对"乡土中国"文化概念的丰富内涵的独特体验……。总之，"北京把'乡土中国'与'现代中国'"充分地感性化、具体化，从中凸现出中国的过去、现在与未来，使处于不同文化环境、怀有不同文化追求的人们，都能得到某种精神上的满

足——这就是北京所以吸引人的地方。

正是由于许多人对北京的认同感,所以,他们也自觉不自觉地受到城的影响,从而具有了北京城的文化性格,人与城才能融和无间。由于现代社会正日益形成新的人与城的关系,所以,以往的这种关系,正逐渐成为历史,也因此更让人留恋。人总是对已经或即将失去的东西感到留恋。

有人说,在中国的新老名城当中,只有北京才真正算是全面第一的。西安虽然历史悠久,可看上去像个古董,少了些朝气;深圳倒是充满了青春活力,可同时也存有青年人的浮躁;成都物产丰富,可毕竟偏于西南,少有帝都的大气度;武汉是气吞云梦的,可少了点情趣;广州风味独特,却缺少些许雍容雅气;苏州倒有情调,而难成气候;上海虽然现代,但历史的根基太浅,很难代表中国文化。只有在北京,才真正能够感受到中国文化的气势磅礴,博大宽厚,并具有一种既在世界又在中国,既能与先贤交往,又能与未来对话的感觉。在过去,它"更能慰藉处在社会和文化剧变中的知识分子那种迷惘失落的情怀"(杨东平:《城市季风》),在今天,它更能让人感受到新中国跳动的脉搏和前进的步伐。北京作为古都的政治中心和文化中心,是民族文化的精华所在。这些精华因历史的沉淀而愈加厚重,因岁月的磨洗而愈见光辉。即使

民国年间的中华门,即清代的大清门、明代的大明门,是天安门的南边屏障,也可以算是紫禁城的第一道门

它们散落在断壁残垣的寻常巷陌，流落于街头，蒙尘于市井，也不会因此而沉沦了它们的价值。北京城重要的古迹，纷繁的传说，甚至古老而丰富的民俗，都洋溢着一种悠长深远的韵味。

这里的每条街道、胡同，每一座老宅，每一棵古树，都有一个，甚至几个值得细细品味，慢慢咀嚼的故事。那些毫不起眼的破旧平房，可能是当年的名流住宅，那些杂乱不堪的荒园大院，也可能是昔日的王府侯门。即使是一些不起眼的民间工艺品（如兔儿爷、鬃猴），各种小吃，习俗，其背后也都有一段令人回味无穷的典故和传说。

较之其他地域文化而言，北京文化的形成，与其说是地理环境的天造地设，不如说是社会风云变幻的结果。其中，政治因素占有很大比例。举例来说，清王朝经历了康乾盛世之后，开始走下坡路。在这种情况下，带有颓靡色彩的享乐气氛的出现，就成为一种必然的结果。在这一气氛下，文化出现了某种畸形繁荣。为享乐服务的各种工艺品，如鼻烟壶、金银制品等，其生产规模不断扩大。以后，随着民国的建立，使得持续两千多年的满清帝国成了明日黄花，世代贵族一下子成了平民。这也使得宫廷艺术、贵族文化大量流入民间，对造成清末民初北京的文化面貌，提供了有力的保障。贵族文化的民间化，大大有利于提高普通市民的文化素养和他们的文化价值观。

北京的文化也是兼容的，宫廷文化、贵族文化、士大夫文化和民俗文化……呈现出多层次相融共生的有机体系。北京文化的同化力是令人惊叹的。事实上，民国以后的北京，尤其是新中国以后的北京，是由国内其他省市的文化和国外文化支撑着的。北京的"大"能消融与同化一切外来文化。即使是洋人也抵挡不住这种同化。一个日本人说："元人也曾征服过支那，而被征服的汉人的生活同化了元人。体现在西洋人也一样，嘴里虽说Democracy……却被魅于支那人六千年建筑起来的生活美。一经记住北京，便忘不掉那生活的味道，大风时候的万丈沙尘，每三月一回的督军们的开战游戏，都抹不去那支那生活的魅力。"老舍《正红旗下》小说中的那位王掌柜，来自胶东而看不惯旗人的打扮、规矩，包括说话的腔调。可是到了三十岁上，他也不自觉地喜好上了养鸟和交换养马经验。北京城就是这样消化着入迁者。北京以其文化优势使异乡人在无形中，自觉自愿地归化。北京是不可抗拒的。

来自各地的北京人多，其结果虽然丰富了北京，却不能形成一个一体化的北京文化，不同阶层所形成的文化，只会形成自己的圈子，圈子有大小、品类之分，大小品类就是尊卑贵贱、远近亲疏。移民们只能进入不同的圈子，与各自的圈子认同。北京是做好了圈子请人进入。这就好像北京的四合院，它实际上就是一个大圈子(城墙)中的小圈子，圈子里的人自认为一个群体，却未必与外面的人认同。北京人的圈子意识与这种居住环境有关。1949年以后，北京拆了"大圈子"(北京城)，却形成了许多"中圈子"，机关、学校、工厂、医院，一律高墙大院，壁垒森严，自成系统，"圈子"现象已成为北京人的一种观念形态。北京的圈子格外的多，北京人格外爱"抱团儿"的原因正在于此。而小圈子意识越强，整体意识越弱，因此也就无法形成统一的北京文化。这也正是难以对北京文化做简单表述的原因。尽管如此，北京历经数百年的城市发展，至今仍然充满鲜活之气，博大而精深，高远又亲切，迷人又难解。

二、最后的城墙

1996年秋，建国门在观象台至东南角楼之间，一段城楼两侧的平房拆迁。在此期间，二环路西侧出现了一段1.6公里长的城墙，从墙砖上的刻字可见，这是一段建于明代的城墙，消息传出，北京人浓烈的乡情乡思油然而生。为了响应市政府保留和修缮这段城墙的号召，城墙下出现了人们纷纷捐砖的动人场面。这种感情，一方面来自对已经消逝的北京时光的眷恋和追悼，另一方面，是对20世纪50年代毁墙之过的忏悔和补偿。

这段位于崇文门东大街、连接东南角楼的东西向城墙，几十年间都湮没在当年建北京火车站时遗留下来的临时建筑群当中。修缮城墙的春风仍然未能吹到这里。在此之前的几年，在一片"挽救"声中，仍然传来不断的噩耗。中国京剧的两大发祥地长安戏院和吉祥戏院被拆除，西单剧场被拆除，华北戏院早已变成了丰泽园饭庄，全国重点文物保护单位顺承郡王府被拆除，齐白石故居已成大杂院，且被列入危房，老舍故居已成危房，八道弯鲁迅、周作人故居也被列入拆迁范围……

留学复旦的美国学者柏兹拉指出："随着中国的经济发展和许多历史名城的改建，许多旧建筑正在遭到日益严重的损失。人们看到，在这些名城里，许多新建的或正在建的办公楼、百货公司、宾馆等，都是千篇一律的方盒式建筑，而把许多具有中国民族特点的建筑反倒拆了。其实，这个所谓的"新"早已不新，国外的这种样式的建筑，是二次大战后为尽快恢复战争创伤，而大规模迅速建造起来的，如今大都拆了。这些毫无审美价值的建筑，会把各个城市变得一模一样。在为了改善外国游客生活条件的借口下，造那些我们一点都不喜欢的建筑，实在不能不说是一种讽刺。"这

位于崇文门附近的明城墙残迹

种对历史文化遗产的摧残和破坏，与那些被批为"卖国"的人有多大区别？！

对此，早在20世纪80年代初，西方的有识之士就多次提醒我们："如今，圆明园的一片废墟，是由于外国的侵略。然而，古老的北京城连同它的城墙、宫殿、寺庙、公园……这些文明的象征横遭破坏，则要由中国人自己负责。现在的北京，与其说是一座城市，毋宁说是街道、建筑物和空地的堆砌。沿马路走上几小时都很难见到一座前两个世纪留下的古代建筑，更不用说具有引人注目的建筑风格了。"

1973年，美国著名记者哈里森·索尔兹伯里曾首次访华。12年后他又一次来京，他发现："我心目中的北京却久已不复存在了，它被战争风暴和空前浩劫——连年的内战、日本的占领、革命战争，尤其是'文化大革命'的恐怖行为一扫而光。"

1990年，一位居住在台湾的"老北京"回来探亲，她的观感只有一句话："我的城墙呢？"城墙作为老北京的象征，融入了多少北京人的心中，成为他们怀念故土，怀念亲人的的象征。然而，城墙却只能存在于他们的记忆中。面对传统氛围被破坏，古城温馨荡然无存的现实，台湾女作家龙应台坦言："这些古迹属于整个中华民族，也属于我。我有一种被剥夺的感觉，好像趁我不在的时候，有人把它毁掉了。"

严酷的现实向我们提出了一个紧迫的问题：在现代化建设的过程中，如何保护珍贵的历史遗产和文化传统。当然，这个问题对全世界来说也同样严重和紧迫，但它对我们这样一个急步迈向现代化的古老国家来说，显得更突出了。毕竟，在古都的旧址上建设现代城市，和另辟新地建设新城不同。另辟新地建设现代城市，可以不受任何旧规的制约，根据具体的情况和实际的需要，设计兴工，指日可竣。而在古都的旧址建设现代城市，首先遇到的一个问题就是如何利用改造旧有遗存，如何使其与现代城市协调发展。舒乙曾多次写文章呼吁道：眼下，对北京城来说，是个历史的关键时刻，接得好，北京城的古都风貌能保存下来；接不好就将断送掉，就在这一两代人手里，而且不可逆转，成为永久遗憾。这种严重的后果，不外乎两方面：一方面是北京的最重要的风格将遭到破坏，它的个性将消除，它将变得和纽约、东京非常相像的都市，失去了特色，失去了自我；另一方面，是生存环境恶化，空气污染，水源断绝，走上自我败坏之路。无论哪一条，都是建设的失败。

早在20世纪20年代，关于北京市城市规划问题就曾引起很多人的注意。1928年，从西洋留学归国的哲学博士张武，提出了《整理北京计划书》，主张以故宫、三海为中心，集中设置中央政府机关，整个城市以同心圆形状向外发展。在南城空地上设置工业区。他提出拆毁城墙，以利交通。这个计划虽然在借鉴西方都市规划理论方面有启发意义，但也存在明显缺点：首先是整个计划中不考虑北京城市原有的特点和优势，主张大拆大改，全盘西化，将把北京引向世界性现代大城市的通病；其次，他虽然也提出保存古建筑，但忽视了对古建筑所依托的整个环境和风貌的保护，所以在总体上与北平的市情不符，因此而被放弃。

1933年，袁良任北平市市长以后，在保护文物，推动文化事业方面做了一些工作，同时开始编制北平城市计划，从经济文化角度出发，建设游览区，吸引海外游客。但因袁任职过短，于1935年11月辞职，此计划未及实现。

1938年，占领北平的日本当局，编制了《北平都市计划大纲》。此大纲利用日本保留京都，建设东京新城市的经验，提出保存故都面貌，建设西部新市区和东部工业区。宏观地看，这个计划符合现代城市规划的一般原则。在城市布局方面，要求在尊重旧街市原状的基础上，分为居住、商业、工业、混合等不同用途的区域。地区分为绿地、风景、人工美化三种地区，还拟建公园、运动场、中央市场、墓地等公用设施。城内工业以日用品生产为主，大型工业企业置于东部。西郊新市区的建立，有利于疏散城内过密人口，但它的真正目的，却在于为日本统治机构和日本侨民居住提供场所，其立场是把北平作为占领城市来规划，为日本侵略者殖民主义服务。所以，他们对旧城区的改建基本未做安排。

国民政府从日本人手中接管北平之后，于1947年开始编制城市规划计划。其主要内容包括：注重保护文物古迹，发展旅游；城外设环形道路，建设地下铁路；继续完成西郊新社区建设，集中建设新式平民住宅及商店等服务设施；城墙内外设绿地，城墙上建公园，以郊区村镇建设卫星市。北平都市计划的制订，是在当时的北平市何思源市长直接领导下进行的，他还亲自提出了表面要北平化，内部要现代化的规划原则。为此，市工务局十次听取专家意见，注意吸收原有的都市计划，并对全城进行实地调查。这一规划具有一定的科学性，也值得借鉴。

20世纪80年代，中国建筑专家张开济教授访英期间，主人陪他在一个很小的城市约克城参观，该城因有一段古城墙而闻名全国。然而，它的规模与尺度，比起北京的城墙来，真是太

修复中的明城墙。2002年国庆节，明城墙遗址公园建成

"小儿科"了。张教授无限感慨。多年来，他为保护北京的古都风貌大声疾呼。这不只是出于一个建筑专家对自己本专业的偏爱，更是反映了一代知识分子对自己民族传统文化面临危机的忧虑和痛心。当然，他们并不仅限于呼吁，更讨论实施，北京东城区菊儿胡同四合院改造工程的胜利实现。就是在一批老建筑专家的主持下设计完成的，它受到联合国教科文组织和社会舆论的一致好评。

进入21世纪，这一问题的解决，出现了一些令人欣慰的苗头。北京市领导有意拆除前三门大街路北的几栋简易楼房，以便使隐藏在它们背后的一段古城墙遗迹可以"亮相"于街头。另外，1994年就开始酝酿的重建正阳门瓮城的计划，经过多年细致周密的考据调查和规划设计之后，终于有可能付诸实施了。修复了瓮城，前门箭楼和城楼连为一体，恢复旧观，重显雄姿，为恢复古都风貌将起到画龙点睛的作用。而且，瓮城墙体内部的空间又可古为今用，作为北京城墙史陈列的地方，形式与内容相呼应，有助于提高市民的文化素质。

为了保存北京的南北中轴线，对南起天坛，经正阳门、天安门、端门、午门、三大殿、景山，直到鼓楼的沿线主要建筑都进行了维修。阜成门到东四沿线主要建筑的维修也已开始，预计五年左右的时间完成。

2000年，市政府决定在城区划定25处历史文化保护街区，整治、恢复、保护其风貌。该保护区共分为二类，第一类为故宫周围街区，具有特别重要的历史文化价值的街区，如国子监街等；四合院平房保护区，如西四北一至八条等。第二类保护区，是具有历史价值的建筑和浓郁的古都民风、民俗特点的街区，如什刹海地区、牛街、文

津街等。

一大批亟待抢救的文物古迹和古建筑得以维修和保护。

然而,毕竟作为文化古都,北京城要保护的古文物太多,而建筑速度太快,"保护"已成了"抢救",但仍然赶不上拆的速度。目前,北京市已被保护的文物,仅占应保护数的不足1/3,其余的2/3,随时有着被拆毁的危险。

问题的严重还不限于此,紧迫的现实陷入了一种无法说清的怪圈:由于北京早在1990年就已提前10年超过了原定2000年将达到的人口控制规模,再加上三百多万外地常住人口的压力,多建住房势在必行。而限于既定的面积,北京的城市规模又不可能无限地向四外延伸,因此,建高层建筑似乎成了唯一可行的方案。而建了过多的高层建筑,现在的文物古迹又会被淹没在水泥森林当中,古都风貌将无从谈起。尽管这个怪圈越来越困扰着北京,但有一点必须明确,即北京城市要建设,要发展,要解决具体的民生问题,但这一切都必须是在确保北京的城市功能和文化价值的前提下进行,否则就是本末倒置。一方面是千百万人的生存压力,一方面是古都风貌的无情丧失,在这种情况下,分解城市功能是唯一具有现实意义的思路。

20世纪50年代,规划确定北京的城市中心为62平方公里,为防止城市无限蔓延而成为一个大饼,确定11个人口在10万—20万之间的卫星城,卫星城之间,卫星城与中心城之间建隔离林带。

平安大街的扩建,对缓解交通阻塞很必要。但是,西方城市建设的实践表明,城市的马路并不是越宽越好。关键是建立密度合理的网络。马路建的宽,但由于靠近故宫,建筑高度受到严格限制,沿线不能起高楼,于是,平安大街的宽度与两边的房子高度不协调,再加上把古都风貌片面理解成建仿古建筑,于是,在宽阔的平安大道上经过,给人一种置身于郊区新镇的感觉。

北京的城市发展中的"大城市病"日益严重。这主要表现在,新区包围旧城,同心同轴向外蔓延的"摊大饼"现象。1949年以来,在这种规划下,北京市区扩大了4.9倍,市区人口增加了4倍。再加上外来人口数量,其增加量约为6倍左右。城市容量超饱和、超负荷,以交通环境问题最为突出。北京与12个同等规模的世界首都比较,用地是最密集的,人口用地量是最少的,城市化人口密度高达每平方公里14694人,远远高于纽约的8811人、伦敦的4554人、巴黎的8071人,北京的这种过度拥挤的状况,已不适应未来发展的需要。与此同时,长期实行的旧城改造作为城市发展的主导方向,许多新建设进入旧城区,导致新旧城市重叠,不仅破坏了古都风貌,一批突破规划限高的新建筑已形成对故宫的压迫之势,大量历史街区仅被作为房地产开发的地皮处理,已使北京的历史文化名城保护面对严峻形势。另一方面还使城市发展的经济与社会成本难以降低,一些深层次的矛盾已值得关注。如今,再登上景山下望,五六十年代的一片绿海已无踪影,代替的是一片片的水泥森林,由此阻碍了大气流动,导致局部大气恶化,污染浓度增高,危害人们健康。随着北京旧城改造的加快,城市拆迁矛盾趋于严重,大规模改造模式亟待重新审视。

其主要思想是:核心地区"有机疏散",以缓解空间压力;区域范围内的"重新集中"相结合,努力使区域发展由单中心向多中心形态转变,形成完善的城镇网络,在开拓城市发展空间的同时,促进区域整体均衡发展。此外,还应该努力形成一个从中心城市向四周放射的模式,在发展中谋求相对平衡。

北京市城市设计研究院王东总建筑师曾强调:"一个城市应该包容不同历史时期的各种建筑。"而且,所谓古都风貌"并不是简单地在现代建筑上加一个琉璃瓦屋檐"。据说北京西站主楼上的亭子式建筑至今尚未装修,原因是根本用不上。

北京,依旧在按照其固有的强大惯性而日新月异地改变着。

进入21世纪,中国建筑工作者秉承了梁思诚等前辈的忧国忧民意识和责任感,对城市的规划建设有了更高层次的理解。建筑师王东曾经指出:"一个城市就是一本历史的书,是用石头和砖头组成的历史书。搞城市规划,就是在延续历史。"

1949年以来,在发生拆毁古城墙的惨剧的同时,也还确定了老城的中轴线(东西方向是长安街,南北方向是天坛到鼓楼),留下了北京城的灵魂。1959年建成的首都十大建筑,已成为里程碑式的作品。与此同时,城市现代化建设也出现了难点。最大的难点是"都市里的村庄"———一个单位得了一块地,建了大楼后,马上修围墙、车库、澡堂、食堂甚至游泳池等,一应俱全,但利用率极低,服务设施未能社会化,高耗低效,这是最大的浪费,是最大的重复建设。这一局面的改变,可能要数十年。

1994年夏,吴良镛、张开济、罗哲文、单士元、谢雨辰等一批建筑学家、文物专家,在对"东方广场"工程提出质疑时强调指出:旧城改造不能只追求局部地块的经济效益,必须服从城市规划,考虑长远的环境效益和文化效益。他们特别指出:港澳的高密度、高容积率的开发,并不普遍适合国内各地,特别不适合首都古城中心地区。中国只有一个北京,世界只有一个北京。北京的现代化或许并不主要体现在城市规划上,要竭力保持北京固有的主流文明,坚决杜绝那些只能算是港台文化低劣翻版的内地一些城市的"现代化"。毕竟,那些遮日蔽天的巨大水泥建筑只会使人感到压抑和冰冷。建筑体现的，应该是城市人的智慧、追求和创造。

三、北京城的最大魅力就体现在文化上

中国自殷周以来，实行分封制，大大小小的诸侯建立起了大大小小的居住城邦。由此，城市——作为分封的对立物便得以产生。这些散布在中国版图上的大小城市，不仅成为政治中心，而且还因其处于交通要道，人口集中和农业经济发达的地方，所以也成为一个地区，乃至全国的经济中心。

与此同时，政治中心、经济中心的地位，还召引来无数的官吏、手工业者，出卖劳动力者和从事教育、科研、甚至旅游的各方人士。而这些人士的集中城市，也在客观上形成各地风俗荟萃的局面。因为，每一个人都是在其特定的风俗环境中生存，受其潜移默化的影响。即使他日后离开了当初的生存地，也会不自觉地将这些风俗带到新的城市中来。

来自五湖四海的人们，分别带着各地的风尚汇聚城市——这一点，在作为国都的历代都城，像汉唐时代的长安，明清时代的北京，表现得尤其典型和深刻。位于北京城发祥地的宣南地区，由于明，特别是清朝成为各地进京赶考的举子聚集的地方，就汇集了来自中国南方、北方，包括边远地区的各地风尚，各地方风俗的这种汇集，以及相互融和，取长补短，最终形成了一种特有的京师文化，并成为民族文化的典型代表。宣南文化在北京文化体系中居于主导地位，深深地影响着北京地域文化的形成和发展。由此，不由地让人想起马克思说过的一句名言：城市"造成新的力量和新的观念，造成新的交往方式，新的需要和新的语言"。(《马克思恩格斯全集》第46卷上册P499，人民出版社1979年版)在当今形势下，城市的这种作用尤其显得明显。

拿北京来说，尽管它不是沿海城市，也不靠近边境，但因其作为权力中心的重要位置，也必然成为对外交往的一个窗口。位于北京东郊的大片使馆区，以及亮马河公寓、光明公寓、国际公寓等地居住的外籍人士，无不成为展示各自文化风俗的代表。北京人在与这些人同居一市，特别是通过购物、娱乐、教育等多种形式进行交往的过程中，自然而然地受到他们的影响。平时与这些外籍人士越接近的中国人，其受影响的程度也就越深。比如，听完人讲话后发出的"嗯—哼"，就是这些中国人从外籍人士那里学来的。1995年5月，笔者在韩国汉城街头，初次见到当地姑娘们穿着新式的

厚底鞋。不想,一个月后,这种时尚也在北京迅速流行起来,以后又传到外埠,至今不衰。还有国家外文局开办的一家书店干脆就以"地球村"命名,这表明了在通讯和交通日益现代化的今天,世界各地的交流再不会因空间距离的遥远而出现困难。因此,今天的大城市已不再是一个地区或一个国家的中心,而是变成了世界化的大都市。新的政治体制、新的社会风尚、新的价值观念和科学技术,随时随地在城市中产生。这说明,人类文明的主要成果,基本上都是在城市里得以产生、保存和传递的。

最后,我们再来归纳一下,北京作为金、元、明、清,特别是新中国的首都,它的重要作用主要体现在哪几个方面。

首先,作为政治、经济和文化的中心,北京的文化带有多元化的特色。按阶层分,北京文化可以分成宫廷文化、士大夫文化和市民文化这样三个基本层次。当然,在这三个基本层次之间,还可以再分出更细的几个层次,而在这若干个层次当中,持续时间最长,内容最丰富,最能成为北京文化代表的,无疑是市民文化。因为,作为统治者,宫廷中的皇亲国戚处在不断的倾轧当中,朝代更替不断。由此,使得宫廷文化的特色,也处于不断的变化当中。像金、元、明、清,这四个朝代,相互之间在文化上的差异就很大,而在大夫阶层,也是处于不断的变化当中。这当中,既受宫廷文化变动的影响,也与士大夫职位高低、场所的变化有关。就是士大夫阶层自身也是处在不断变化当中的。

但与宫廷文化和士大夫文化比较起来,市民文化的变化因素则要小得多。在北京,就居住地来说,三五十年未挪窝,拥挤在小胡同、大杂院中的居民,基本上都是久居此地的老北京人。在职业方面也是一样,处于商业、服务业,地方基层政府机关的,也基本上是本地人。北京人在上述几方面的稳定性,使其在生活习惯,邻里关系,乃至价值观念等方面,也必然处于相对稳定的状态。

尽管如此,市民文化也不是铁板一块,而是处在不断的变化当中。尤其是在封建时代,对外交往尚不够开放的情况下,处于北京市民眼皮底下的宫廷文化、士大夫文化,就成为对市民文化发生影响的最直接、最主要的一方面。笔者幼时居住在北海与景山之间的一条胡同里,邻居就有当年在宫里服务的宫女,在她们身上,多少都有着宫里的味道,言谈话语间,无不流露出在宫里生活的情况。笔者上小学时经过的恭俭胡同,系由"宫监"一词演化而来,据说是当年管理太监的机关所在。胡同内就有由太监捐钱修建,作为他们养老之处的寺庙。这些无不对周围居民产生多方面的影响。

至于失意的官吏,在衙门里当差的小职员,也自然成为士大夫文化向市民文化传播的桥梁。正因为如此，北京人大多表现出对政治过分的热情，并且显得见多识多，有侃侃而谈的习惯。还有的人以天子脚下的臣民自居，蔑视乡下人、外埠人，纵然自己往往在生存条件上远不如后者。

因此，了解北京，最主要的就是了解市民文化，因为市民文化是北京文化的代表。

其次，北京文化是由各地文化汇集而成的多元混合文化。这一点在前面已有叙述，在此，再举出一些实例来进一步加以证明。像表现少女婀娜身姿的旗袍和冬日的美味佳肴——涮羊肉，都是随着满族人入关而带到北京，又经过不断改造，进而成为北京饮食和服饰代表的。再比如"胡同"一词，基本上形成于元代，据说与蒙古人的叫法有关。其他像北海和白塔寺的白塔，以及昔日大栅栏街的商贸繁华，无不与各地文化在北京的交流、融和紧密相关。在北京，不仅有汉族人喜欢的春节、端午和中秋三大节，也有伊斯兰民族的古尔邦节和开斋节，以及其他少数民族的节日，还有圣诞节等洋节，无不体现了北京文化的多元化特点。

北京文化的这一多元化特点，不仅使北京文化本身变得丰富多彩，同时，更有利于各民族在交流与融和中互相学习，取长补短，推动各民族，地区文化的提升。

再次，北京作为城市文化的代表，对外埠，特别是乡村的影响也是显而易见的。这主要是因为，作为文化的荟萃之地和对外交流的窗口，北京文化展现出五光十色、夺人眼目的灿烂之光，并将其照射到位于边缘的广大乡村和小城镇，促使着他们迅速地改变着固有的生产方式，以此作为现代化和改进生活质量的一种追求。在此过程中，城市风俗对广大农村，拥有着无可抵御的导向功能。因此，在京城或省城流行什么风尚，排斥什么习惯，都可能对全国或某省的风俗趋向产生重要影响。

当然，城市风俗不仅影响到了农村，农村的风俗也同样影响到了城市。尤其是在长期的封建社会里，社会的经济基础主要是农业。农村不仅是国家财富的主要来源，农村文化也直接影响着城市文化，大到观念思维，小到生活习惯、兴趣爱好，无不如此。就连提到老北京城的魅力时，人们也称其为都市化的乡村，给人以来自大自然的抚慰与踏实。中国旧知识分子对传统的认同，在这非都市化的乡村中得到了最好的屏障。而来自农村的风俗，在融入城市的过程中，也经历了必要的筛选和扬弃，只有在经城市居民的认同之后，才最终合成为一种新的都市风俗。

城市风俗与农村风俗正是在经历了上述两方面的互动以后，才在整体上实现了丰富民族传统风俗的最终目的。如今，类似于西北"花儿"、"香包"、西南地区的蜡染等农村地区的生活用品，不仅打进了城市，而且引起了海外人士的青睐，带给人来自乡土的新鲜气息，满足了现代人回归自然，眷恋自然的内心渴望。

最后，还要强调的一点就是，早在元代，大都城就曾是世界上少有的国际化大都市。由于和平的环境和开放的政策，引来了欧亚文化的形形色色的内容。其中包括阿拉伯人和波斯穆斯林在内的宗教团体，有从帕米尔东部来的不久前皈依伊斯兰教的人群，有从西亚—地中海东部来的聂思脱里和罗马天主教徒，有摩尼教徒，有犹太人，有各种非汉人的佛教徒，还有西伯利亚和东亚的各种萨满教信仰者。在那个时代，居住在帕米尔以东的所有民族都有人群来到大都城。在这里，许多种字母以及表意汉字的三种变体——契丹文、女真文和西夏文——都曾使用过。而所用的口语，几乎包括了当时存在的所有汉—藏语系和阿尔泰语系的语言，以及重要的西亚语言和某些欧洲语言。至于这些人所着服装、举止、仪式、饮食、艺术、技艺、哲学和学说，由此，才更能呈现出五彩斑斓的壮丽景色。

如今，随着中国入世和召开29届奥运会的大好时机，北京必将迎来国际化大都市发展过程中的历史新阶段。在此情况下，前面提到的，城市容纳外来文化的功能就显得尤其紧迫。因为只有这样，北京才能在吸收世界各国有益经验的基础上，更好地发展自己。古老的中国，必将在吐故纳新中焕发出新的勃勃生机。这种取彼之长，补己之短的优良传统，是早在汉、唐时期就已存在的。例如唐代广为流行的"左旋右旋不知疲"的胡旋舞，就是从西域传入中土，而且和现在的迪斯科舞蹈有许多相似之处。这表明，中华民族自古就拥有吸纳他人之长的强大溶化力和虚心态度，这种认同、互补的优良传统，及其因此所形成的城市风俗文化的多元性，正是今后北京不断发展进步的内在动力。

二〇〇〇年九月初稿
二〇〇一年三月修改、增订
二〇〇二年七月底三稿
二〇〇二年十月二十八日定稿
二〇〇三年元月十二日终校

后　记

　　时进9月,北京的天气仍然溽热难耐,白天的最高温持续在30℃左右。进入下旬,一场夜雨过后,气温骤降到24℃(最高),人们不再穿短袖衣服上街——北京的秋天来了。

　　北京的秋天令人迷恋。有人说,北京是属于秋天的。北京是秋天的诗,是秋天绵长、醇厚、博大、雄浑的诗。有人说过:"北京最壮观的是门,最耐看的是秋。"秋天最能体现华北平原的遒劲,燕山大壑的气势和文化古都的萧散、田园都市的闲逸。同样,在北京最能体现秋天的成熟与丰满,爽朗与澄澈,静谧与深沉,斑斓与芳香。

　　小时候,我的家在北海与景山之间的一条胡同里,躺在床上就能望见白塔的雄姿。到了秋天,巍峨的白塔在湛蓝湛蓝的天幕映衬下,显得更加庄严,更加婀娜。听着窗外声声鸟叫,伴随着窗下玉春棒儿(学名玉簪花)的阵阵花香,金色的秋天定格在我深深的记忆当中。

　　我喜爱玉春棒儿,虽然它只在每年的八九月份才开花,但它的花香馥郁,花体洁白,简直就是一位仙女的化身。它在南墙根见不着阳光的地方静静地开放,在百花沉睡的夜晚,带给人们一个个甜美的梦。

　　但愿笔者奉献给广大读者的是一束玉春棒儿。不仅仅是因为它诞生在秋季,更在于它寄托着笔者对秋阴下的北京城无限的爱恋之情。

　　"萧瑟秋风今又是,换了人间"。面对北京城日新月异的发展,一方面令人惊叹其变化之大,另一方面更令人担心文物古迹的保护。毕竟这些保护对象与破旧平房和窄街陋巷融在一起,建设的速度远远超过了保护与抢救的速度。不仅如此,在一些人的观念中，把这些祖宗传下来的宝贵遗产，当成了他们奔向现代化的障碍。问题变得严重了。

有识之士在忧虑，在思考。

我们应该拿什么去与世界交流？我们该将怎样的一个北京带入21世纪？我们的优势何在，不足何在，怎样扬长避短实现赶超？我们需要研究世界，我们也需要研究自己，我们还远没有把自己研究透。这当中有观念的问题，也有方法的问题，这些问题妨碍了我们去充分认识传统的宝贵价值。

克罗齐说过："一切的历史都是当代史。"这话听着生疏，实际耐人寻味。首先，历史只有主观的，没有客观的，都是历史学家对史实的考据，依自己的理解整理加工的历史。每个人掌握的资料与对资料的理解不同，整理加工出的历史自然有别。同时，历史需要想象，想象不排斥考据，考据之实恰恰是想象的出发点，想象是一种直觉，关键是入情合理。另外，现实的研究方法成为我们进入历史隧道的照明灯。因此，历史就成为我们通过认识过去更好地走向未来的桥梁。不了解历史就会重复过去的错误。何况我们这样一个有几千年文明史的大国，这样一个有着三千多年建城史、八百多年建都史的古都北京，可资借鉴的东西尤其丰富。

上述认识正是写作本书的指导思想。

尽管如此，本书仍力避干巴巴地概括性分析，更不作为一种教条。相反，作者试图在一种轻松的阅读中提供给读者一些启示和值得思考的东西。历史具有娱乐的价值（马克·布修赫语），早年那些不识字的平民百姓，不正是在听书看戏中来了解历史，分别善恶，从中获取经验的吗？这种潜移默化的历史教育，不正是在娱乐中进行的吗？希望阅读本书的读者也能获得同样的享受。

不仅如此，笔者还希望本书的写作，体现出我们对历史对现实的思考。我们既是"北京人"的后代，我们更是"北京文化"的创造者。探索历史本身，也是我们追求自我、展望未来的过程。所以，本书的写作绝不是简单意义上的怀旧，更非无聊时的消遣。相反，它是我们在发现北京文化的丰富内涵的同时，实践自我生命体验的过程。

本书主要从城市规划的角度来介绍北京，但它绝不是仅仅关于北京城市规划的书。它是以此为切入点，来充分展现北京传统文化方方面面的丰富形式和深刻内涵，这也算是提供了认识北京的一个新视点，由此不难发现一些以往我们看不到，或被忽略的东西。读城也是读人。人们的思想观念是城市建设的指导，而建成的城市又反过来影响着这里的人们。这种人与城互相作用、互相影响的过程，其历史之悠久，其影响之深远，其形式之多样，构成了城市文化的丰富内容。就北京来说，不仅有本市的民俗文化，而且作为首都，还存在着宫廷文化、贵族文化和士大夫文化的多层次文化体系，这正是北京文化的独特之处。同时，它也从一个侧面，反映了历史进化的过程。"一部世界史就是城市发展的历史"。从这个意义上讲，了解北京的文化史，不仅对北京人来说更益于对身边、日常发生的事情有一些深入的了解，而且这还是了解中国历史，尤其是中国近现代史的生动参考书。

如果阅读本书，有助于读者更加热爱北京的话，将是作者最大的心愿。文化是一种缘。北京文化的强大魅力是联结作者、出版者和读者的纽带，这是一种共同的精神追求。但愿作者的这种努力不会让读者失望。

笔者衷心感谢朱祖希老师，他于1990年出版的《北京城——营国之最》一书，对这本《漫话北京城》的选题确立和内容撰写，提供了重要的启迪和帮助。关于城墙建置等方面的内容，尤其受惠于朱老师的研究。

本书策划于1996年，由十余位作者集体写作完成。孙建华、吴西林、张红彤、张文俊、吴克明、云游、华且实、高敏、郁江汇、章玉升、王三宝、段小林、吴仁友、王斌、张文杰、艾丽、夏尤寒、吴忠等人参与了部分篇章的撰写，全书由高巍主撰并统稿完成。王若琛、刁熙亭、张振声、骆淑玲等同志为本书的出版提供了有益的帮助。本书的责任编辑刘丰对此书花费了很多心血，尤其应该致谢！

走笔至此，不觉已是夜阑。遥望窗外，一轮弯月悬于天幕，空气中弥漫着馥郁的香气，哦，又是玉簪花香时。谨以此书献给本书的每一位读者，作为一束带给您温馨与慰抚的玉簪花。

高　巍

二〇〇〇年九月廿三日

于东郊团结湖畔

参考书目

1. 北京百科全书.奥林匹克出版社，1990年。
2. 易中天.读城记.上海文艺出版社，2000年。
3. 朱祖希.北京城——营国之最.中国城市经济社会出版社，1990年。
4. 方彪.北京士大夫.京华出版社，1999年。
5. 王灿炽.燕都古籍考.京华出版社，1993年。
6. 张清常.北京街巷名称史话.北京语言文化大学出版社，1991年。
7. 长城百科全书.吉林人民出版社，1993年。
8. 杨东平.城市季风.东方出版社，1993年。
9. 张紫晨、李岳南.北京的传说.上海文化文艺出版社，1986年。
10. 邓云乡.增补燕京乡土记.中华书局，1998年。
11. 本社.北京名胜古迹.北京旅游出版社，1987年。
12. 北京社科院历史所.京华旧事存真(第一辑).北京古籍出版社，1996年。
13. 北京社科院历史所.京华旧事存真(第二辑).北京古籍出版社，1996年。
14. 王彬、崔国政.燕京风土录.光明日报出版社，2000年。
15. 姜德明.北京乎.三联书店，1992年。
16. 阎崇年.燕史集.北京燕山出版社，1994年。
17. 邓云乡.水流云在琐记.辽宁教育出版社，1998年。
18. 上官丰.深宫轶事.中国文学出版社，1999年。
19. 上官丰.禁宫探秘.中国文学出版社，1999年。
20. 本社.北京名胜古迹辞典.北京燕山出版社，1989年。
21. 董剑鸣.中国古代城市建设.中国建筑工业出版社，1992年。
22. 孙大章.中国古代建筑史话.北京燕山出版社，1993年。
23. 陈文良.北京传统文化便览.北京燕山出版社，1993年。
24. 人大清史研究所.近代京华史迹.中国人民大学出版社，1991年。
25. 邓云乡.文化古城旧事.中华书局，1997年。

26.贺海.燕京琐谈.人民日报出版社,1986年。

27.舒乙.我爱北京.中国友谊出版公司,1999年。

28.吴晓玲.居京琐记.光明日报出版社,1996年。

29.野莽.禁宫画像.中国文学出版社,2000年。

30.白鹤群.老北京的居住.北京燕山出版社,1999年。

31.叶祖孚.北京琉璃厂.北京燕山出版社,1997年。

32.中国古代建筑辞典.中国书店,1987年。

33.张驭寰.中国古代建筑观赏.北京出版社,1989年。

34.内藤胡南、青木正儿(日),王青.两个日本汉学家的中国纪行.光明日报出版社,1993年。

35.叶祖孚.燕都旧事.中国书店,1997年。

36.金汕、白公.京味儿.中国妇女出版社,1996年。

37.徐城北.老字号春秋.中国商业出版社,1996年。

38.田舒宪、田大宪.中国古代神秘数字.社会科学文献出版社,2000年。

39.吴慧颖.中国数文化.岳麓书社,1997年。

40.林汉达.东周列国故事新编.中国青年出版社,1983年。

41.老北京写照.安徽文艺出版社,1999年。

42.赵志忠.北京的王府与文化.北京燕山出版社,1998年。

43.金寄水、周沙尘.王府生活实录.中国青年出版社,1987年。

44.刘叶秋.回忆旧北京.北京燕山出版社,1996年。

45.焦雄.北京西郊宅园记.北京燕山出版社,1996年。

46.本社.旧京人物与风情.北京燕出版社,1996年。

47.本社.古都艺海撷英.北京燕山出版社,1996年。

48.胡玉远.燕都说故.北京燕山出版社,1996年。

49.胡玉远.京都胜迹.北京燕山出版社,1996年。

50.胡玉远.春明叙旧.北京燕山出版社,1996年。

51.本社.京华古迹寻踪.北京燕山出版社,1996年。

52.吴空.中南海史迹.紫禁城出版社,1998年。

53.李金龙.北京前门大街.解放军文艺出版社,1992年。

54.赵世瑜.清代城市生活.湖南出版社,1997年。

55.韩增禄.易术与建筑.沈阳出版社，1997年。

56.张淑新、张淑媛.紫禁城内外.中国社会出版社，1997年。

57.张淑新、张淑媛.金銮殿朝夕.中国社会出版社，1998年。

58.刘建斌.北京俚语俗谚趣谈.中国城市出版社，1999年。

59.中国国际文化书院.中西文化交流先驱——马可·波罗.商务印书馆，1997年。

60.于德原.北京历代城坊·宫殿·燕囿.首都师范大学出版社，1997年。

61.王树卿.故宫便览.紫禁城出版社，1993年。

62.刘沐林.风水——中国人的环境智慧.上海三联书店，1996年。

63.吴裕成.中国的门文化.天津人民出版社，1997年。

64.侯仁之、邓辉.北京城的起源与变迁.北京燕山出版社，1998年。

65.本书编委会.京华胜地什刹海.北京出版社，1994年。

66.杨东平.最后的城墙.上海人民出版社，1997年。

67.洛爽.批判北京人.中国社会出版社，1996年。

68.曹子西.北京通史1—10卷.中国书店，1997年。

69.尹均科.北京历史丛书.北京出版社，1999年。

70.王健民.城市管理学.上海人民出版社，1987年。

71.何维凌.城市社会学.浙江人民出版社，1989年。

72.赵园.北京城与人.上海人民出版社，1990年。

73.北京风物传说故事选.福建人民出版社，1986年。

74.本书编写组.北京邮史.北京出版社，1992年。

75.黄宗汉.天桥往事录.北京出版社，1997年。

76.(瑞典)喜仁龙.北京的城墙与城门.北京燕山出版社，1992年。

77.中共北京市委党史研究室.社会主义时期中共北京党史纪录1—4卷.人民出版社，1997年。

78.史念海.中国古都和文化.中华书局，1997年。

79.何天益、鞠方安.真正的中国佬.光明日报出版社，1998年。

80.常人春.老北京的年节.中国城市出版社，1999年。

81.杨东平.教育：我们有话要说.中国社会科学出版社，1998年。

82.方彪.京城百怪.中华工商联出版社，1997年。

83.王尧.关公何处.东方出版社，1998年。

84.赵华川、越成伟.童年歌谣.中国戏剧出版社,2000年。

85.(清)李伯元.南亭笔记.上海古籍出版社,1986年。

86.汪国瑜.建筑——人类生息的环境艺术.北京大学出版社,1994年。

87.本书编写组.话说老协和.中国文史出版社,1987年。

88.程童一.开埠——上海南京路150年.昆仑出版社,1997年。

89.李春棠.宋代城市生活.湖南出版社,1978年。

90.冯其利.清代王爷坟.紫禁城出版社,1996年。

91.唐兰.古文字导论.齐鲁书社,1982年。

92.朱家溍.故宫退食录.北京出版社,1998年。

93.金受申.北京通.大众文艺出版社,1996年。

94.邓云乡.水流云在紊话.浙江文艺出版社,1997年。

95.江少川.解读八面人生.中华工商联合出版社,1999年。

96.冯天瑜.东方的黎明——中国文化的未来走向.湖北人民出版社,1989年。

97.乌丙安.窥视中国.辽海出版社,2000年。

98.贾英适.天安门百年聚焦.中国对外翻译出版公司,1997年。

99.张秉场.强盗自白.台海出版社,2000年。

100.牧雨.消逝的风俗.百花文艺出版社,1999年。

101.郑鸣.望长城内外.北京工艺美术出版社.1994年。

102.姜纬堂等.北京城市生活史.开明出版社.1997年。

103.北京文史资料第47辑.北京出版社.1993年。

104.姜波.四合院.山东教育出版社,1990年。

105.王其明.北京四合院.中国书店,1999年。

106.邓云乡.北京四合院.人民日报社,1993年。

107.王同祯.北京城垣为何缺一角.载《燕都》.1989.(2).